Encore Tricolore

D1434487

Sylvia Honnor
Heather Mascie-Taylor
Alan Wesson

Nelson

Thomas Nelson and Sons Ltd

Nelson House
Mayfield Road
Walton-on-Thames
Surrey
KT12 5PL
United Kingdom

I(T)P® Thomas Nelson is an International Thomson Company

I(T)P® is used under licence

First published by Thomas Nelson and Sons Ltd 1993

ISBN 0-17-439689-9
NPN 9 8

Acknowledgements

Collège Montesquieu, Orléans, La Source
Pascal Bougant
Pascale Parisot
Charlotte, Claude and Wendy Ribeyrol

Illustrations:
David Birdsall
Judy Byford
Angie Deering
Julia King
Robert Salt
Peter Smith
Benjamin Spencer
John Wood
Sharon Wood

Photographs:
Bella and Martin Abrams
Ibrahim Bob
Stuart Boreham
Jean Bounmy
Ruth Campin
Cephas Picture Library
Toni Evans
Rachel and Tim Few
Keith Gibson
Famille Guille
Brendan Hearne
Philip Honnor
Paul Ingham
Alastair Jones
Emma Knight
Jürgen Mendel
Monique Palicot
Québec Government Office
Benjamin Spencer
Jeremy and Timothy Stern
Clare Wesson
Caroline, Eleanor, Graham and Marcella Wright

Every effort has been made to trace the copyright holders of material used in this book. The publishers apologise for any inadvertent omission, which they will be pleased to rectify at the earliest opportunity.

Cover photographs taken in France, Guadeloupe and Québec.

Table des matières

Watch out for these signs and symbols to help you work through each *unité*:

Listening activity

Work in pairs or groups

Song

Using a dictionary to find out meanings of new words and phrases

C'est utile, le dictionnaire!

Notes to help you understand and use the patterns and rules of French

Dossier-langue

A summary of the main points you have learnt in each *unité*

Sommaire

Ici on parle français			4
Unité	1	France-vacances	8
Unité	2	On prend le train	24
Unité	3	En famille	38
Unité	4	En classe	54
Unité	5	En ville	68
Unité	6	Ça va ... ou ça ne va pas?	82
Unité	7	Qu'est-ce que tu prends?	98
Unité	8	Qu'est-ce qu'on fait?	114
Au choix	Extra practice activities to choose from	130
La grammaire	Some of the main grammar points summarised. There is also a list of page references to help you find where grammar points are first explained.	146
Les verbes	A list of regular and irregular verbs	148
En classe	Some useful phrases to help you understand the instructions in this book and to use French in the classroom	150
Vocabulaire par thèmes	Lists of vocabulary, arranged in topic areas to help you learn words and phrases more easily	152
Vocabulaire	If you don't know a word, try guessing its meaning first. Then you can check the meaning by looking it up in the *vocabulaire* or in a dictionary.	154
Résumé	An index of the main sections of this book to help you find points which you may want to look at again	160

Ici on parle français

Les pays francophones – un mini-quiz

Peux-tu répondre à ces questions?

1 On parle français dans combien de pays du monde?
   a en France et dans 12 autres pays
   b en France et dans 19 autres pays
   c en France seulement
   d dans environ 40 pays

2 Dans le monde entier, combien de personnes parlent français?
   a environ 120 millions de personnes
   b plus de 50 millions de personnes
   c 150 millions de personnes
   d environ 20 millions de personnes

3 Les langues 'officielles' du Conseil de l'Europe sont:
   a le français, l'anglais et l'allemand
   b le français, l'anglais et l'espagnol
   c le français et l'anglais
   d le français, l'anglais, l'italien, l'allemand et l'espagnol

Solution à la page 7

Christine habite dans un très grand pays, mais ce n'est pas en Europe et ce n'est pas en Afrique. Elle habite dans une province à l'est du pays. La ville principale de cette province s'appelle Montréal. Christine habite dans une région de montagnes et de lacs. En été, il fait chaud, mais en hiver, il fait très froid. La température est souvent de -10 degrés.

C'est quelle province?
C'est quel pays?

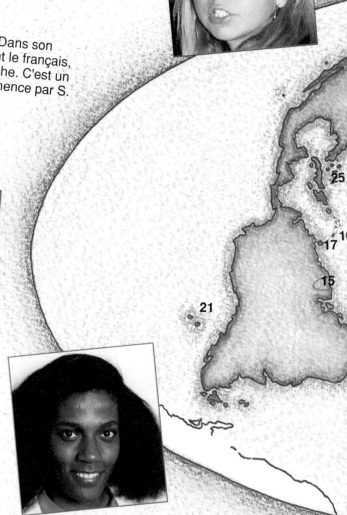

1

Jean-Claude habite à Genève. Dans son pays, les langues officielles sont le français, l'allemand, l'italien et le romanche. C'est un pays d'Europe. Son nom commence par S.
C'est quel pays?

2

3

25

16

17

15

21

Mohammed habite en Afrique du Nord. Il parle français et arabe. Dans son pays, il fait très chaud (30 degrés en été) et il ne pleut pas beaucoup. Le nom de son pays commence par M et a cinq lettres.
Il habite au M...

5

Pirane habite en Afrique de l'Ouest. Le français est la langue officielle de son pays, mais on parle aussi soixante langues régionales.
La capitale de son pays s'appelle Dakar.
Elle habite au S...

4

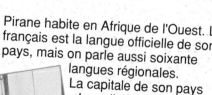

Hélène habite dans une île tropicale où on cultive des bananes, des ananas, des avocats et de la canne à sucre. C'est très loin de la France, mais c'est une partie de la France. C'est dans un archipel qui s'appelle les Antilles. C'est près de la Guadeloupe.
Elle habite en M...

Les pays francophones

1	l'Algérie	14	la France	28	le Liban	41	le Tchad
2	Andorre	15	la Guyane Française	29	le Luxembourg	42	le Togo
3	la Belgique	16	la Guadeloupe	30	Madagascar	43	la Tunisie
4	le Bénin	17	la Martinique	31	le Mali	44	Vanuatu
5	le Burkina Faso	18	la Réunion	32	le Maroc	45	le Vietnam
6	le Burundi	19	la Mayotte	33	la Mauritanie	46	le Zaïre
7	le Cameroun	20	St Pierre et Miquelon	34	Monaco		
8	le Canada	21	la Polynésie Française	35	le Niger		
8a	le Québec	22	la Nouvelle Calédonie	36	la République		
9	le Cambodge	23	le Gabon		Centrafricaine		
10	les Comores	24	la Guinée	37	le Rwanda		
11	le Congo	25	Haïti	38	le Sénégal		
12	la Côte d'Ivoire	26	l'île Maurice	39	les Seychelles		
13	Djibouti	27	le Laos	40	la Suisse		

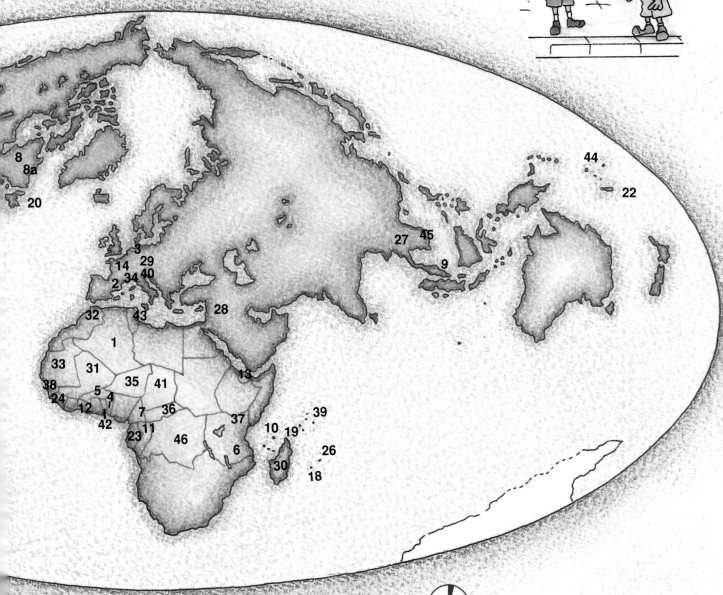

Jeu de mémoire

Regarde bien la carte et la liste des pays francophones pendant trois minutes, puis tourne à la page 6 et réponds aux questions.

Jeu de mémoire

Réponds vite, sans regarder la carte, bien sûr!

Est-ce qu'on parle français ici?

1 au Maroc
2 au Luxembourg
3 au Canada
4 en Tunisie
5 en Allemagne
6 au Vietnam
7 en Belgique
8 en Australie
9 en Guadeloupe
10 en Algérie

Où habitent-ils?

Choisis la phrase correcte pour chaque personne.

A J'habite à la Martinique.

B Elle habite au Québec

C J'habite en Suisse.

D Elle habite au Sénégal.

E Il habite au Maroc.

1 Christine

2

Jean-Claude

3

Mohammed

4

Pirane

5

Hélène

Le jeu des cartes postales

Regarde les cartes postales et lis les textes à la page 7. Décide quel texte va avec chaque carte postale.

Exemple: 1 D

1 le Québec

2 le Maroc

4 la Martinique

3 le Sénégal

Moi, je parle français

Ecoute la cassette et regarde les photos à gauche. Décide qui parle à chaque fois.

5 la Suisse

6

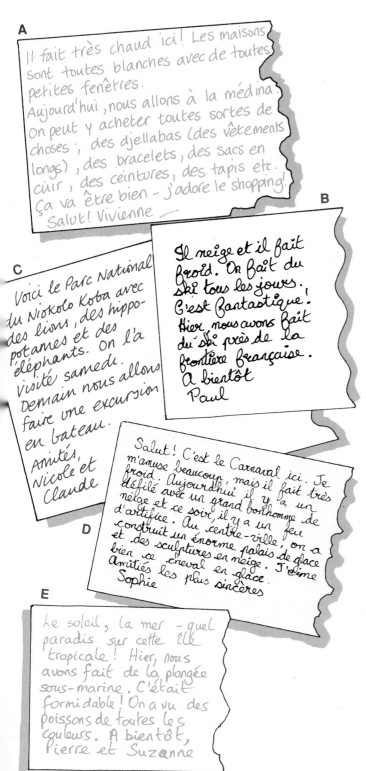

A

Il fait très chaud ici! Les maisons sont toutes blanches avec de toutes petites fenêtres.
Aujourd'hui ,nous allons à la médina. On peut y acheter toutes sortes de choses ; des djellabas (des vêtements longs) , des bracelets, des sacs en cuir , des ceintures, des tapis etc.
Ça va être bien - J'adore le shopping!
Salut! Vivienne

B

Il neige et il fait froid. On fait du ski tous les jours! C'est fantastique! Hier, nous avons fait du ski près de la frontière française.
A bientôt
Paul

C

Voici le Parc National du Niokolo Koba avec des lions, des hippopotames et des éléphants. On l'a visité samedi.
Demain nous allons faire une excursion en bateau.
Amitiés,
Nicole et Claude

D

Salut! C'est le Carnaval ici. Je m'amuse beaucoup, mais il fait très froid. Aujourd'hui il y a un défilé avec un grand bonhomme de neige et ce soir, il y a un feu d'artifice. Au centre-ville, on a construit un énorme palais de glace et des sculptures en neige. J'aime bien le cheval en glace.
Amitiés les plus sincères
Sophie

E

Le soleil, la mer - quel paradis sur cette île tropicale! Hier, nous avons fait de la plongée sous-marine. C'était formidable! On a vu des poissons de toutes les couleurs. A bientôt,
Pierre et Suzanne

C'est quel drapeau?

Exemple:

1 C'est le drapeau de la France.

C'est le drapeau ...

de la Belgique — du Sénégal — de la Suisse — du Luxembourg — de la France — du Maroc — du Québec — de la Tunisie

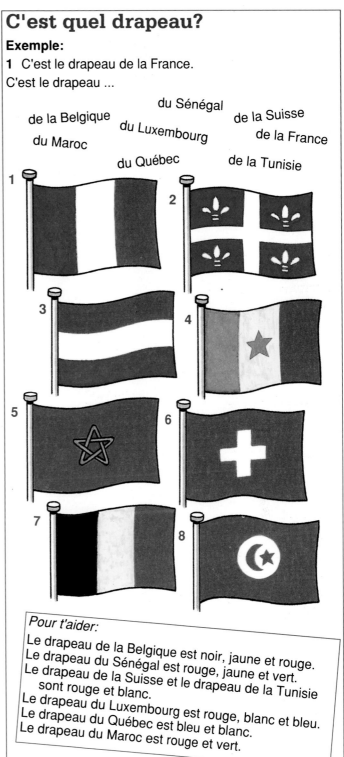

Pour t'aider:

Le drapeau de la Belgique est noir, jaune et rouge.
Le drapeau du Sénégal est rouge, jaune et vert.
Le drapeau de la Suisse et le drapeau de la Tunisie sont rouge et blanc.
Le drapeau du Luxembourg est rouge, blanc et bleu.
Le drapeau du Québec est bleu et blanc.
Le drapeau du Maroc est rouge et vert.

Le savais-tu?

Dans le symbole des Jeux Olympiques, il y a une couleur de tous les drapeaux du monde.

Solution: mini-quiz (à la page 4)

1d – On parle français dans environ 40 pays du monde. En Afrique, par exemple, le français est parlé et compris dans 21 pays.
2a – Dans le monde entier, plus de 120 millions de personnes parlent français.
3c

1 C'est le Québec, au Canada.
2 C'est la Suisse.
3 Il habite au Maroc.
4 Elle habite au Sénégal.
5 Elle habite en Martinique.

Unité 1

France-vacances

In this unit you will learn how to ...

- talk about travel to France
- talk about holidays in France
- talk about where places are
- talk about what you can and can't do
- ask for permission
- recognise the names of some other countries
- say where you are and where you're going
- say what you are going to do
- understand and write holiday postcards
- say when you're going to do something

You will also find out more about France and holidays there, and about the famous French cycle race, the Tour de France

Destination France

Aller en France – c'est facile!

On peut voyager en avion, c'est très rapide, mais assez cher!

On peut voyager en bateau ou en aéroglisseur (en hovercraft).

Depuis 1993, voici une autre possibilité – prendre le tunnel. C'est rapide, c'est pratique et c'est très facile!

Avec l'aéroglisseur, on peut arriver en France en 40 minutes, mais seulement s'il fait beau temps!

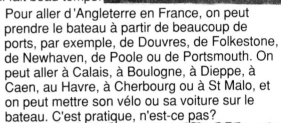

Pour aller d'Angleterre en France, on peut prendre le bateau à partir de beaucoup de ports, par exemple, de Douvres, de Folkestone, de Newhaven, de Poole ou de Portsmouth. On peut aller à Calais, à Boulogne, à Dieppe, à Caen, au Havre, à Cherbourg ou à St Malo, et on peut mettre son vélo ou sa voiture sur le bateau. C'est pratique, n'est-ce pas?

Si vous aimez voyager la nuit, vous pouvez dormir sur le bateau entre Portsmouth et St Malo et le matin, vous êtes déjà en France.

Le voyage direct d'Edimbourg, de Cardiff, de Belfast ou de Londres à Paris en avion, ça va vite! Je peux juste finir mon déjeuner avant l'arrivée!

Vrai ou faux?

1 On peut aller de Douvres à Calais en bateau.
2 On peut aller de Belfast à Calais par l'Eurotunnel.
3 Je prends l'avion, alors, je peux aller de Belfast à Paris sans changer.
4 Vous pouvez quitter Portsmouth la nuit et arriver à St Malo le matin.
5 Depuis 1993, on peut aller d'Angleterre en France sans sortir de sa voiture.
6 Pour aller d'Edimbourg à Paris en avion, il faut changer à Londres.
7 Si vous voulez faire du vélo en France, vous pouvez mettre votre vélo dans l'avion.
8 S'il fait beau temps, on peut voyager très vite en aéroglisseur.

Tu vas en France?

Comment préfères-tu voyager?

Je préfère voyager
en aéroglisseur
en avion
en bateau
par l'Eurotunnel

... parce que c'est
rapide
confortable
pratique
facile
amusant
pas très cher
pas très dangereux.

France-vacances

Lis le paragraphe sur les choses qu'on peut faire en France, et mets les dessins dans l'ordre correcte, par exemple 1 J.

En France on peut faire tout ça:

La France – pays de vacances

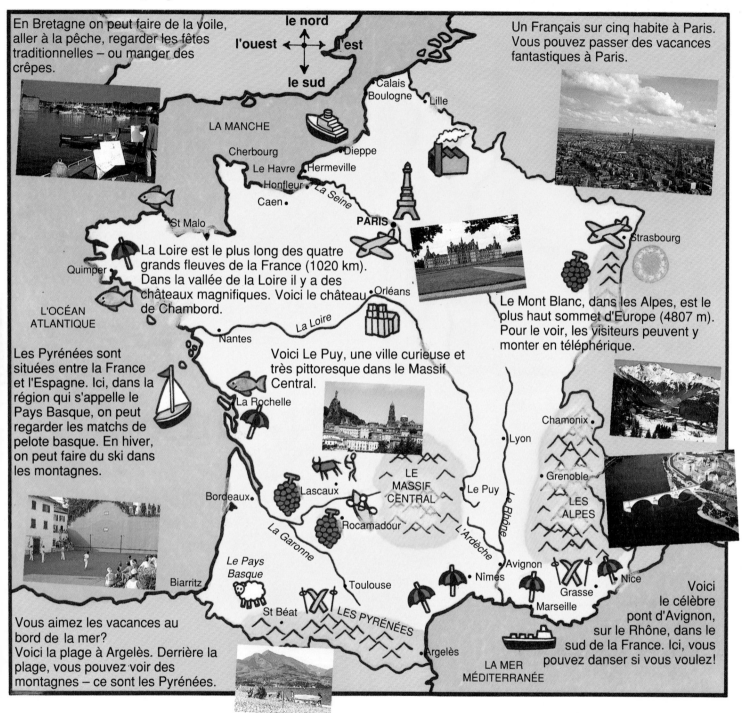

En Bretagne on peut faire de la voile, aller à la pêche, regarder les fêtes traditionnelles – ou manger des crêpes.

Un Français sur cinq habite à Paris. Vous pouvez passer des vacances fantastiques à Paris.

le nord
l'ouest ← → l'est
le sud

LA MANCHE

Calais
Boulogne
Lille

Cherbourg
Le Havre
Honfleur
Hermeville
Dieppe
La Seine
Caen

St Malo

PARIS

Strasbourg

Quimper

La Loire est le plus long des quatre grands fleuves de la France (1020 km). Dans la vallée de la Loire il y a des châteaux magnifiques. Voici le château de Chambord.

Orléans

Le Mont Blanc, dans les Alpes, est le plus haut sommet d'Europe (4807 m). Pour le voir, les visiteurs peuvent y monter en téléphérique.

L'OCÉAN ATLANTIQUE

Nantes
La Loire

Les Pyrénées sont situées entre la France et l'Espagne. Ici, dans la région qui s'appelle le Pays Basque, on peut regarder les matchs de pelote basque. En hiver, on peut faire du ski dans les montagnes.

Voici Le Puy, une ville curieuse et très pittoresque dans le Massif Central.

Chamonix

La Rochelle

Lyon

Grenoble

Bordeaux
Lascaux
LE MASSIF CENTRAL
Le Puy
LES ALPES

La Garonne
Rocamadour
L'Ardèche
Le Rhône

Le Pays Basque
Avignon
Nîmes
Grasse
Nice

Biarritz
St Béat
Toulouse
LES PYRÉNÉES
Marseille

Vous aimez les vacances au bord de la mer? Voici la plage à Argelès. Derrière la plage, vous pouvez voir des montagnes – ce sont les Pyrénées.

Argelès
LA MER MÉDITERRANÉE

Voici le célèbre pont d'Avignon, sur le Rhône, dans le sud de la France. Ici, vous pouvez danser si vous voulez!

France-vacances

La France est un pays idéal pour les vacances. En été, on peut se baigner dans la mer, se faire bronzer sur la plage, faire de l'alpinisme, explorer à la campagne ou, tout simplement, se reposer.
En hiver, on peut partir en vacances de ski.
Il y a toujours beaucoup de choses à voir: on peut regarder les fêtes, visiter les musées ou les châteaux, ou on peut passer une journée dans un parc d'attractions – avec Astérix, par exemple.

Où est-ce qu'on peut faire ca?

Regarde bien la carte.
Où est-ce qu'on peut faire ca?
1C 2E 3D 4F 5A

Exemple: 1 C
On peut faire ça en Bretagne.

Ça-c'est vraiment des VACANCES!

nord
ouest- -est
sud ← St. Tropez

Dans ce village de vacances près de St. Tropez on peut....
- se baigner
- se faire bronzer
- s'amuser
- se reposer
manger en plein air

Dans la région vous pouvez...
...visiter une parfumerie
...une verrerie
...une confiserie
...les marchés

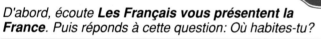

Les vraies VACANCES - c'est comme ça!

Artiste: Marceline Dutronc

Et où habites-tu?

D'abord, écoute **Les Français vous présentent la France**. *Puis réponds à cette question: Où habites-tu?*

| J'habite dans | une | petite grande | ville | industrielle touristique |
| | un | petit | village | près de* Sheffield |

| | situé(e) | dans le nord dans le sud à l'ouest à l'est au centre | de l'Angleterre de l'Ecosse de l'Irlande du pays de Galles |

Dossier-langue

***près de* = near**

Regarde bien ces exemples:

Grasse est **près de** St Tropez
Chambord est **près d'**Orléans
Hermeville est **près du** Havre
Le camping est **près de la** mer
La piscine est **près du** centre ville
Chamonix est **près des** Alpes

près de + town etc.
près d' + town beginning with vowel

otherwise:
près (de + le =) **du**
    de la
    de l'
    (de + les =) **des**

Grand Concours National

pour les jeunes artistes *(moins de 16 ans)*
'Affiche France-Vacances'

Voici les affiches de nos quatre finalistes – mais ... qui va gagner? À vous de décider!
Voici les prix fantastiques:
1er prix: 2 semaines de vacances
2ème prix: 1 semaine de vacances
(Les gagnants peuvent choisir de passer les vacances en France ou dans un pays francophone.)

Regarde bien les affiches, écoute les interviews avec nos jeunes artistes, et fais **Activité 6** *à la page 131, puis choisis l'affiche que tu préfères. N'oublie pas que l'affiche doit donner une bonne idée des choses qu'on peut faire dans la région.*

Artiste: Gérard Pelotier

BIENVENUE À **Honfleur**

Honfleur
nord
ouest- -est
sud

Calvados - Normandie - France

Les touristes peuvent...

- visiter les monuments et l'église St. Catherine
- faire de la voile ou se baigner
- faire du sport
  natation
  équitation
  tennis

Grand Concours pour TOI

Dessine une affiche VACANCES

sur la ville où tu habites ou une ville où tu passes tes vacances. N'oublie pas que l'affiche doit montrer où ta ville est située, et donner une bonne idée des choses qu'on peut faire dans la région.

Regarde les quatre affiches et écoute les interviews avec les artistes encore une fois.
Pour t'aider avec ton affiche, travaille d'abord sur **Qu'est-ce qu'on peut faire dans ta ville** *(en bas, à droite.)*
Finalement, dessine ton affiche.
Bonne chance!

Artiste: **Lucie Bernaud**

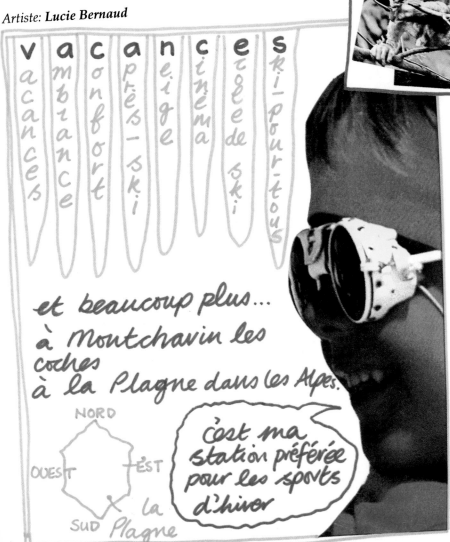

V A C A N C E S
vacances
ambiance
confort
après-ski
neige
cinéma
télé de ski
ski-pour-tous

et beaucoup plus...
à Montchavin les coches
à la Plagne dans les Alpes.

c'est ma station préférée pour les sports d'hiver

NORD
OUEST ÉST
SUD
la Plagne

Roc-Amadour
QUERCY-PERIGORD
2e Site de France

Ici on peut...
- Visiter la ville médiévale et extraordinaire
- faire une excursion dans le petit train.
- faire du canoë sur la Dordogne.
- visiter le Rocher des Aigles.

- ou le jardin des papillons..
- ou les cavernes souterraines
- ou la forêt des singes.

nord
ouest est
Rocamadour sud

Artiste: **Djamel Hatif**

Qu'est-ce qu'on peut faire dans ta ville?

On peut faire beaucoup de choses.
On ne peut pas faire grand-chose.

On peut	faire de la voile
	faire des courses
	faire des promenades
	faire de l'équitation
	faire du ski
	faire du camping
	visiter des châteaux
	visiter des musées
	aller à la piscine
	aller à la pêche
	aller en discothèque
	aller au théâtre
	aller au cinéma
	aller aux concerts
	louer des vélos
	jouer au tennis
	jouer au golf
	jouer au football
	se baigner dans la mer

Jeu de mémoire

Regarde bien la carte de la France à la page 9 pendant deux minutes, puis complète ces phrases avec les mots dans la case:

1. On peut regarder les matchs de pelote basque au ....
2. On peut monter en téléphérique pour voir ....
3. On peut manger des crêpes en ....
4. A ...., on peut danser sur un pont célèbre.
5. On peut visiter beaucoup de châteaux dans la ....
6. A Paris, on peut faire une excursion en bateau sur ....
7. En hiver, on peut faire du ski dans .... et dans ....
8. En France, il y a beaucoup de plages où on peut .... ou ....
9. On peut faire du canoë sur ....
10. On peut regarder la fabrication du parfum dans la ville de ....

le Mont Blanc	les Alpes	Avignon	l'Ardèche
la Seine	Pays Basque	Bretagne	vallée de la Loire
Grasse	se faire bronzer	se baigner	les Pyrénées

page 9

Dossier-langue

pouvoir

All through this unit, you have been using parts of the verb **pouvoir** to say what you can (or can't) do. All six parts appear in the cartoon captions below. Can you match them up with the right English equivalent?

I can	we can
you can	you (pl) can
he/she/one/Dani can	they can

Remember, we often say 'you', 'we' or 'they' instead of 'one', but the French word stays the same (*on*).

C'est quelle bulle?

Choisis la bonne bulle pour chaque image.

A Il ne peut pas trouver sa voiture.

B Tu peux me prêter de l'argent, Papa?

C Vous pouvez m'aider à traverser la rue, Monsieur?

D Est-ce que nous pouvons camper ici?

E Est-ce que je peux téléphoner d'ici?

F Maman, est-ce que mes nouveaux amis peuvent jouer dans la maison?

Le guide – c'est toi!

Pendant les vacances, tu aides ton frère aîné qui travaille dans une agence de tourisme en France. Ce matin, c'est toi qui réponds aux questions des touristes.

Consulte le guide touristique à droite pour trouver la réponse correcte.

Exemples: 1 Oui, vous pouvez faire du camping à Saint-Martin.

7 Non, vous ne pouvez pas jouer au tennis à Saint-Martin.

1. Est-ce que nous pouvons faire du camping à Saint-Martin?
2. Est-ce qu'on peut aller à la pêche à Sancerre?
3. Est-ce que je peux louer un vélo à Amboise?
4. Est-ce que je peux jouer au tennis à Vouvray?
5. Est-ce que les visiteurs peuvent jouer au golf à Sancerre?
6. Est-ce qu'on peut jouer au tennis à Amboise?
7. Est-ce que je peux jouer au tennis à Saint-Martin?
8. Est-ce que je peux faire de la voile à Sancerre?
9. Est-ce que nous pouvons jouer au golf à Amboise?
10. Est-ce que nous pouvons aller à la pêche à Vouvray?

Guide touristique

Saint-Martin

Sancerre

Amboise

Vouvray

C'est utile, le dictionnaire!

If you wanted to know the French words for 'goes', 'gone' or 'went' you could look them up in the English-French part of a dictionary. Try it and see what you find.

Now look up 'am', 'was' or 'weren't'. What did you find this time?

Next look up 'go' and 'be' and write down what you find.

These words **aller** and **être** are like the name of the verbs. These are the kind of words the verbs are listed under in the dictionary.

Sometimes they mean 'to do something', e.g. *Je voudrais aller* en France = 'I should like **to go** to France'.

Words like this are called the **infinitive**. Infinitives are the 'standard form' of the verb, the part that never changes. When verbs are listed in vocabularies or in a dictionary, it is always the infinitive which is in the list. The verbs following *pouvoir* in *Dossier-langue* on this page are all infinitives.

Look back at all the examples of *pouvoir* that you can find and you will see that they are almost always followed by an infinitive. See how many you can find.

Qu'est-ce que nous pouvons faire ce week-end?

Travaillez à deux.
Voici une liste des activités possibles pour ce week-end:

visiter un musée	aller à la piscine
écouter des disques	aller au cinéma
faire du vélo	faire de la voile
se reposer	se baigner dans la mer
se faire bronzer sur la plage	jouer au tennis
aller en discothèque	faire des courses en ville
manger au restaurant	
regarder un match de football	
faire une promenade à la campagne	

Chaque partenaire écrit trois activités qu'on peut faire ce week-end. Pose des questions, tour à tour, par exemple:

Tu peux jouer au tennis?
Nous pouvons aller au cinéma?
On peut se baigner dans la mer?

Si tu as cette activité sur ta liste, tu réponds:

Oui, je peux ... /Oui, nous pouvons ...

La première personne qui découvre les trois activités de son partenaire a gagné.

Dossier-langue

pouvoir

Here is the verb **pouvoir** written out in full:

I can	*je peux*	we can	*nous pouvons*
you can	*tu peux*	you can	*vous pouvez*
he can	*il peut*	they can	*ils peuvent*
she can	*elle peut*	they can	*elles peuvent*
'one' can	*on peut*		

Notice how it is used.

Est-ce que je peux	faire	du camping ici?
Tu peux	visiter	le château de Chambord.
Vous pouvez	aller	en discothèque ce soir.

To say you **can't** do something, you add *ne ... pas*:

Je	**ne**	peux	**pas**	jouer au tennis mercredi.
Vous	**ne**	pouvez	**pas**	visiter le château aujourd'hui.
Dani	**ne**	peut	**pas**	aller au cinéma ce soir.

Joanne est chez sa correspondante

Joanne pose des questions pour demander la permission de faire des choses.
Ecoute la cassette pour découvrir ce qu'elle demande.

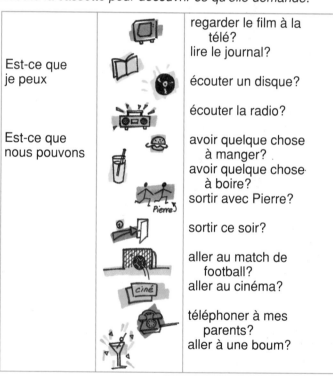

	regarder le film à la télé?
	lire le journal?
Est-ce que je peux	écouter un disque?
	écouter la radio?
	avoir quelque chose à manger?
Est-ce que nous pouvons	avoir quelque chose à boire?
	sortir avec Pierre?
	sortir ce soir?
	aller au match de football?
	aller au cinéma?
	téléphoner à mes parents?
	aller à une boum?

Ben est chez son correspondant

Voici des choses que Ben veut faire.
Pour demander la permission, qu'est-ce qu'il dit?

Exemple: 1 Est-ce que je peux sortir ce soir, s'il vous plaît?

Le Tour de France

Lis l'article sur le Tour de France et écoute la cassette, puis fais les **Mots croisés** et **Le jeu des définitions**.

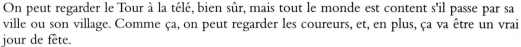

Le Tour de France va passer par ici

Bonjour! Je m'appelle Michèle Sauvage. J'habite à St Etienne, dans le sud de la France. Aujourd'hui, c'est un jour très important dans ma ville. Pourquoi? Eh bien, parce que le Tour de France va passer par ici aujourd'hui. En France, le cyclisme est très populaire. Il y a souvent des courses cyclistes au stade et dans les rues de la ville.

Le Tour de France est une course cycliste très importante. C'est une course difficile et très longue. Chaque année, le Tour commence dans une ville différente mais il finit toujours à Paris.

On peut regarder le Tour à la télé, bien sûr, mais tout le monde est content s'il passe par sa ville ou son village. Comme ça, on peut regarder les coureurs, et, en plus, ça va être un vrai jour de fête.

Le Tour est divisé en étapes. Chaque étape dure une journée et il y a environ 22 étapes. Donc le Tour dure trois semaines. Souvent, il y a des étapes dans d'autres pays, par exemple en Espagne, en Italie, en Belgique, au Luxembourg. Une année il y a même eu une étape en Angleterre! Il y a toujours des étapes en montagne, dans les Alpes, par exemple. Ça, c'est très difficile!

Le coureur qui a le plus de points porte un T-shirt spécial qui s'appelle le maillot vert. Le coureur qui est en première position porte le célèbre maillot jaune.

Au mois de juillet, tout le monde parle du Tour de France. On peut suivre des reportages à la télé, à la radio et dans les journaux. Des coureurs d'environ vingt nations participent au Tour, alors ce ne sont pas seulement les Français qui s'intéressent à cette course célèbre et importante!

Mots croisés – Le Tour de France

Horizontalement

1 Le .... de France est une course cycliste très importante.

2 C'est une course difficile et très ....

3 Chaque .... dure une journée.

4 Aujourd'hui, le Tour de France va passer par mon ....

5 Tout le monde aime regarder les ....

6 Quelquefois, il y a des étapes au Luxembourg ou en ....

7 Le Tour .... toujours à Paris.

Verticalement

Il y a des reportages à la radio et à la ....

Le jeu des définitions

Qu'est-ce que c'est?

1 Cette chose est portée par le coureur qui a le plus de points.

2 C'est un cycliste qui participe au Tour.

3 Ça dure une journée environ.

4 C'est le mois du Tour de France.

5 C'est la ville où le Tour finit.

6 Cette chose est portée par le coureur qui est en première position.

7 C'est une course cycliste, très célèbre.

8 Ce sont des montagnes où le Tour va passer.

9 C'est un sport très populaire en France.

10 C'est l'endroit où il y a souvent des courses cyclistes, en ville.

Solution à la page 131

Lis cet article, regarde la carte du Tour de France en 1992, puis fais le jeu Vrai ou faux?

La boîte aux lettres

Aujourd'hui ce n'est pas une jeune personne qui nous écrit mais c'est une lettre qui est adressée aux jeunes français, surtout à tous les jeunes qui aiment le cyclisme.

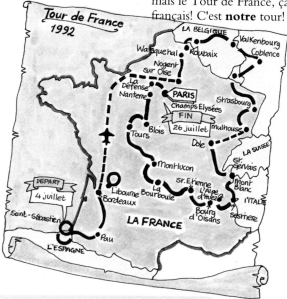

Le Tour de France ou le Tour d'Europe?

Tout le monde sait que la France n'est pas une île et qu'elle fait partie du continent européen, mais le Tour de France, ça c'est français! C'est **notre** tour!

... Attention, ça change! Dans le Tour de France de l'année 1992, les 200 coureurs sont allés à Saint Sébastien en Espagne, à Bruxelles en Belgique, en Hollande, à Coblence en Allemagne et au Luxembourg. Ils ont passé deux jours dans les Alpes, près de la frontière entre la France et la Suisse, et la France et l'Italie. Ça ce n'est pas le Tour de France, mes jeunes amis. Faites bien attention, parce que le Tour de France va bientôt être le Tour d'Europe!

Louis Hernault
(ancien coureur du Tour de France)

Editeur: Alors, les jeunes, vous êtes pour un Tour de France très français, ou vous votez pour un Tour de l'Europe? Ecrivez-moi vite!

Vrai ou faux?

1 La France est une île.
2 Bruxelles est en Belgique.
3 Les Alpes sont des montagnes entre la France et l'Espagne.
4 Pour aller de France en Italie, il faut traverser la frontière.
5 La France fait partie de l'Europe.
6 L'Europe est un continent.
7 Pour visiter Saint Sébastien, il faut aller en Italie.
8 Coblence est une ville en Allemagne.
9 Le Tour finit toujours à Paris, en France.
10 Les coureurs sont allés directement de Saint Etienne à Blois.

Dossier-langue

Saying 'to', 'at' or 'in' a town or country

Look back at the letter and the *Vrai ou faux?* exercise and find out:

1 Which word is used for 'from' for towns or countries?
2 Which word is used for 'to' or 'at' or 'in' with towns?
3 Which word is used with 'to' or 'at' or 'in' with countries?

1 For 'from' use **de**:
Je viens **de** Belfast, mais ma copine vient **de** Coleraine.

2 With towns use **à**:
Je vais **à** Nice.
Alors moi, j'habite **à** Nice.
Mon copain est en vacances **à** Honfleur.

3 With countries use **en**:
La France est **en** Europe.
Je vais **en** France cet été.

But ... here is an exception! Can you work out the rule?

Le Sénégal est loin de la France, alors on va **au** Sénégal en avion.
Le Canada est un pays intéressant. Ma famille va **au** Canada en vacances.

Answer: With masculine (*le*) countries, use *au* instead of *en*.

Où vont-ils en vacances?

Exemple: 1 M. et Mme Duhamel vont à Montréal au Canada.

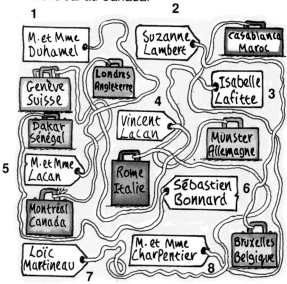

Et toi, tu pars en vacances?

Où vas-tu? Où voudrais-tu aller? Ecris 4 phrases.

Je vais	à	Paris	Edimbourg	France	Espagne
Je vais passer mes vacances	en	Nice	Donégal	Suisse	Ecosse
Je voudrais aller	au	Montréal	Madrid	Canada	Irlande
		Bruxelles	Saint-Sébastien	Sénégal	Italie
		Rome		Belgique	

Copains-copines

Voici le premier épisode de notre roman-photo Copains-copines. *Lis l'histoire, puis complète le résumé à la fin.*

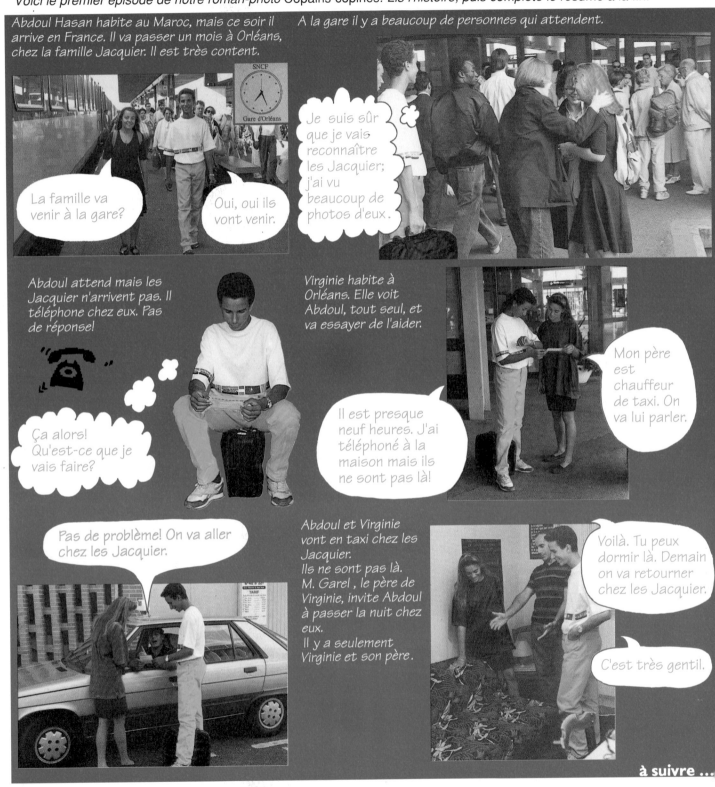

à suivre ...

Résumé

Un jeune Marocain, qui s'appelle ...., arrive en France pour passer ses vacances avec une famille française, qui habite à ....
Mais ses amis n'arrivent pas à la gare. Il .... à la maison mais ils ne sont pas là.
Une jeune fille, qui s'appelle .... et son père, qui est chauffeur, aident le garçon. Finalement, il .... la nuit .... les Garel.

Vive les vacances!

Aujourd'hui, c'est dimanche.
Nathalie ne travaille pas.
Demain, je vais travailler.

Demain, je vais ...
... travailler dans le jardin.
Demain, je vais réparer mon vélo.
Demain, je vais aller à la campagne avec mon chien.

Vive les vacances!
Je ne vais pas travailler aujourd'hui!

Dossier-langue

To say what you're going to do ...

add the words for 'I'm going' etc. to the infinitive of the verb:

je	vais	jouer au tennis
tu	vas	travailler
Dani/ma sœur	va	dormir
il/elle	va	travailler demain
nous	allons	écouter de cassettes
vous	allez	regarder la télé
ils/elles/mes amis	vont	sortir

La fête de Guy

Ecoute la cassette. Trouve les trois autres idées de Monique pour ce soir.

Exemple: 1 On va sortir.

Qu'est-ce qu'elle va faire, finalement?

Demain, c'est samedi. Monique aime sortir le samedi soir. Elle téléphone à ses amis.

Qu'est-ce qu'on va faire?

Bonjour, Françoise. Qu'est-ce que tu vas faire demain soir?

Demain soir? Je vais aller chez Guy.

Salut, Anne-Marie. Il y a un bon film au Cinéma Rex demain. Tu viens?

Ah non, Monique, je regrette, mais ...

mais qu'est-ce que tu vas faire alors?

Je vais aller chez Guy. C'est son anniversaire, il va organiser une fête.

Bonjour, Jean-Claude. Qu'est-ce que tu vas faire demain? On va écouter des disques chez moi? Tu viens?

mais demain soir à huit heures, je vais ...

Ah non, toi aussi, tu vas aller chez Guy demain? Ça alors!

mais écoute Monique, je ...

Qu'est-ce que je vais faire? ... ... oui, c'est ça. Je vais téléphoner à Guy. mais je ne vais pas parler de sa fête.

Allô. Bonjour, Guy! Ici Monique. Demain soir on va aller à la discothèque avec des amis. Tu viens avec nous?

Mais Monique, attends! Demain soir, je vais faire une fête chez moi. Tu ne viens pas?

Comment? Quelle fête!

Pour mon anniversaire. Tu n'as pas ton invitation?

Mon invitation? ... Ah non!

Ça ne fait rien mais tu vas venir, n'est-ce pas? C'est à huit heures.

Bon d'accord, je vais venir chez toi. Au revoir, Guy ... et à demain!

Demain, qu'est-ce qu'on va faire? *Consulte les roues de la fortune!*

elles vont / ils vont / je vais / vous allez / nous allons / tu vas / il va / elle va / on va

1 2 3 4 5 6 7 8 9

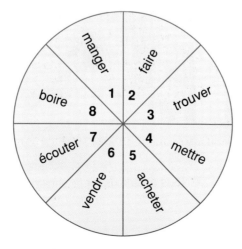

manger / faire / boire / trouver / écouter / mettre / vendre / acheter

1 2 3 4 5 6 7 8

beaucoup / de l'argent / une platine-laser / un maillot de bain / une tarentule / des gâteaux au chocolat / du parfum / trois bananes / une portion de frites

1 2 3 4 5 6 7 8 9

Radio-flash

Grand Concours National de l'Affiche France-Vacances

Ecoute les résultats – qui a gagné?

1 Je vais me baigner ici

2 Avec ma copine, on va visiter la Parfumerie

1er prix – Lucie Bernaud

Voici le prix qu'elle a choisi.
Elle a tellement aimé les photos de Marceline qu'elle a choisi deux semaines de vacances dans le village de vacances, près de St Tropez.

Regarde les photos pour trouver les choses qu'elle va faire.
Ecoute l'interview avec Lucie pour découvrir ce qu'elle va faire pendant ses vacances.

Exemple:
Samedi après-midi, elle va se baigner.

Première semaine
  Samedi après-midi, …
  Samedi soir, …
  Dimanche, …
  Lundi, …
  Mardi, …
  Mercredi, …
  Jeudi, …
  Vendredi, …

Deuxième semaine
  Mercredi, …
  Les autres jours, …

3 Je vais regarder la fabrication des bonbons à la confiserie

4 Tous les jeunes vont aller en discothèque

5 Je vais au marché

6 On va passer la journée à St Tropez

7 Nous allons visiter la verrerie

8 Je vais visiter Grasse

2ème prix Djamel Hatif

Une semaine de vacances

Djamel a choisi de passer ses vacances à Paris.
Sa sœur et son meilleur copain vont l'accompagner.
Ils vont visiter la cathédrale de Notre Dame.
Ils vont monter au sommet de la Tour Eiffel.
Ils vont aller à La Défense pour regarder la Grande Arche.
Ils vont faire une excursion en bateau sur la Seine.
Djamel va acheter un T-shirt comme souvenir et il va faire beaucoup de photos.
Djamel va écrire une lettre à sa tante à Rocamadour pour lui dire tout ce qu'il va faire. Qu'est-ce qu'il va mettre?

Regarde les photos, puis aide Djamel à écrire sa lettre.

Chère Tante Michèle,
Samedi prochain, nous allons arriver à Paris
– génial, non?
Voici nos projets: Nous allons/Je vais ...

Des vacances pour toi!

Toi aussi, tu as gagné des vacances.
Tu décides de passer une semaine en Tunisie.
Qu'est-ce que tu vas faire et qu'est-ce que tu vas voir?
Regarde ces suggestions et fais une liste de tes activités pour sept jours.

Sports et loisirs :
Gratuit : Piscine avec terrasse-solarium (3 terrains en dur), mur d'entraînement, plage de sable fin avec parasols et chaises longues. Gymnastique, ping-pong, volley-ball, pétanque, mini-golf, tir à l'arc et à la carabine, jeux de société.
Sports nautiques : Planches à voile, pédalos. Mini-club pour enfants de 4 à 10 ans avec aire de jeux et local couvert.
Avec participation : Equitation, bicyclettes, excursions, ski nautique, voile, parachute ascensionnel (selon conditions climatiques).
Animation : Une équipe d'animateurs vous proposera : jeux divers, tournois, soirées à thèmes, soirées dansantes. Une fois pars semaine, soirée folklorique avec dîner tunisien.

Il ne faut pas manquer ça!

Visitez ...   les Mosquées

Guellala, le village des potiers

Matmata, une ville troglodyte

le Sahara   *Le zoo du désert*

Cartes postales de vacances

Djamel écrit à sa cousine en Tunisie.

Lucie écrit à sa correspondante au Sénégal.

le 11 juillet

Nous passons deux semaines ici dans un village de vacances près de Saint Tropez, en Provence. C'est à la campagne et c'est formidable!
Aujourd'hui, il fait un temps magnifique. Ici, on peut se baigner tous les jours. La semaine prochaine, je vais faire des excursions. L'année prochaine, tu vas peut-être pouvoir venir ici avec nous.
A bientôt Lucie

Paris, le 23 août
Nous passons une semaine ici à Paris. Aujourd'hui, nous sommes à la Défense. Il fait très chaud ici, mais heureusement il y a une piscine à l'hôtel. Paris est fantastique! On peut faire des choses différentes tous les jours. Demain, je vais visiter le Centre Pompidou.
Affectueusement,
Djamel

A toi d'écrire des cartes postales

Choisis une ville ou un village où tu aimes passer tes vacances, ou imagine que tu passes tes vacances à Rocamadour, à Honfleur ou dans les Alpes (comme aux pages 10 et 11).

Voici des idées pour t'aider:

Le temps:
il fait …
    très chaud
    un temps splendide/mauvais
il y a du soleil
il neige
il gèle

On peut …
visiter le musée/le château
faire toutes sortes de choses

Je passe …
quelques jours
une/deux/trois semaine(s)
quinze jours (deux semaines)
un mois

à (+ nom de la ville e.g. Quimper)
en (+ nom du pays e.g. France,
    ou de la région e.g. Bretagne)

C'est …
à la campagne
à la montagne
au bord de la mer

Ici, c'est …
fantastique!
super!
génial!
chouette!
formidable!
hypercool!

Demain/ce soir/la semaine prochaine/lundi prochain …
je vais (+ activité)

Affectueusement
Amitiés
A bientôt
(+ ton nom)

Infos-flash

As-tu lu ça?

Choisis un article à lire.
Trouve deux choses dans ton article à raconter à la classe.

LA PLAGNE EST JUMELEE AVEC LA STATION DE SKI MONT SAINT-SAUVEUR SITUEE AU QUEBEC, CANADA

Mont Saint-Sauveur est situé dans les Laurentides, à 60 kilomètres au nord de Montréal, dans un village québécois des plus typiques. Mont Saint-Sauveur est reconnu comme la station sportive la plus dynamique du Québec et la plus éclairée au monde pour le ski de nuit.

Est-ce que ta ville est jumelée avec une ville en France?
ou en Allemagne? ou dans un autre pays?

LES DEPARTEMENTS EN FRANCE

La France est divisée en 21 régions et en 95 départements. La Rochelle est dans le département de la Charente-Maritime. Chaque département a un numéro. Pour la Charente-Maritime, c'est le 17. On voit ce numéro sur les voitures – par exemple, cette voiture vient de Charente-Maritime.

4262 TM 17

Le blue-jean a commencé en France!

L'origine du célèbre denim (le tissu du jean) est une toile fabriquée en France, dans la ville de Nîmes – donc Toile de Nîmes = denim! Curieux, non?

Stastistiques

Les Français, où passent-ils leurs vacances?
En France – bien sûr!

Plus de 80% des Français passent leurs vacances dans une autre région de la France.

Presque 60 % des Français prennent au moins une période de vacances par an.

Regarde le 'Camembert' et trouve les statististiques suivantes:

.... des Français vont à la mer
.... des Français vont à la campagne
.... des Français vont à la montagne.
.... des Français passent leurs vacances dans un autre pays.

Leurs pays étrangers favoris sont l'Espagne, le Portugal, l'Italie et la Grèce.

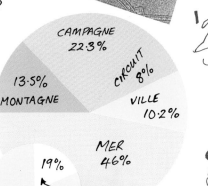

CAMPAGNE 22·3%
CIRCUIT 8%
13·5% MONTAGNE
VILLE 10·2%
MER 46%
19%
En France 81%
à l'étranger

Le Shuttle – qu'est-ce que c'est?

C'est le nom choisi par Eurotunnel pour son nouveau service 'Trans-Manche'. La sélection du nom a posé beaucoup de problèmes. Les Français ont aimé le nom 'STAR' (= Système de Transport Autoroute sur Rail), mais les Anglais n'ont pas aimé ça. D'autres idées sont Laser, Dart et Pegasus. En tout cas, la sélection du nom et du logo en bleu et vert a pris deux ans et a coûté 500 000 livres Sterling!
Quel nom préfères-tu, ou peux-tu en inventer un autre?
Malheureusement, on ne va pas te donner les £500,000!

Camping municipal

Qu'est-ce qu'on peut faire ici?
Cherche dans ton dictionnaire pour découvrir.

Camping municipal (3 étoiles) sur 2 ha, très calme, ombragé et entouré d'eau, contigu au complexe sportif et de loisirs (piscine, tennis, MJC) et à 200 mètres du centre ville. Gardiennage jour et nuit. Animation toute la saison. Jeux divers: volley-ball, badminton, concours de boules, etc...

Oui ou non?

Où est Estelle?

Louis Laloupe est un détective qui travaille avec beaucoup d'énergie et d'enthousiasme ... mais il n'a pas toujours beaucoup de succès!

Aujourd'hui, il cherche Estelle, une jeune fille disparue. Elle a les cheveux très longs et blonds. Elle aime aller dans les discothèques, aller au cinéma et regarder les matchs de football.

Où est-elle? C'est un kidnapping? Ses parents sont très riches.

Est-ce que Louis Laloupe peut trouver cette fille?

Avant de lire l'histoire, tu vas faire une prédiction. Choisis une solution possible:

A Il va trouver la fille au cinéma.
B Il va trouver la fille à la discothèque.
C C'est un kidnapping, mais il ne peut pas trouver la fille.
D Il va trouver la fille au match de football.
E Ce n'est pas un kidnapping, et la fille n'est pas en danger.

Maintenant, lis l'histoire et vois si tu as fait une prédiction correcte.

Les vacances idéales

Voici des réponses à un sondage récent sur les vacances.
Lis ces dix conditions pour garantir des vacances idéales.
A toi de les mettre en ordre d'importance.

A Il y a une grande piscine où on peut se baigner.
B Il y a un 'snack' ou un restaurant 'fast-food' où les jeunes peuvent manger.
C Il y a beaucoup de discothèques ou de clubs où les jeunes peuvent s'amuser le soir.
D Il y a de l'ambiance et on peut facilement se faire de nouveaux copains.
E Il y a un grand choix d'excursions que les visiteurs peuvent faire.
F On peut faire beaucoup de sports différents – par exemple, de l'équitation, du ski nautique, de la planche à voile.
G C'est assez calme – vous pouvez vous reposer si vous voulez.
H La mer est très près et nous pouvons aller directement sur la plage.
I Je peux aller en vacances avec des amis – pas avec ma famille.
J On mange bien et on peut choisir les choses qu'on aime.

Notre sélection à la page 131

Sommaire

Now you can ...

talk about how you can travel to France

On peut voyager	d'Angleterre en France de l'Ecosse etc.	en avion en bateau	You can travel	from England to France from Scotland etc.	by plane by boat
Vous pouvez aller	en France	en aéroglisseur par l'Eurotunnel	You can go	to France	by hovercraft by Eurotunnel

talk about where places are

C'est	une ville (située) un village (situé)	dans le nord dans le sud à l'est à l'ouest au centre	de la France de l'Angleterre de l'Ecosse de l'Irlande du pays de Galles	It's	a town a village	(situated)	in the	North South East West centre	of	France England Scotland Ireland Wales

C'est	à la campagne à la montagne sur la côte près de …	It's	in the country in the mountains on the coast near …

talk about other countries etc.

Je vais voyager de Londres à Paris, en France
I'm going to travel from London to Paris in France.

Je vais	en Belgique	to Belgium
	en Italie	to Italy
	en Allemagne	to Germany
	en Espagne	to Spain
	en Suisse	to Switzerland
	au Luxembourg	to Luxembourg
	au Canada	to Canada
	au Sénégal	to Senegal
	au Maroc	to Morocco

talk about what you can (or can't) do
ask permission   (See also page 12)

Qu'est-ce qu'on peut faire	ici? à La Rochelle?
Est-ce que je peux …?	faire du camping jouer au tennis
Oui, on peut Oui, vous pouvez Non, on ne peut pas Non, vous ne pouvez pas	faire de l'équitation visiter des cavernes visiter un château faire ça

say what you are going to do

je vais	jouer au tennis	I'm going to play tennis
tu vas	travailler	you're going to work
Dani va	dormir	Dani is going to sleep
ma sœur va	faire ça	my sister is going to do that
il/elle va	travailler demain	he/she is going to work tomorrow
nous allons	écouter des CDs	we are going to listen to some CDs
vous allez	regarder la télé	you're going to watch television
ils/elles vont	sortir	they are going to go out
mes amis vont	manger	my friends are going to eat

say when you are doing something

demain	tomorrow
la semaine prochaine	next week
lundi prochain	next Monday
ce soir	this evening
l'année prochaine	next year

Unité

2

On prend le train

In this unit you will learn how to ...

- ask for information about train journeys
- use the verb **partir** (to leave)
- use the verb **sortir** (to go out)
- understand station signs and ask where places are
- use pronouns **le, la, les** to mean **it** or **them** (direct object pronouns)
- buy a ticket and travel by train
- discuss different means of transport
- use the verb **venir** (to come)

You will also find out about French Railways

La SNCF

Que sais-tu des trains français?

*Regarde les photos et lis les textes, puis complète le **Jeu des définitions** et le **Puzzle** à la page 37.*

La SNCF, qu'est-ce que c'est?

C'est la Société Nationale des Chemins de fer Français. Les trains de la SNCF transportent des voyageurs et des marchandises partout en France.

Il y a sept gares principales à Paris. La Gare du Nord est la plus grande gare de France. C'est ici que les voyageurs du nord de la France (par exemple de Calais et de Boulogne) arrivent, quand ils prennent le train à Paris.

Comment sont les trains français?

Le plus célèbre train est le TGV (train à grande vitesse). Le TGV fait de longs voyages, par exemple de Paris à Nice à une vitesse de 270 km à l'heure.

Puis il y a des trains rapides et express qui font de longs voyages de jour et de nuit. Les TEE (Trans Europ Express) ont des destinations à l'étranger, par exemple, l'Espagne, l'Italie, la Suisse et la Belgique. Pour les voyages de nuit, il y a des voitures-couchettes ou voitures-lits.

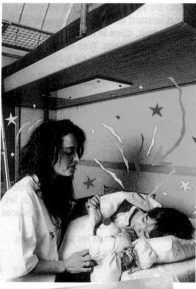

Il y a aussi des trains Corail qui sont très confortables, avec un restaurant ou un self-service.

Pour les voyages plus courts, il y a des trains régionaux qui s'arrêtent dans beaucoup de gares. On les appelle des omnibus.

A Paris et dans les grandes villes, il y a des trains de banlieue qui transportent les gens a centre de la ville. Quelquefois, on peut voir de trains à étage.

documents SNCF

Et où est-ce qu'on peut acheter un billet de train?

A la gare, on l'achète au guichet ou quelquefois à une machine qui s'appelle une billetterie automatique.

Voici le Calendrier Voyageurs. C'est moins cher de voyager en période bleue ou en période blanche.

Jours bleus
en général
du samedi 12h
au dimanche 15h,
du lundi 12h
au vendredi 12h.

Jours blancs
en général
du vendredi 12h
au samedi 12h,
du dimanche 15h
au lundi 12h et
quelques jours de fête.

Jours rouges
les jours
correspondants
aux grands
départs.

document SNCF

Avant de monter dans le train, il est très important de valider le billet. On met le billet (et la réservation séparément) dans une machine à composter. Le composteur met un numéro (pour la date) sur le billet. Et quand le billet est composté, on peut monter dans le train.

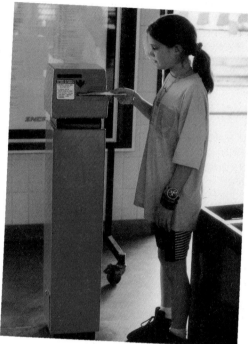

🎞 Au bureau de renseignements

Ecoute la cassette. Des voyageurs demandent des renseignements sur les trains. Copie ce tableau dans ton cahier et complète les détails.

	Destination	Départ	Arrivée	Changement de train
Exemple:	**1** Lille	14h50	16h52	X

Voilà les destinations:

Toulouse, La Rochelle, Calais, Strasbourg, Grenoble

💬 Dialogues à conséquences

Travaillez à deux.

Ecris le nom d'une ville en France (mais pas Paris) sur une feuille; plie la feuille et donne la feuille à ton/ta camarade.

Ecris l'heure du départ (entre 8h et 12h); plie la feuille etc.

Ecris l'heure d'arrivée (entre 13h et 18h); plie la feuille etc.

Ecris 'direct' ou 'il faut changer à (nom d'une ville)'; plie la feuille etc.

Ouvre la feuille, puis invente une conversation avec ton/ta partenaire.

Exemples:

| Strasbourg |
| 10h15 |
| 14h30 |
| direct |

– Le train pour Strasbourg part à quelle heure?
– A 10h15.
– Et il arrive à quelle heure?
– A 14h30.
– C'est direct?
– Oui, c'est direct.

| La Rochelle |
| 9h30 |
| 17h20 |
| Il faut changer à Poitiers |

– Le train pour La Rochelle part à quelle heure?
– A 9h30.
– Et il arrive à quelle heure?
– A 17h20.
– C'est direct?
– Non, il faut changer à Poitiers.

🔊 On part en vacances

Ecoute la cassette. On parle des projets de voyage. Puis complète les détails: **(a)** *date,* **(b)** *destination,* **(c)** *moyen de transport.*

Exemple: 1 Hélène part le 27 octobre pour la France en avion.

1 Hélène part le **(a)** pour **(b)** en **(c)**
2 Martine part le **(a)** pour **(b)** en **(c)**
3 Nicole dit: Je pars le **(a)** pour **(b)** en **(c)**
4 Jean-Pierre part le **(a)** pour **(b)** en **(c)**

5 Guy part le **(a)** pour **(b)** en **(c)**
6 Michèle et Anne-Marie partent le **(a)** pour **(b)** en **(c)**
7 Marc, Luc et David partent le **(a)** pour **(b)** en **(c)**
8 M. Lenoir dit: Nous partons le **(a)** pour **(b)** en **(c)**

Voilà les destinations: le Sénégal, l'Ecosse, l'Espagne, l'Italie, l'Allemagne, l'Angleterre, la France

🔊 Complète l'horaire

Travaillez à deux. Une personne regarde cette page. L'autre personne regarde la page 132. Posez des questions pour compléter l'horaire.
Exemples:
Le train pour Paris part de quel quai?
Le train pour Le Havre part à quelle heure?

Le train pour	Paris Le Havre Dieppe Lille Rouen	part à quelle heure? part de quel quai?

Voici l'horaire A

TRAINS AU DEPART		
Départ	**Destination**	**Quai**
17h30	Paris St. Lazare	...
...	Le Havre	1
...	Dieppe	5
18h45	Lille	...
19h00	Rouen	...
		...

Le matin, on part à quelle heure?

A quelle heure est-ce que tu pars pour aller à l'école? Et tes camarades de classe? Qui part le premier? Qui part le dernier? Combien de personnes partent avant huit heures du matin? Combien de personnes partent après huit heures et demie? Faites un sondage en classe pour découvrir à quelle heure on part le matin.

Quand partent-ils?

Tous ces voyageurs veulent arriver à la gare dix minutes avant le départ de leur train. Pour savoir toutes les heures de départ, regarde l'horaire **A** *à gauche et aussi l'horaire* **B** *à la page 132.*
Exemple: Nicole part à 17h35.

1 Nicole habite à 15 minutes de la gare. Elle va au Havre.
2 Pour Marc, il faut 30 minutes pour aller de son bureau à la gare. Il va à Paris.
3 M. et Mme Lebrun vont à Lille. Pour aller à la gare en autobus, il faut compter 20 minutes.
4 Les Duval prennent un taxi à la gare (10 minutes). Ils vont à Dieppe.
5 Claude prend son vélo pour aller à la gare. Il faut compter 5 minutes. Il va à Rouen et il va mettre son vélo dans le train.

Dossier-langue

Partir means 'to leave'. Can you find all the parts of the verb *partir* in the cartoons and complete this table? Check your answers with the *Sommaire* on page 37.

je ...	nous ....
tu ...	vous ...
il/elle/on ...	ils/elles ...

The singular forms *(je, tu, il, elle, on)* all sound the same. In the plural, the first *t* is sounded, but the final *-ent* isn't.

– Pierre, quand est-ce que tu pars pour la gare?
– Je pars dans deux minutes.
– Il part dans deux minutes!

– Quand est-ce que vous partez pour le match de tennis?
– Nous partons à deux heures.
– Ils partent à deux heures.

chantez

T G V

1 Moi, j'y vais en TGV,
J'ai mon billet, faut le composter.
Départ pour Genève à 10h30,
Encore cinq minutes
    dans la salle d'attente.
(Paris - Genève, Paris - Genève)
J'ai juste le temps d'aller aux toilettes,
On arrive bientôt à Bourg-en-Bresse.

2 Moi, j'y vais en TGV,
J'ai mon billet, faut le composter.
Départ pour Genève à 12h20,
Pardon Monsieur,
    de quel quai part le train?
(Paris - Genève, Paris - Genève)
Je prends du pain, bois une limonade.
Le train est rapide, voilà Bellegarde!

3 Moi, j'y vais en TGV,
Rendre visite à mon cher Pépé,
A 13h30 départ pour la Suisse,
Oh ben, dis donc! Où est ma valise?
(Paris - Genève, Paris - Genève)
J'ai presque fini mon magazine,
La fille en face – c'est une copine!

4 Nous y allons en TGV,
Nos billets, ils sont compostés.
Nous arrivons à Genève en Suisse.
Quelle heure est-il? 14h06!

Dossier-langue

Sortir means 'to go out'. It follows the same pattern as **partir**. Here it is in full:

je	sors
tu	sors
Marc/il	sort
Isabelle/elle	sort
on	sort
nous	sortons
vous	sortez
Guy et André/ils	sortent
Isabelle et Magali/elles	sortent

Look out for more examples of **sortir** in the story **Isabelle ne sort jamais!**

Vous sortez souvent?

Ecoute la cassette. On demande à quelques jeunes s'ils sortent souvent.
Ecoute leurs réponses et complète le tableau.

Nom	pas souvent (une ou deux fois par semaine)	assez souvent (trois ou quatre fois par semaine)	souvent (cinq fois ou plus)
Sophie Jean-Claude Magali et Chantal Guy et Stéphanie			

Isabelle ne sort jamais !

La semaine d'Isabelle

Cette semaine, Isabelle sort beaucoup. Avec qui sort-elle? Où vont-ils? Que font-ils?

1 Mardi soir, elle sort avec … Elles vont à …
2 Mercredi après-midi, elle sort avec … Ils vont …
3 Jeudi soir, elle sort avec … Elles jouent au ….
4 Vendredi soir, elle sort avec …
5 Samedi soir, elle sort avec … Ils vont à …
6 Mais le dimanche, elle …

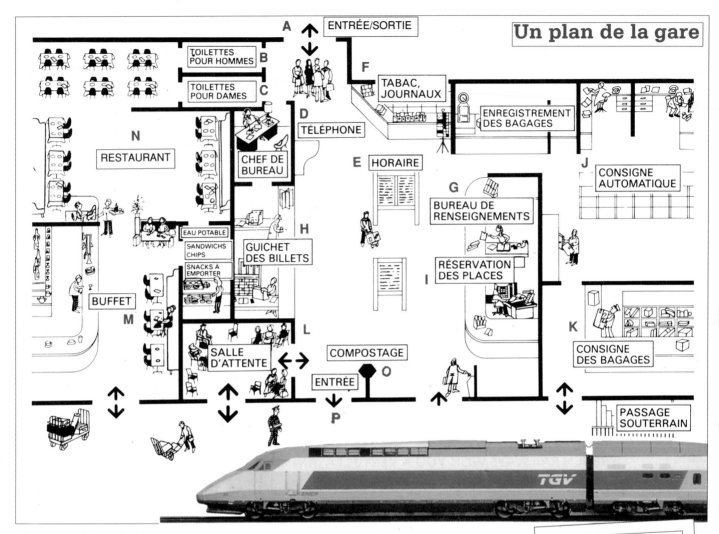

Un plan de la gare

Labels in plan: ENTRÉE/SORTIE, TOILETTES POUR HOMMES, TOILETTES POUR DAMES, TÉLÉPHONE, TABAC, JOURNAUX, ENREGISTREMENT DES BAGAGES, RESTAURANT, CHEF DE BUREAU, HORAIRE, BUREAU DE RENSEIGNEMENTS, RÉSERVATION DES PLACES, CONSIGNE AUTOMATIQUE, EAU POTABLE, SANDWICHS CHIPS, SNACKS À EMPORTER, GUICHET DES BILLETS, BUFFET, SALLE D'ATTENTE, COMPOSTAGE, ENTRÉE, CONSIGNE DES BAGAGES, PASSAGE SOUTERRAIN

On arrive à la gare

Ces voyageurs vont voyager en train. Lis ce qu'ils font à la gare, puis regarde le plan et décide où ils vont.

Exemple: 1 E (horaire)

1 Nicole consulte l'horaire.
2 Elle achète son billet.
3 Elle va aux toilettes (dames).
4 Elle téléphone à son bureau.
5 Elle mange un sandwich au buffet.
6 Elle composte son billet.

7 Marc et Pierre réservent des places.
8 Ils mangent au restaurant.
9 Ils vont aux toilettes (hommes).
10 Ils achètent des journaux.
11 Ils vont dans la salle d'attente.
12 Ils compostent leur billet.

C'est où?

Ecoute la cassette. Des voyageurs demandent où est la consigne, la salle d'attente etc. Ecoute bien les réponses et regarde le plan. On fait beaucoup d'erreurs. A chaque fois, décide si la réponse est vraie ou fausse.

Qu'est-ce qu'on dit?

Exemple:
1 Où est le guichet, s'il vous plaît?

Où	est	le buffet le bureau de renseignements la consigne le guichet le kiosque la salle d'attente	s'il vous plaît?
	sont	les téléphones les toilettes	

Puzzle

Verticalement
1 On le mange au buffet.
3 On les voit à la gare.
5 On l'achète au guichet et on le composte avant d'aller aux quais.

Horizontalement
2 On la cherche quand on attend un train. C'est une ... d'attente.
4 On l'achète au kiosque.
6 On la cherche quand on veut déposer sa valise.
7 On le boit au buffet.

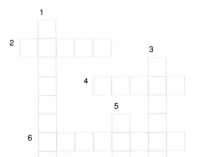

Vous le voyez?

Ecoute la cassette. Chaque personne parle de quelque chose sur les images.
Qu'est-ce qu'on cherche? **Exemple: 1** Le cinéma.

Où sont mes affaires?

Dani a perdu beaucoup de choses à la gare. Peux-tu l'aider à les trouver?
Exemple: 1 Le voilà au guichet.

1 Où est mon chapeau?
2 Où est mon billet?
3 Où est mon livre?
4 Où est mon sac?
5 Où est ma valise?
6 Où est ma plante?
7 Où sont mes gants?
8 Et où sont mes lunettes?

Le		buffet
La	voilà, au	guichet
Les		kiosque

Dossier-langue

le, la, les

Can you work out what **le** and **la** mean when used on their own in the following sentences? How are they linked to the words in **bold** print?
– *Tu mets **ton vélo** dans le train?*
– *Oui, je **le** mets.*
– *Tu vois **la piscine**, maintenant?*
– *Non, je ne **la** vois pas.*

Now, work out what **les** means in this sentence:
– *Tu aimes **ces lunettes de soleil**?*
– *Non, je **les** déteste!*

Solution: *Le* and *la* mean 'it'. *Les* means 'them'.

When used on their own in this way, **le**, **la** and **les** are called **pronouns**. They have replaced the words in bold type in the first sentence, which are called **nouns**.

Pronouns are used a lot in conversation and save you having to repeat the same words again.

Notice that they go in front of the verb. They can also be used with *voilà* and *voici*:
– *Où est **mon livre**?*   – *Le voici.*
– *Où est **ma valise**?*   – *La voilà.*

Quelle est la bonne définition?

1 la Tour Eiffel
2 le château de Chenonceaux
3 la gare
4 les Pyrénées
5 l'avion

A On la cherche quand on veut prendre le train.
B On la voit à Paris.
C Les touristes le visitent souvent.
D On le prend à l'aéroport.
E On les trouve dans le sud de la France.

Invente un jeu

Est-ce que tu peux inventer un jeu pour tes camarades?
Voilà des idées:

Le jeu des vêtements
Qu'est-ce que c'est?

On	le	met	pour aller à la piscine
			pour être chic
	la		pour jouer au sport
			pour jouer au football
	les		quand il pleut
			quand il y a du soleil

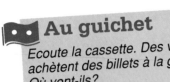

Au guichet

Ecoute la cassette. Des voyageurs achètent des billets à la gare.
Où vont-ils?
Combien paient-ils?
Exemple: 1 Tours, 150F

A
Aller simple
Tours   215F
1ère classe

B
Aller-retour
Bordeaux   600F
2e classe

C
Aller-retour
La Rochelle   475F
2e classe

D
Aller simple
Bordeaux   300F
2e classe

E
Aller-retour
Avignon   700F
2e classe

Le jeu des billets

Tu travailles pour la SNCF à Paris. Regarde les billets à droite et choisis le bon billet pour chaque voyageur.
Exemple: 1 G

1 Un aller simple pour Grenoble, s'il vous plaît, deuxième classe.

2 Un aller-retour pour La Rochelle, deuxième classe.

3 Un aller simple, Tours, s'il vous plaît, première classe.

4 Un aller simple pour Avignon, première classe, s'il vous plaît.

5 Un aller-retour, Bordeaux, deuxième classe, s'il vous plaît.

6 Un aller-retour pour Tours, deuxième classe.

7 Un aller simple pour Grenoble, première classe, s'il vous plaît.

8 Un aller-retour, Avignon, deuxième classe, s'il vous plaît.

F
Aller simple
Grenoble   450F
1ère classe

G
Aller simple
Grenoble   300F
2e classe

H
Aller simple
Tours   150F
2e classe

I
Aller-retour
Tours   300F
2e classe

J
Aller simple
Avignon   500F
1ère classe

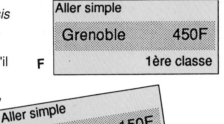

A toi!

Travaille avec un(e) partenaire. Achète un des billets. Ton partenaire doit dire le prix.
Exemple
– Un aller-retour pour Avignon, s'il vous plaît.
– Voilà, c'est 700F.

Inventez des dialogues

Travaillez à deux. Lisez ce dialogue, puis changez-le! Choisissez des phrases dans les listes colorées.

– Un aller simple pour Paris, deuxième classe, s'il vous plaît.
– Voilà, c'est 300F.
– Merci. Le train part à quelle heure?
– A 11h50.
– Et le train arrive à quelle heure?
– A 13h10.
– C'est direct?
– Oui.
– Et c'est quel quai?
– Quai numéro 3.

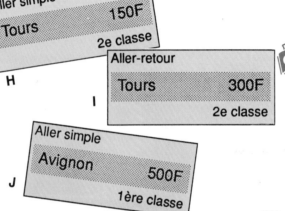

un aller simple
un aller-retour

Paris
Rouen
Lille
Strasbourg
La Rochelle

1
2
3
4
5
6

8h30
9h15
11h50

100F
150F
200F
250F
300F

13h10
14h15
15h20
16h45
17h00

C'est occupé?

C'est occupé ici?
Non, c'est libre.

Suivez le panneau!

Ces voyageurs doivent suivre quel panneau?
Exemple: 1B

1 Ils veulent réserver des places dans le train.
2 Elle veut vérifier l'heure du départ de son train.
3 Il cherche quelque part pour attendre. Son train a du retard.
4 Ils veulent composter leur billet.
5 Elles veulent aller sur le quai.
6 Il veut quitter la gare.

A

ACCÈS AUX QUAIS
PENDANT LES HEURES DE FERMETURE DE LA GARE

B

BILLETS

C

D

SALLES D'ATTENTE

E
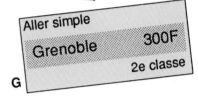
Sortie

F

DÉPART DES TRAINS

On achète un billet

Hélène est à Paris. Elle arrive à la Gare de Lyon et elle va au guichet.

– Un aller simple pour Lyon, s'il vous plaît.
– En TGV?
– Oui, en deuxième classe.
– Alors c'est 375F et 16F pour la réservation. La réservation est obligatoire pour les TGV. Vous prenez quel train?
– Le train de midi.
– Vous voulez 'fumeur' ou 'non-fumeur'?
– Non-fumeur.
– Coin fenêtre ou coin couloir?
– Coin fenêtre.
– Voilà votre billet et votre réservation. 391F, s'il vous plaît.
– Merci, Monsieur.

Allez-y en TGV

Lis et écoute la conversation d'Hélène et complète cette brochure sur le TGV.

Vous voulez:
arriver ... à votre destination?
être sûr d'avoir une ... ?
... en tout confort?
Alors, ... le TGV.
La ... en TGV est obligatoire. On peut demander une place 'fumeur' ou ' ... ', coin couloir ou coin ... dans le train de son choix.

voyager, prenez, réservation, vite, place, fenêtre, non-fumeur

A bord du TGV

Mets la bonne description à chaque image.
Exemple: 1 E

A Elle trouve la voiture 17 et monte dans le train.
B Elle regarde le tableau de composition des trains.
C Son train est en gare, quai numéro 4.
D Sa place est le numéro 77. C'est dans le compartiment 'non-fumeur'.
E Hélène regarde le tableau des trains au départ.
F Alors elle composte son billet et sa réservation et va sur le quai.

Les services à bord du TGV

Est-ce qu'on peut acheter ces choses dans un TGV?
Attention! On ne peut pas tout acheter.
Exemples:
1 Oui, on peut acheter un sandwich.
2 Non, on ne peut pas acheter de T-shirt.

Le Bar

Le bar propose aux voyageurs:
– un grand choix de plats chauds et froids
– des tartines, sandwiches
– des boissons chaudes et froides

Dans la boutique du bar, vous pouvez acheter des journaux, des magazines, des confiseries, des télécartes et du tabac.

document SNCF

Le Téléphone

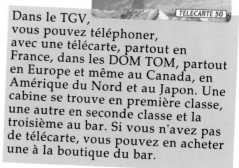

Dans le TGV, vous pouvez téléphoner, avec une télécarte, partout en France, dans les DOM TOM, partout en Europe et même au Canada, en Amérique du Nord et au Japon. Une cabine se trouve en première classe, une autre en seconde classe et la troisième au bar. Si vous n'avez pas de télécarte, vous pouvez en acheter une à la boutique du bar.

Est-ce qu'on peut téléphoner ...?
1 en Suisse
2 au Royaume-Uni
3 en Australie
4 au Canada
5 en Nouvelle Zélande
6 en Irlande

Copains-copines

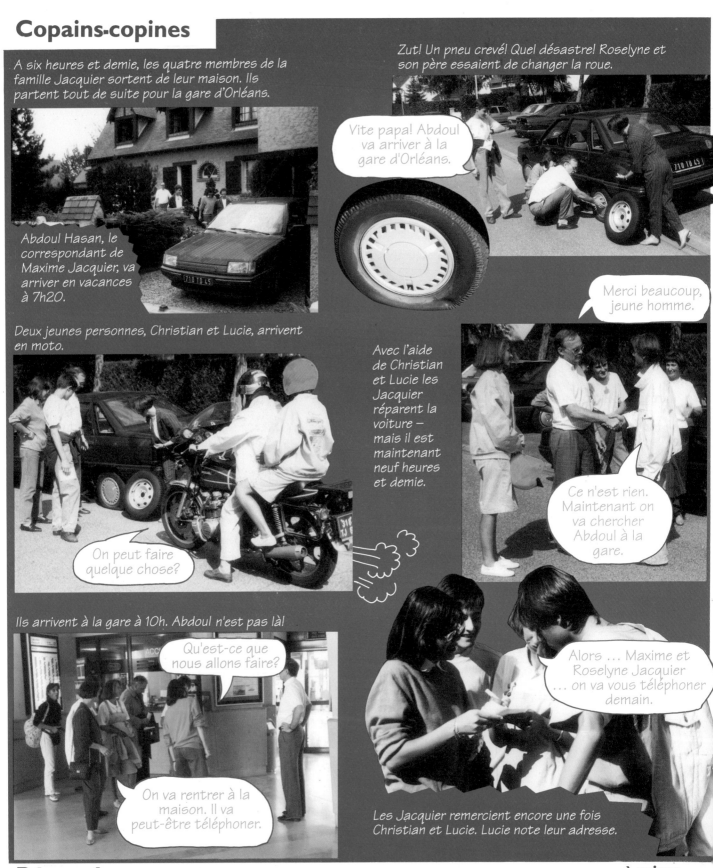

A six heures et demie, les quatre membres de la famille Jacquier sortent de leur maison. Ils partent tout de suite pour la gare d'Orléans.

Abdoul Hasan, le correspondant de Maxime Jacquier, va arriver en vacances à 7h20.

Deux jeunes personnes, Christian et Lucie, arrivent en moto.

On peut faire quelque chose?

Ils arrivent à la gare à 10h. Abdoul n'est pas là!

Qu'est-ce que nous allons faire?

On va rentrer à la maison. Il va peut-être téléphoner.

Zut! Un pneu crevé! Quel désastre! Roselyne et son père essaient de changer la roue.

Vite papa! Abdoul va arriver à la gare d'Orléans.

Merci beaucoup, jeune homme.

Avec l'aide de Christian et Lucie les Jacquier réparent la voiture – mais il est maintenant neuf heures et demie.

Ce n'est rien. Maintenant on va chercher Abdoul à la gare.

Alors … Maxime et Roselyne Jacquier … on va vous téléphoner demain.

Les Jacquier remercient encore une fois Christian et Lucie. Lucie note leur adresse.

à suivre …

Résumé

Les Jacquier ... à la gare d'Orléans en ... En route, ils ... un pneu crevé. ... jeunes les aident. Mais maintenant, ... sont en retard. Ils arrivent à ... à 22h00. Abdoul n'... pas là. Ils décident de ... à la maison.

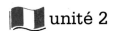

Comment voyagez-vous?

Ecoute la cassette. Quels moyens de transport est-ce que ces personnes utilisent habituellement? Regarde la liste et écris la bonne réponse.
Exemple: 1 vélo, autobus

en autobus	à pied
en avion	en train
en car	en vélo
en mobylette	en voiture

Statistiques

Les Parisiens, comment voyagent-ils?

Regarde le camembert et écris les pourcentages.

... de Parisiens voyagent en voiture.

... de Parisiens voyagent en transport public (métro, RER ou autobus)

... de Parisiens prennent un autre moyen de transport, comme par exemple, un vélo ou une mobylette.

3500 Ⓜ   890 RER   6800

Il y a ... rames de métro.   Il y a ... rames de RER.   Il y a ... autobus.

Voyages en Ile de France

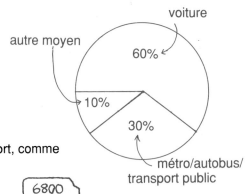

voiture

autre moyen

60%

10%

30%

métro/autobus/ transport public

La boîte aux lettres

Que penses-tu des différents moyens de transport? Quel moyen de transport préfères-tu? Voilà une sélection des lettres que nous avons reçues.

Nous prenons toujours la voiture. C'est plus pratique et c'est moins cher quand il y a plusieurs voyageurs. On peut partir et rentrer quand on veut – il n'y a pas d'horaire. Et on peut prendre beaucoup de bagages.

Sophie, Lille

Le train, c'est bien, mais ça coûte cher. Moi, je préfère prendre le car quand je fais un long voyage. Par exemple, prendre le car et l'hovercraft pour aller à Londres, c'est beaucoup moins cher que de prendre le train.

Jean-Paul, Paris

Pour un long voyage, j'aime prendre le train. On peut se déplacer, on peut aller au bar. On peut lire, on peut regarder par la fenêtre et on peut dormir, bien sûr!

Magali, Toulouse

Quand il fait beau, le moyen de transport que je préfère, c'est le vélo. En France, on l'appelle 'la petite reine'. C'est propre, ça ne fait pas de bruit, ça ne prend pas beaucoup de place et, en plus, c'est bien pour la forme. Moi, je prends toujours mon vélo, même quand il pleut!

Anne-Marie, La Rochelle

Moi, je suis pour les transports publics. En ville, c'est beaucoup plus facile de prendre le métro ou l'autobus. C'est rapide et ça ne coûte pas cher ... et on n'a pas le problème de garer sa voiture.

Jean-Luc, Lyon

Quels moyens de transport est-ce que ces jeunes préfèrent?

Et toi, quel moyen de transport préfères-tu? Trouve un avantage et un inconvénient pour le moyen de transport que tu préfères. Voilà des idées:

Avantages

C'est propre
C'est bien pour la forme
C'est rapide
Ça ne coûte pas cher
Ça ne fait pas de bruit
On peut lire ou dormir pendant le voyage
On peut prendre beaucoup de bagages

Inconvénients

Ça ne va pas directement à la destination
C'est moins agréable par mauvais temps
C'est assez cher
C'est fatigant

M. Dugrand voyage très souvent

M. Dugrand habite à Paris, mais il voyage très souvent. Il est représentant. M. Dugrand aime beaucoup sa voiture, alors quand c'est possible, il voyage en voiture. Il prend sa voiture quand il fait beau, et même quand il pleut! Il prend aussi sa voiture pour les vacances, bien sûr. Mais quand il doit faire, pour son travail, un voyage de plus de 500 kilomètres

a il prend l'avion s'il fait beau,

b il prend le train s'il y a du vent, de la neige ou du brouillard.

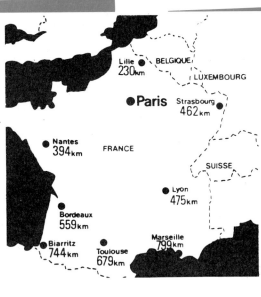

Comment va-t-il voyager?
Exemple: 1 Il va voyager à Lille en voiture.

1	Lille	il fait beau
2	Toulouse	il fait beau
3	Strasbourg	il pleut
4	Biarritz	il neige
5	Nantes	il pleut
6	Lyon	il fait beau
7	Marseille	il y a du brouillard
8	Bordeaux	il y a du vent

Bienvenue à Lyon

On organise une petite réception pour Hélène. Toutes ces personnes sont invitées, mais comment viennent-elles?
Exemple: 1 Françoise vient en taxi.

1 Françoise vient ...
2 Jean-Claude vient ...
3 Marc vient ...
4 Nicole vient ...
5 Guy et Jacques viennent ...
6 Magali et Sophie viennent ...
7 M. et Mme Lefèvre viennent ...
8 Les Dupont viennent ...

D'où venez-vous?

> Je viens de Martinique.
> D'où venez-vous?

A la fête, il y a des personnes de différentes villes de France et de pays différents. Que disent-elles?
Exemples:
1 Je viens de Strasbourg.   2 Nous venons de Suisse.

C'est utile, le dictionnaire!

Qu'est-ce que ça veut dire? Ça fait penser à quel verbe?

la **sortie**
trains en **partance**
bien**venu**
A vos marques, prêt, **partez!**
La fête commence **à partir de** vingt heures.
un **aller** simple
le **va** et **vient**
Allez-y!

Dossier-langue

venir

Here are all the parts of the verb **venir** ('to come')

je	viens
tu	viens
il/elle/on/Hélène	vient
nous	venons
vous	venez
ils/elles/les Daumier	viennent

Here are some more verbs which follow the same pattern as **venir**:

revenir, **devenir**, **se souvenir**.

Can you find out what they mean?

Practise using **venir** in the **Mots croisés** below.

Mots croisés

Horizontalement
1 Je viens de Londres. D'où ...-tu?
3 Est-ce qu'... viennent en voiture?
4 ... venons à Paris par le train.
5 Elle est Anglaise. Elle ... de Leeds.
6 ... viens chez toi à 8 heures, ça va?
7 Est-ce qu'elles ... en aéroglisseur ou en bateau?

Verticalement
1 Est-ce que vous ... souvent en France?
2 Il vient ... en France.
6 ... viens à pied.
8 Il est Allemand. ... vient de Munich.

Les cartes de la SNCF

Si on voyage souvent en train, on peut acheter une carte de la SNCF qui donne des réductions importantes sur les voyages en période bleue ou blanche.

Choisis la bonne carte pour ces voyageurs.

1 Frédéric a 11 ans. Il voyage souvent avec sa sœur et ses parents.
2 Madame Rousseau, la grand-mère de Frédéric, a 70 ans et voyage souvent à Orléans et à Paris en train.
3 Marc, le cousin de Frédéric, a 19 ans et il n'a pas de voiture. Il voyage souvent en France en train.

A

– c'est pour les jeunes de 12 à 25 ans

– c'est pour les personnes de 60 ans ou plus

B

– c'est pour les enfants de moins de 16 ans

documents SNCF

Tout sur la Carte Kiwi

document SNCF

Lis les détails de la Carte Kiwi.

C'est pour qui? C'est valable pour combien de temps? Qu'est-ce que ça donne comme réduction? Qui peut aussi bénéficier de ces réductions?

En périodes blanche et bleue du Calendrier Voyageurs, la carte KIWI fait économiser 50% sur le plein tarif SNCF en 1re ou 2ème classe, pendant un an.
La carte KIWI est établie au nom d'un enfant de moins de 16 ans. Parents ou amis, adultes ou enfants, peuvent voyager avec lui en profitant comme lui de la réduction (1 au moins, 4 au plus).
Et pour son chien ou son chat, le voyage est gratuit!

Voyages réalisés avec la carte KIWI par la famille de Frédéric

Frédéric a 11 ans. Il habite Orléans. Il a la carte KIWI. Avec sa sœur Sophie(10 ans), ses parents et sa tante Laure, il part à La Rochelle (360km).

Combien de billets aller-retour est-ce qu'on achète?

Frédéric et sa maman doivent se rendre à Strasbourg (625km) pour une communion. La tante de Frédéric et sa cousine Lucie (8 ans) les accompagnent. Pour l'occasion, ils voyagent en première classe.

Combien de billets aller simple en première classe est-ce qu'on achète?

Le grand-père de Frédéric l'emmène avec deux copains (12 ans chacun) à Paris (121km) faire une promenade sur la Seine.

Combien de billets aller-retour est-ce qu'on achète?

Bon voyage avec la SNCF

Complète ces instructions avec les mots dans la case.

1 Choisissez votre train en période ... ou ... , pour être plus confortable et pour bénéficier des réductions.

2 Pour être sûr d'avoir une place, prenez une ... Dans les TGV, la ... est nécessaire.

3 Vous partez? Arrivez quelques minutes ... l'heure du départ.

4 Le tableau des trains au départ indique la voie de votre ...

5 ... séparement votre billet et votre réservation pour les valider.

6 Si vous avez pris une réservation, cherchez votre ... sur le tableau de composition des trains.

7 Dans les voitures, les fauteuils sont numérotés. Ainsi, vous pouvez facilement trouver votre ...

avant, place, compostez, réservation, voiture, bleue, train, blanche, réservation

Louis Laloupe suit Monique Maligne

Cet homme est un voleur. Il est dangereux. Il s'appelle Marc Malheur. Louis Laloupe le cherche.

Voici l'amie de Marc Malheur. Elle s'appelle Monique Maligne. Elle a rendez-vous avec Marc ce soir.

Voici Louis Laloupe. Il cherche Marc Malheur – mais il ne sait pas où il est. Alors il va suivre Monique.

Ah, voici Monique. Monique sort du café. Elle traverse la rue et elle prend la première rue à droite. Louis Laloupe prend la première rue à droite aussi.

Monique monte dans l'autobus numéro 7. Louis Laloupe monte aussi dans l'autobus.

Monique descend de l'autobus sur la place principale et va dans un grand parking. Louis Laloupe la suit.

Monique monte dans une voiture bleu marine. Elle sort du parking. Louis Laloupe n'a pas de voiture, alors il prend un taxi.

La voiture bleu marine prend la direction de la gare. Le taxi la suit. Mais il y a beaucoup de voitures.

La voiture bleu marine s'arrête devant la gare. Enfin, Louis Laloupe arrive à la gare.

Monique achète un billet et va sur le quai 2. Elle attend le train.

Louis Laloupe achète un billet aussi. Mais où est Monique? Ah, la voilà sur le quai 2.

Le train arrive en gare. Monique monte dans le train. Louis Laloupe monte dans le train aussi.

Soudain, Monique descend du train. Le train part. Louis Laloupe est dans le train ... mais pas Monique.

As-tu bien compris? Regarde la page 132 (*Activité 11*).

Jeu des définitions

Qu'est-ce que c'est?
1 C'est la plus grande gare de France.
2 C'est un train qui va très vite.
3 C'est la Société Nationale des Chemins de fer Français.
4 C'est un train qui va à (ou qui vient de) l'étranger.
5 On les trouve dans les trains qui font des voyages de nuit.
6 C'est un train qui transporte les voyageurs qui habitent en banlieue jusqu'au centre de la ville.
7 C'est une machine qui vend des billets.
8 C'est une machine à valider les billets.

> SNCF, TGV, TEE, une billeterie automatique, un train de banlieue, la gare du Nord, un composteur, les couchettes

Puzzle

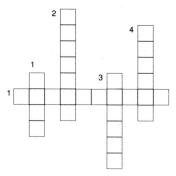

Verticalement
1 Pour voyager en train, il faut aller à la ...
2 Normalement, on achète son billet au ...
3 Les ... rapides et express font de longs voyages et ne s'arrêtent pas dans toutes les gares en route.
4 Avant de monter dans le train, il est très important de composter son ...

Horizontalement
1 Pour savoir si le jour de votre départ est en période bleue, blanche ou rouge, consultez le ... Voyageurs.

Now you can ...
ask for information about train journeys

Pardon	Monsieur Madame	le train pour	Bordeaux Lyon La Rochelle	part à quelle heure? arrive à quelle heure? part de quel quai?

ask if the train's direct

C'est direct?	Oui, c'est direct.
	Non, il faut changer à …
	vous avez une correspondance à …

recognise station signs and other words connected with train journeys, and ask where places are

un billet	ticket
une billetterie automatique	ticket machine
le buffet	buffet
le bureau de renseignements	information office
le coin	corner
composter votre billet	to 'date stamp' or validate your ticket
la consigne	left luggage
le couloir	corridor
l'horaire	timetable
fumeur/non-fumeur	smoking/non-smoking
le guichet	ticket office
le kiosque	kiosk
le quai	platform
une réservation	reserved seat
la salle d'attente	waiting room
les toilettes	toilets
la voie	platform or track
la voiture	train carriage

Où est	la gare la consigne la salle d'attente le bureau de rensignements	s'il vous plaît?

See also page 28.

Sommaire

use the verb *partir* (to leave)

je	pars
tu	pars
il/elle/on/Hélène	part
nous	partons
vous	partez
ils/elles/les Daumier	partent

See also page 26.

use the verb *sortir* (to go out)
See page 27.

use pronouns *le, la, les* (Direct object pronouns)

Où est le crayon?	Le voilà.
Où est la gomme?	La voilà.
Où sont les crayons?	Les voilà.

See also page 29.

buy a ticket

Un aller simple pour Un aller-retour pour	(ville)	s'il vous plaît.
En première/deuxième classe		

ask if the seat is free
C'est occupé?   Non, c'est libre.
                 Oui, c'est occupé.

discuss different means of transport
See page 33.

use the verb *venir*
See page 34.

Unité

3

En famille

In this unit you will learn how to ...

- talk about families and family life
- talk about daily routine (using 'reflexive' verbs)
- describe yourself and other people
- talk to someone new and introduce people
- ask someone what they would like to drink or eat
- accept or refuse food and say if you're enjoying it
- talk to the French people you are staying with
- say what you want and don't want (using vouloir)
- ask if you can help in the house
- talk about people's jobs

You will also find out about the city of Montreal in Quebec, Canada

Deux familles

La famille Guille

Lis la description de la famille Guille, puis fais les activités à la page 39.

Je m'appelle Karine Guille et j'ai quatorze ans.

Je n'ai pas de sœurs, mais j'ai deux frères. Voici Fabien, qui a dix-huit ans.

Nous habitons dans la banlieue de Rouen, dans le nord de la France. Mon père, Philippe, est représentant international chez Peugeot et il voyage beaucoup. Cet été, il passe un mois en Angleterre, à Coventry. Ma mère, Georgette, est institutrice dans une école primaire. Pendant les grandes vacances cette année, elle va en Angleterre avec mon père. Moi, je suis élève dans un collège à Rouen, et Fabien est étudiant dans un lycée technique.

Nous passons le mois de juillet en Normandie à la ferme de Benoît, notre frère aîné, et sa femme Delphine.

Voici Delphine, ma belle-sœur – elle est très gentille.
Moi, j'aime bien la campagne, mais Fabien préfère la ville.
Il s'ennuie à la campagne – il n'y a pas grand-chose à faire!

Mon frère Benoît est fermier – le voici avec son tracteur.

Le matin, Benoît se réveille très tôt et se lève tout de suite.
D'abord, il s'occupe de ses animaux.
A la ferme, il y a des chevaux superbes ...

... des chèvres ...

... et des canards.

Vers huit heures, Benoît s'arrête de travailler et rentre à la maison pour prendre le petit déjeuner avec nous.

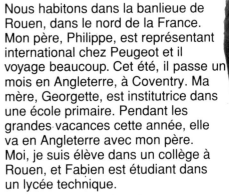

Chez moi, je me réveille normalement vers sept heures et demie, mais je ne me lève pas immédiatement – je suis toujours en retard!

Je me lève vers huit heures moins dix, je me lave et m'habille très vite. Puis je bois une tasse de chocolat chaud et je me dépêche pour arriver au collège à huit heures et demie.

Fabien se lave et s'habille plus lentement parce qu'il va au lycée technique en mobylette.

Ici, nous nous levons beaucoup plus tard parce que nous sommes en vacances.

Mon frère Benoît travaille à la ferme toute la journée. Le soir, il se repose quelquefois, mais souvent, il répare ses machines. Il est content, il s'intéresse beaucoup à la ferme.

Benoît et Delphine se couchent tôt – entre neuf heures et demie et dix heures. Moi, je me couche vers dix heures et demie, mais Fabien regarde la télé jusqu'à minuit ou après.

Cette année, au mois de juillet, un groupe d'élèves québecois va faire une visite-échange avec notre collège et une jeune fille de Montréal va passer ses vacances ici à la ferme. On va s'amuser!

Vrai ou faux?

1 Karine a deux frères.
2 Le frère aîné de Karine et Fabien s'appelle Philippe.
3 Le frère aîné de Karine s'occupe des animaux.
4 La belle-sœur de Fabien s'appelle Delphine.
5 Chez elle, Karine s'habille très rapidement le matin.
6 Fabien s'ennuie beaucoup en ville.
7 Karine se couche avant sa belle-sœur.
8 Son frère Fabien se couche souvent après minuit.
9 Benoît se lève d'habitude avant son frère.
10 Benoît s'ennuie beaucoup à la ferme.

La vie, c'est comme ça!

Ecoute l'interview avec Benoît et complète les phrases avec les mots corrects:

1 Benoît se réveille		A	aux machines.
2 Il se lève		B	de prendre des vacances.
3 Il s'habille		C	qui s'occupe des animaux.
4 Il s'occupe d'abord		D	immédiatement.
5 Après son petit déjeuner,		E	vers six heures et quart.
6 Il s'arrête de travailler		F	il se repose un peu.
7 Il s'intéresse		G	assez vite.
8 Le dimanche, c'est sa femme		H	pour les repas.
9 Il se couche d'habitude		I	des chèvres.
10 Pour un fermier, c'est difficile		J	vers dix heures.

Solution à la page 138

La famille Laurent – une famille québécoise

Lis la description de la famille Laurent et de leur vie de tous les jours, puis complète une bulle pour chaque personne ... sauf pour Sophie – elle ne parle pas beaucoup!

Exemple:
Je m'appelle Jean-Pierre Laurent.
J'ai 48 ans.
Je suis électricien.
Je me lève à sept heures.
Je me couche vers dix heures et demie.

Je m'appelle ....
J'ai ....
Je suis ....
Je me lève à ....
Je me couche vers ....

La famille Laurent habite à Montréal, au Québec. Dans la famille, il y a trois enfants. La fille aînée, Brigitte, a quinze ans et son frère, René, a douze ans. Ils sont élèves dans un collège à Montréal. L'autre fille, Sophie, a sept mois seulement.

Leur père, Jean-Pierre, est électricien. Il a quarante-huit ans, et sa femme, Françoise, a quarante-cinq ans. La grand-mère des enfants, 'Mamie', habite avec la famille. Quand Mme Laurent travaille, Mamie s'occupe de Sophie. Mme Laurent est infirmière et elle travaille trois nuits par semaine, donc elle se couche souvent à neuf heures du matin et elle dort pendant la journée. Souvent, elle se lève vers quatre heures de l'après-midi.

Les autres membres de la famille se lèvent vers sept heures et demie, sauf M. Laurent, qui se lève une demi-heure avant.

Quand Mme Laurent part pour son travail à dix heures et quart du soir, René est au lit. Il se couche vers neuf heures. M. Laurent se couche vers dix heures et demie, mais Brigitte aime regarder la télé, donc elle se couche normalement une demi-heure après son père.

⬛ Trouve ton 'double'

Et toi? **1** *Quand est-ce que tu te lèves?*
       2 *Et quand est-ce que tu te couches?*
       (**a** *normalement et* **b** *pendant les vacances*)

Copie et complète les phrases suivantes avec tes réponses à ces questions.
(Tes réponses sont secrètes, bien sûr!)

1a Normalement, je me lève à ...
  b Pendant les vacances, je me lève à ...
2a Normalement, je me couche à ...
  b Pendant les vacances, je me couche à ...

Puis pose ces questions à d'autres élèves dans ta classe. Est-ce que tu peux trouver quelqu'un qui se lève et se couche exactement aux mêmes heures que toi?

Tu es mon double !?!!

Sondage

Maintenant, fais un petit sondage sur la vie de tes copains. Pose ces questions aux autres élèves dans ta classe et présente les résultats comme ça:

Normalement ...		
filles	**garçons**	
		se lèvent avant 7h30
		se lèvent entre 7h30 et 9h
		se lèvent après 9h
		se couchent avant 9h
		se couchent entre 9h et 10h30
		se couchent après 10h30

Pendant les vacances ...		
filles	**garçons**	
		se lèvent avant 7h30
		se lèvent entre 7h30 et 9h
		se lèvent après 9h
		se couchent avant 9h
		se couchent entre 9h et 10h30
		se couchent après 10h30

ou sur des camemberts:

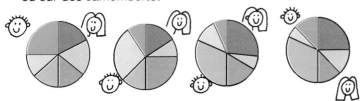

Dossier-langue

Reflexive verbs

Verbs like the ones you have just used in the survey are called **reflexive verbs**.

They are just the same as ordinary verbs except for one thing. Have you spotted what it is? Write down what you think is different before going on.

Now look at some examples of reflexive verbs which have been used in this unit and see if they fit in with your idea:

   elle se réveille   *on se repose*   *je me lave*

NOUS SAVONS QUE VOUS VOUS INTÉRESSEZ AUX INSECTES MADAME.

The thing that is different is the extra word, for example **me**, **se**, **nous**. These words are **reflexive pronouns**.

Here is the reflexive verb **se laver** in full:

je	me	lave	nous	nous	lavons
tu	te	laves	vous	vous	lavez

il
elle
on   se   lave
Karine
Fabien

ils
elles   se   lavent
les enfants

These reflexive pronouns really mean 'self' but we often leave them out in English, e.g.

  je me lave   I wash (myself)
  il s'habille   he dresses (himself)

Now look at what happens to **me**, **te** and **se** if the verb begins with a vowel or silent h:

   je m'appelle   *elle s'occupe des animaux*
   il s'arrête   *tu t'habilles*   *les enfants s'amusent*

Reflexive verbs in the negative

Have you noticed where *ne* and *pas* go with reflexive verbs?
e.g. *Je ne me lève pas immédiatement.*

Watch out for more examples of reflexive verbs in the negative as you work through this unit.

Dani et ses copains s'amusent

Complète les bulles.

1 Quelquefois elle …'arrête un peu vite!

2 Je …promène avec mon chien.

3 Oui oui, Maman. Nous … amusons très bien ici.

4 Ça va, monsieur. Mes amis …'occupent des animaux.

Tout le monde a ses raisons!

Un samedi pendant les vacances, l'équipe de basket du Collège Charles de Gaulle joue dans un match qui va être télévisé. Le Directeur du Collège a demandé à tous les élèves de regarder le match, mais parmi les neuf élèves que nous avons interviewés, une personne seulement va regarder le match! Naturellement, tous les autres ont de très bonnes raisons pour ne pas regarder!

Lis les bulles. Trouve le nom de la personne qui regarde le match.

Quelles sont les raisons des autres?

Exemple: Louise se réveille vers midi et demi.

TF1 SAMEDI	
8.10	METEO
8.15	TELE SHOPPING
8.55	CLUB DOROTHEE
11.25	FLASH INFOS
11.30	SPORT-JEUNESSE
	Basket: Finale de la Coupe Collège – CES Charles de Gaulle contre CES Molière
13.00	JOURNAL TELEVISE
13.15	REPORTAGES
	Le Tour de France
	Des interviews avec les coureurs et des reportages sur la sixième étape: Roubaix-Bruxelles, 150km
14.00	TOUR DE FRANCE
	Septième étape: Bruxelles-Valkenbourg, 180km

1 Louise
Pendant les vacances, je me réveille vers midi et demi.

2 Hasan et sa sœur, Zina.
Nous nous levons très tôt le samedi, puis nous sortons toute la journée en famille.

3 Christelle
Je ne m'intéresse pas au sport.

4 Fabrice
Le samedi, je regarde la télé le matin, puis à deux heures, je me promène avec mes copains.

5 Natalie
En été, je me baigne dans la mer, toute la journée.

6 Sandrine et Nicole
Le samedi matin très tôt, nous travaillons au marché, puis, après onze heures, nous nous reposons.

7 Pierre
Le samedi, je m'occupe tout le temps de mon petit frère – il est impossible!

Tes vacances en questions

Choisis des phrases et écris tes réponses.

(Oui), je m'amuse beaucoup ici.
Je me couche tard et je me lève tard.
Je m'intéresse aux sports nautiques.
Je me baigne dans la mer.
Le soleil brille tout le temps.

Cher/chère…
Est-ce que tu passes de bonnes vacances?
Tu te couches tard et tu te lèves tard?
Tu t'intéresses aux sports nautiques?
Tu te baignes?
Il fait beau?
A bientôt,

(Non), je m'ennuie ici.
Je me couche tôt – il n'y a pas grand-chose à faire.
Je ne m'intéresse pas aux sports nautiques.
Je ne me baigne pas, la mer est trop froide.
Il pleut.

41

Louis Laloupe arrête le voleur

Un soir, Louis Laloupe est fatigué. La vie de détective est très fatigante, alors il se couche de bonne heure.

Soudain, le téléphone sonne. C'est M. Dugrand.

Louis Laloupe va vite au magasin de M. Dugrand.

Ça alors! Louis et son chien inspectent le magasin.

Le chien sort vite du magasin. Louis Laloupe le suit.

Ils descendent la rue. Ils tournent à gauche, ils tournent à droite.

Ils quittent la ville. Ils sont en pleine campagne maintenant.

Soudain, le chien s'arrête devant une petite maison.

Louis Laloupe s'approche très doucement de la maison. Il ouvre très doucement la porte avec la clé.

Et voici le voleur. Il regarde les montres.

Le voleur se retourne. Il voit Louis Laloupe. Il cherche son revolver.

Mais voici le chien de Louis Laloupe. Il saute sur le voleur. Le revolver tombe par terre.

Louis Laloupe ramasse le revolver. Il met son pied sur le voleur. C'est son moment de triomphe.

Mais soudain, le chien pousse un cri ... et Louis Laloupe se réveille.

Voici 12 phrases. Avec 8 de ces phrases, tu peux faire un résumé de l'histoire. Les 4 autres phrases ne sont pas vraies.

A Louis trouve une clé par terre.
B Louis se cache derrière la maison et quand le voleur sort, il l'arrête.
C Louis et son chien cherchent le voleur et ils s'arrêtent devant une petite maison de campagne.
D Louis s'habille vite, met son chapeau et va chez M. Dugrand.
E Un soir, Louis Laloupe se couche tôt.
F Dans la maison, ils trouvent le voleur qui s'occupe d'examiner les montres.
G Louis se lève et va vite au magasin de M. Dugrand.
H Le voleur se retourne et voit Louis, mais, avec l'aide de son chien, Louis l'arrête quand même.
I A la fin de l'histoire, Louis se réveille – l'aventure était un rêve!
J Un soir, Louis Laloupe se promène à la campagne avec son chien.
K M. Dugrand téléphone à Louis parce que quelqu'un a pris ses montres.
L Louis Laloupe s'approche du voleur avec un revolver.

Solution à la page 138

42

Jeu de mémoire

Pendant cinq minutes, regarde les deux familles aux pages 38 et 39. Maintenant ... numéro 1, c'est qui? Et les autres?

1 Il a les cheveux longs et blonds. Il n'est pas l'aîné de la famille. Il se couche tard le week-end.

2 Son frère a dix-huit ans. Il se lève d'habitude vers six heures et quart. Il travaille beaucoup, mais il est content.

3 Il a les cheveux marron et courts. Il porte un T-shirt bleu et blanc et noir. Il est très bronzé.

4 Elle est très jeune et elle ne parle pas beaucoup.

5 Elle porte des vêtements bleus et elle est blonde. Pendant la semaine, elle se lève vers huit heures moins dix.

6 Elle a les cheveux roux et très longs. Elle porte un T-shirt vert.

7 Il voyage beaucoup et il s'intéresse aux voitures.

8 Elle n'est pas sur la photo mais elle habite avec sa fille et sa famille.

9 Elle est professeur et elle habite à Rouen.

10 Elle a les cheveux bruns et courts. Elle est mariée. Elle porte une chemise bleue.

Solution à la page 138

Un portrait de la bande

Voici un dessin.
Non, ce n'est pas un tableau de Picasso.
Non, ce n'est pas l'extrait d'une bande dessinée.
C'est un dessin de Julien Lévy, un jeune habitant de Montréal, qui va venir en France en visite-échange. C'est un portrait de la bande d'amis qui vont bientôt arriver à Rouen.
Christian Marchadier, le correspondant de Julien, montre le dessin à Karine.
Ecoute la cassette, regarde le dessin, et essaie d'identifier les membres de la bande.

La bande!

Salut La France, notre bande va bientôt arriver! Nous sommes Julien Lévy (l'artiste!!), mes copains René et Jean-Michel, Brigitte, la sœur aînée de René, ma sœur jumelle Florence et sa copine, Marie-Hélène.

Les jeunes Québécois arrivent à Rouen

Lis les conversations, écoute la cassette et mets les dessins en ordre.

Ce matin, Karine est très heureuse – et un peu inquiète aussi.
Aujourd'hui, c'est le jour de l'arrivée des jeunes Québécois qui viennent en visite-échange. Une jeune fille va passer ses vacances à la ferme avec elle. Elle s'appelle Brigitte Laurent, elle habite Montréal et elle parle français.
Karine va chercher Brigitte à la gare, avec Benoît, son frère aîné. Beaucoup de ses amis sont là avec leurs parents.
Le train arrive et les jeunes Québécois descendent avec deux professeurs. Ils s'approchent de la barrière.

1 Karine regarde la lettre de Brigitte. Elle regarde les jeunes visiteurs mais elle ne voit pas de fille avec un T-shirt rouge.
– Où est Brigitte, alors?

2 Soudain, une fille s'approche d'elle. Elle porte un T-shirt vert.
– Excusez-moi, Mademoiselle. Vous n'êtes pas Karine Guille, par hasard?
– Si, si. C'est moi! Et vous êtes Brigitte Laurent?
– Oui, oui, ç'est ça.
– Très bien, Brigitte, bienvenue en France!

Solution à la page 138

3 – Je te présente mon frère aîné, Benoît Guille.
– Bonjour Monsieur.
– Bonjour Brigitte. Vous avez fait bon voyage?
– Oui oui, merci.

4 – Mais Brigitte, le T-shirt rouge? Tu n'a pas de T-shirt rouge.
– Eh bien, regarde ce garçon là-bas.
– Quoi, le garçon avec le T-shirt rouge?
– Oui oui. C'est mon frère, René. Ce matin, il a décidé de mettre le T-shirt rouge – et c'est pourquoi je suis en T-shirt vert.
– Ah bon! Maintenant je comprends.

43

Je vous présente ...

1 *Choisis la conversation qui convient à chaque image.*
2 *Ecoute la cassette pour vérifier tes réponses.*
3 *Essaie les conversations avec des amis.*

A

D

1 – M. Henriquet, je vous présente Jean Duval, mon ami québécois.
 – Bonjour jeune homme.
 – Bonjour Monsieur.
 – C'est mon professeur de géographie.
 – Ah bon.

E

2 – René – Fabien. Fabien – René.
 – Salut Fabien!
 – Salut!

B

3 – Voici Christian Marchadier – c'est un copain. Christian, voici Brigitte Laurent.
 – Bonjour Brigitte.
 – Bonjour Christian.

F

4 – Brigitte, je te présente ma grand-mère. Mamie, c'est Brigitte, ma correspondante québecoise.
 – Bonjour Brigitte, je suis enchantée de faire ta connaissance.
 – Bonjour Madame.

C

5 – Delphine, tu connais René, le frère de Brigitte?
 – Non, je ne crois pas.
 – Alors, René, c'est ma belle-sœur, Madame Guille.
 – Bonjour Madame.
 – Bonjour René. Ça te plaît, ici?
 – Oui Madame, ça me plaît beaucoup, merci.

6 – Bonjour. Je suis Julien Lévy. Et toi, comment tu t'appelles?
 – Karine Guille. Je suis une copine de Christian.

Brigitte arrive chez les Guille

Ecoute la cassette, puis fais la conversation avec deux amis.

Karine: Delphine, voici Brigitte. Brigitte, voici ma belle-sœur.
Brigitte: Bonjour Madame.
Delphine: Bonjour Brigitte. Venez vous asseoir ... attendez ... on peut vous dire 'tu', n'est-ce pas, on peut te tutoyer?
Brigitte: Bien sûr, Madame.
Delphine: Très bien. Et tu peux m'appeler Delphine, et mon mari s'appelle Benoît. Ça va?
Brigitte: Oui oui. Merci Ma–, oh pardon, merci Delphine.
Delphine: Tu veux prendre quelque chose? Du thé, du café, du lait, de la limonade?
Brigitte: Du café, s'il vous plaît.
Delphine: Avec du sucre?
Brigitte: Non, sans sucre, mais avec du lait.
Delphine: Et toi, Karine, qu'est-ce que tu veux?
Karine: Une limonade, s'il te plaît.

A toi maintenant!

Travaille avec deux amis. Choisis des boissons différentes.

Apprends par cœur les sections colorées.

Qu'est-ce qu'ils veulent boire?

Exemple: 1 Karine veut une limonade.

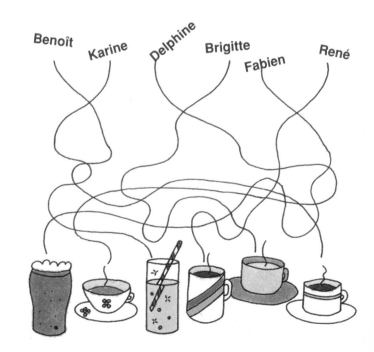

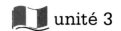

 A table

Ecoute la cassette, puis fais le dialogue avec des amis.

Delphine:	A table, tout le monde. Brigitte, tu te mets là, à côté de Karine.
Fabien:	Bon appétit, tout le monde.
Benoît:	Qu'est-ce que tu prends comme boisson, Brigitte? Il y a du vin blanc, de l'eau minérale, ou de la limonade.
Brigitte:	De l'eau minérale, s'il vous plaît.
Benoît:	Voilà. Tu ne veux pas essayer le vin blanc aussi?
Brigitte:	Si, si. Je vais en goûter un petit peu, s'il vous plaît.
Benoît:	Très bien. C'est bon, le vin français, tu sais!
Delphine:	Pour commencer, il y a du melon. Ça va Brigitte?
Brigitte:	Oui oui. J'aime beaucoup le melon.
Benoît:	Encore du melon, Brigitte?
Brigitte:	Non, merci, Monsieur
Delphine:	Tu aimes le poulet, Brigitte?
Brigitte:	Oui oui. C'est très bon, Delphine. J'aime beaucoup ça.
Delphine:	Voilà les légumes. Tu veux des carottes?
Brigitte:	Oui, je veux bien ... merci, c'est assez.
Delphine:	Et du chou-fleur?
Brigitte:	Non merci. Je regrette, mais je n'aime pas beaucoup le chou-fleur.
Benoît:	Voici de la salade. Sers-toi, Brigitte.
Brigitte:	Merci bien ... j'adore la salade!
Benoît:	Et est-ce que tu veux du fromage? Il y a du Camembert et du Gruyère.
Brigitte:	Non merci.
Karine:	Qu'est-ce qu'il y a comme dessert, Delphine?
Delphine:	Attends. Tu vas voir ... voilà – un gâteau au chocolat.
Karine:	Chouette! J'adore ça!
Brigitte:	C'est vraiment délicieux, Delphine.

Voici les réponses ... mais quelles sont les questions?

1 De la limonade, s'il vous plaît.
2 Ah oui, j'aime beaucoup la viande.
3 Non, merci. Je regrette, mais je n'aime pas beaucoup les légumes.
4 Oui, c'est vraiment délicieux.
5 Oui, je veux bien. J'adore les frites.
6 Si, si, je vais en goûter un peu.
7 Oui, donnez-moi un peu de Gruyère.
8 Il y a de la glace ou des fruits.

A Tu veux des petits pois?
B C'est bon, le gâteau?
C Tu ne veux pas essayer le Camembert?
D Encore des frites?
E Est-ce que tu aimes le poulet?
F Qu'est-ce que tu prends comme boisson?
G Qu'est-ce qu'il y a comme dessert?
H Est-ce que tu veux du fromage?

Les boissons

	vin rouge
du	vin blanc
le	cidre
	coca
de la	limonade
la	bière
de l'	eau minérale
l'	Orangina

Le plat principal

le poulet
le porc
le rosbif
le steak
le poisson
les omelettes
la pizza
les spaghettis

Les desserts

un gâteau
de la glace
un yaourt,
des fruits
une tarte aux pommes

Pour commencer

du melon
du jambon
des radis au beurre
du pâté
une petite salade
du potage

Les légumes

	carottes
	petits pois
des	haricots verts
	frites
les	pommes de terre
	champignons
	oignons
du	chou
le	chou-fleur

Le fromage

du Brie
du (fromage de) chèvre
du Roquefort
du Port-Salut
du Gruyère
du Camembert

 On t'invite à dîner

Ecoute la cassette et réponds aux questions.

Une famille française t'invite à dîner. Est-ce que tu peux répondre à ces questions?

✓	= tu acceptes
✓ ✓	= tu acceptes et tu dis que tu aimes ça etc.
✓ ✓ ✓	= tu acceptes et tu dis que tu adores ça etc.
✗	= tu n'acceptes pas/tu n'aimes pas ça

1 Qu'est-ce que tu prends comme boisson? Il y a du vin, de la limonade ou de l'eau minérale.

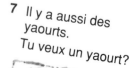

2 Tu aimes le poisson?

3 Voilà les légumes. Tu veux des carottes?

4 Encore des frites?

5 Tu veux de la salade?

6 Voici le fromage. Tu aimes le fromage français?

7 Il y a aussi des yaourts. Tu veux un yaourt?

Brigitte présente la ville de Montréal

Lis l'article, écoute la cassette, et fais les activités en bas et à la page 135.

Moi, j'habite à Montréal au Québec – c'est une ville fantastique!

Voici notre appartement à Montréal. (1) J'aime bien habiter là.

Montréal est la plus grande ville du Québec et c'est vraiment une ville un peu spéciale. Au centre de la ville se trouve la ville souterraine. (2)
C'est une bonne idée, parce qu'il fait très froid là-bas en hiver. C'est toute une ville sous terre.
Ici, on peut faire des courses dans les grands magasins, on peut manger au restaurant, aller au cinéma et s'amuser dans les discothèques.
Il y a un métro à Montréal, comme à Paris, et le métro (terminé en 1966) fait partie de cette ville souterraine. (3)
On dit qu'un visiteur à Montréal peut manger chaque jour dans un restaurant différent, aller au cinéma tous les soirs et faire toutes ses courses pendant deux semaines, sans quitter la ville souterraine!

Regardez cette petite carte. Voici la ville de Montréal. Elle est située sur une île au milieu d'un grand fleuve, le fleuve Saint-Laurent. (4)

Voici un bâtiment moderne à Montréal qui est très célèbre. C'est la Tour Olympique construite pour les Jeux Olympiques de 1976. C'est la plus haute tour inclinée au monde. Pour monter, il y a un funiculaire extérieur avec de la place pour 90 personnes. Du sommet, on peut voir à une distance de 80 kilomètres. C'est un panorama spectaculaire! (6)

En été, on peut aller sur une autre île – l'île Sainte-Hélène. Sur cette île, il y a beaucoup de choses à faire: voici La Ronde, un parc d'attractions et de jeux – c'est là où nous aimons aller, René et moi. On s'y amuse bien! (5)

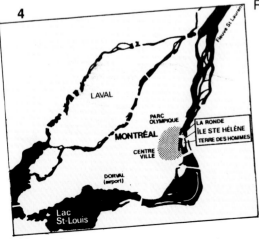

La Tour est dans le grand Parc Olympique et fait partie d'un stade énorme avec un toit suspendu et rétractable. René aime bien y aller pour voir des matchs de baseball et de football américain.

Les habitants de Montréal aiment beaucoup le sport. On peut y pratiquer un grand nombre de sports: la natation, le canotage, le patinage (sur glace et à roulettes), le golf, le cyclisme, le tennis et le ski. (7)

9

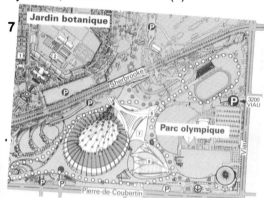

7

Montréal est une ville très moderne, mais c'est aussi une ville historique. Voici le vieux Montréal. C'est très pittoresque. (9)

Tout le monde peut trouver quelque chose d'intéressant à faire à Montréal. , On peut visiter les musées, ou aller au théâtre ou à un concert. Puis, il y a des festivals, comme, par exemple, le festival du cinéma et le festival du jazz. (10)

Et si vous aimez manger, vous pouvez choisir entre plus de 5 000 restaurants!

Et voici le Biodôme de Montréal. C'est le nouveau musée de l'environnement qui présente quatre 'écosystèmes' de notre planète. C'est chouette! (8)

8

10

Montréal – un mini-guide

Complète ce petit résumé de l'article.

1 Montréal est une ville au Canada, dans la province de ....
2 Sous la ville ordinaire, il y a aussi une ville ....
3 Pour les personnes qui aiment manger, il y a plus de 5000 .... à Montréal.
4 Pour voyager sous la ville de Montréal, il y a ....
5 Pour monter à la Tour olympique, on peut prendre ....
6 Le stade olympique, avec son célèbre .... rétractable, est dans le ....
7 La Ronde est un grand .... sur l'île ....
8 En hiver à Montréal, il fait ....
9 Si on s'intéresse à l'environnement, il faut aller au ....
10 Si vous n'aimez pas les choses modernes, vous pouvez visiter le .... M ....

Montréal-flash

Choisis quelque chose qui t'intéresse, cherche dans le dictionnaire les mots que tu ne comprends pas, puis raconte les détails intéressants à la classe.

• Montréal est la deuxième plus grande ville francophone du monde. (La première est Paris, bien sûr!)
• A Montréal, il y a beaucoup de nationalités: des Canadiens, des Français, des Asiatiques, des Chinois, des Ecossais et des Anglais.
• Presque 80% des habitants parlent français comme langue officielle, 18% des habitants seulement parlent anglais comme langue principale. En tout, on parle 35 langues à Montréal et il y a au moins 30 religions!
• A Montréal, il y a un aquarium un planétarium et un insectarium!
• Beaucoup de familles à Montréal ont une piscine dans le jardin.
• Le funiculaire sur la Tour Olympique fait, en deux minutes, l'ascension de 270m de rails. L'inclinaison des rails varie de 23 à 63,7 degrés, mais la cabine est toujours dans une position horizontale – heureusement!
• Les habitants de Montréal aiment beaucoup manger en plein air.
• Beaucoup de familles ont une deuxième maison à la campagne.

Brigitte chez la famille Guille

Mets les images en ordre.

Brigitte a passé sa première journée
en France.
Elle a visité la ferme et la maison.
Elle a mangé un repas délicieux.
Elle a téléphoné à ses parents
Maintenant, elle est très fatiguée …

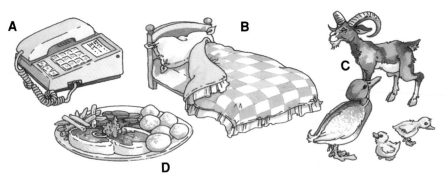

On demande … et on répond

*Quand on reçoit un visiteur/une visiteuse français(e)
à la maison, on pose beaucoup de questions.
Lis et écoute les conversations de Brigitte et de
René avec leurs amis français et fais une liste de
questions et réponses utiles.*

Exemple:
Des questions utiles
1 A quelle heure est-ce
   que tu te couches?
2 As-tu bien dormi?

Des réponses possibles
1 Je me couche assez tard/tôt.
   Je me couche à 9h30.
2 Oui, merci.
   Non, pas très bien.

1 Le soir

Delphine: A quelle heure est-ce que tu te couches
          d'habitude, Brigitte?
Brigitte: Ça dépend. D'habitude, je me couche vers dix
          heures et demie ou onze heures, mais ce soir je
          suis très fatiguée et je vais me coucher très tôt.
Delphine: Bonne idée!
Brigitte: Quand est-ce qu'on se lève ici, Delphine?
Delphine: Benoît se lève très tôt à cause des animaux,
          mais tu peux te lever quand tu veux. Quand est-
          ce que tu te lèves d'habitude?
Brigitte: Chez moi, je me lève à sept heures et demie,
          mais pendant les vacances, je me lève assez
          tard.
Delphine: Karine aussi. Elle aime rester au lit.
Brigitte : Alors, maintenant, je me couche. Bonne nuit
          Delphine.
Delphine: Bonne nuit, et dors bien!

2 Le lendemain matin

Brigitte: Bonjour Delphine.
Delphine: Bonjour Brigitte. As-tu bien dormi?
Brigitte: Oui, très bien merci.
Delphine: Ah, te voilà, Fabien. Tu as bien dormi?
Fabien: Non, pas très bien. Je me réveille toujours à six
           heures du matin ici. Les canards font trop de
           bruit!

3 Au petit déjeuner

Benoît: Bonjour Brigitte, ça va?
Brigitte: Oui oui. Ça va très bien, merci.
Benoît: Tu es contente d'être en France?
Brigitte: Oui, merci. Ça me plaît beaucoup.
Benoît: Veux-tu me passer la confiture, s'il te plaît?
Brigitte: Vous voulez la confiture de fraises ou
           d'oranges?
Benoît: Fraises, s'il te plaît. Merci.

4 Plus tard

Delphine: Qu'est-ce que vous voulez faire aujourd'hui, les
          filles? Toi, Karine, qu'est-ce que tu veux faire?
Karine: Ce matin, nous voulons aller en ville, et cet
           après-midi, s'il fait beau, nous pouvons aller à la
           piscine. Ça va, Brigitte?
Brigitte: Oui, je veux bien. Est-ce que je peux aller à la
           poste aussi?
Karine: Bien sûr. On part tout de suite si tu veux.
Brigitte: D'accord, je suis prête.

*Maintenant regarde la page 135 et fais le **Jeu de mémoire**
(Activité 8).*

Est-ce que vous voulez faire ça?

*Ta classe fait une visite-échange avec un collège français.
Tu essaies d'organiser des activités intéressantes pour les
visiteurs, mais tu veux savoir les choses qu'ils veulent
faire.
Regarde le tableau à droite et pose cinq questions à ton
ami(e) français(e) et cinq questions à un groupe de
visiteurs.*

Exemples:
Est-ce que tu veux visiter le château?
Est-ce que vous voulez aller à la piscine?

		visiter le château
		regarder le film à la télé
		écouter des disques
		faire une promenade
Est-ce que vous voulez …?	jouer	au tennis (de table)
		aux cartes/échecs
Est-ce que tu veux …?		en ville/au café
		au cinéma ce soir
	aller	à la maison des jeunes
		à la piscine
		chez des copains

René s'ennuie

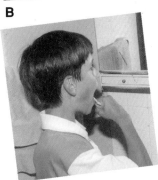

Lis l'article, puis mets les photos en ordre.

René Laurent, le frère de Brigitte, est aussi en visite-échange en France. Il aime bien son correspondant, Thierry Simonet, et ses parents sont très gentils. Thierry est enfant unique. Son père travaille dans une usine où on fabrique des ordinateurs et sa mère est technicienne dans un collège, alors elle ne travaille pas pendant les vacances scolaires.

Un jour, René se lève de bonne heure. Aujourd'hui, il va chez la tante de Thierry. On va partir assez tôt.

René se lave, se brosse les dents, se brosse les cheveux et descend pour le petit déjeuner.

Mme Simonet est un peu inquiète.

Mme Simonet: René, je regrette, mais Thiérry est malade. Il a la fièvre et il dort. Il ne peut pas se lever ce matin. Qu'est-ce que tu veux faire? Tu veux peut-être regarder la télé ou écouter des cassettes?

René: Ça va, Madame. Je vais m'amuser.

D'abord, René regarde la télé, puis il lit un livre avec des bandes dessinées, puis il écoute des cassettes ... mais il est tout seul et il s'ennuie. Enfin, il décide de téléphoner à sa sœur.

– Madame, est-ce que je peux téléphoner à ma sœur?
– Bien sûr, René, le téléphone est dans le salon.
– Merci.

– Salut! C'est René Laurent. Est-ce que je peux parler à ma sœur, s'il vous plaît?
– Salut René, c'est moi, Brigitte. Ça ne va pas?
– Si, si. Mais Thierry est malade et il dort. Je m'ennuie ici.
– Tu veux venir ici? Je vais demander à Karine mais je suis sûre que ça va. La grand-mère de Karine est ici mais on ne fait pas grand-chose aujourd'hui.
– Chouette! Je veux bien.

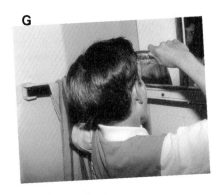

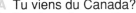

Mamie pose des questions

La grand-mère de Karine est très gentille, mais elle est très curieuse. Elle ne connaît pas du tout René, alors elle lui pose beaucoup de questions. Ecoute sa conversation avec René. Quelles sont les six questions qu'elle lui pose?

A Tu viens du Canada?
B Tu aimes la nourriture française?
C C'est la première fois que tu viens en France?
D Et est-ce que tu t'amuses bien ici?
E Qu'est-ce que tu aimes manger?
F Ton père, qu'est-ce qu'il fait dans la vie?
G Et est-ce que ta mère travaille aussi?
H Est-ce que ton père a une voiture?
I Tu as des frères et des sœurs?
J Ça te plaît, la France?

Dossier-langue

All through this unit, you have been using parts of the verb **vouloir** (to want, to wish), for example
– *Tu veux du coca?*
– *Oui, je veux bien.*

Vouloir is a very important verb in French. It follows a similar pattern to the verb **pouvoir**.
Can you work out all the parts of **vouloir** (*je, tu, il/elle/on, nous, vous, ils/elles*) or find them in the unit so far? Check your answers with the **Sommaire** on page 53.

You have also used **je voudrais** ('I should/would like'). This is another important part of the verb **vouloir**. It is often more polite to use **je voudrais** than **je veux**, just as in English 'I should like' is often more polite than 'I want'.

To say you want or would like to do something, you have to use part of **vouloir** followed by which part of another verb? (Clue: the same part of the verb which follows **pouvoir** and **aller**.)

Look at these examples:
Je voudrais aller en ville
Est-ce que tu veux jouer au tennis?

The verb which follows **vouloir** is always an **infinitive**.

Un barbecue chez les Guille

Plus tard, on organise un barbecue à la ferme. On invite les jumeaux, Julien et Florence, avec Christian Marchadier et Sandrine, la correspondante de Florence. On s'amuse!
Delphine parle aux enfants.

Complète ses questions avec un de ces mots: veux, veut, voulons, voulez, veulent.

1 Qu'est-ce que vous … boire, les enfants?
2 Est-ce que tu … de la salade, Brigitte?
3 Qu'est-ce que vous … faire ce soir?
4 Est-ce que les garçons … jouer aux boules?
5 Est-ce que les jumeaux … dormir à la ferme?
6 Et René, il … dormir ici, ce soir?
7 Qu'est-ce que vous … faire demain?
8 Qui … faire la vaisselle?

Tu aimes faire le ménage?

Qu'est-ce que tu veux faire? Choisis trois choses que tu veux faire et trois choses que tu ne veux pas faire.

Exemple: Je veux faire les courses
Je ne veux pas faire la lessive

A faire la lessive

B faire la vaisselle

C faire la cuisine

D passer l'aspirateur

E mettre la table

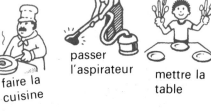
F laver la voiture

G faire les courses

H travailler dans le jardin

Qu'est-ce que vous voulez faire à Montréal?

Avec une bande de copains, tu fais une visite à Montréal. Qu'est-ce que vous voulez faire, toi et tes amis? D'abord, complète la liste avec des choix pour toute la bande.

Exemple: Lundi, je veux visiter le Jardin botanique.

Les choix de la bande

1 Lundi, je …
2 Mardi, mes copains et moi, nous …
3 Mercredi, tout le monde …
4 Jeudi, les garçons …
5 … mais les filles …

Puis pose des questions à ta classe. Qui a fait la même liste que toi?

– Qu'est-ce que tu veux faire lundi, Simon?
– Lundi, je veux visiter le Biodôme.
– Ah non. Moi, je veux visiter le Jardin botanique.

Vous êtes en vacances à Montréal? N'oubliez pas de …
– visiter le Parc Olympique
– monter au sommet de la Tour Olympique
– visiter le Jardin botanique
– visiter le Biodôme
– regarder un match de baseball au Stade Olympique
– aller à l'Aquarium
– aller au planétarium
– manger dans un restaurant typique
– faire une promenade dans le vieux Montréal
– acheter des souvenirs
– descendre dans la ville souterraine
– aller à La Ronde
– faire des courses en ville
– visiter un musée

Photo quiz

Regarde ces personnes. Qu'est-ce qu'elles font dans la vie? **Exemple: 1** Elle est facteur.

Qu'est-ce qu'ils font dans la vie?

1 Cette dame travaille dans un collège.
2 Cet homme travaille à la poste. Il distribue les lettres.
3 Mon père travaille dans un garage. Il répare les voitures.
4 Mon père ne travaille pas à présent.
5 Mon frère aîné voyage beaucoup. Il travaille pour une grande société commerciale.
6 Ma sœur travaille dans un bureau. Elle tape des lettres à la machine.
7 Ce monsieur porte un uniforme. Il contrôle la circulation.
8 Elle travaille dans un grand magasin.
9 Il travaille à la boulangerie.
10 Il répare les appareils électriques.

	électricien/électricienne
	infirmier/infirmière
	boulanger/boulangère
	agent de police
	professeur
	mécanicien/mécanicienne
Il est	secrétaire
Elle est	vendeur/vendeuse
Mon père est	facteur
Ma mère est	représentant/représentante
	employé/employée de bureau
	ouvrier/ouvrière
	technicien/technicienne
	coiffeur/coiffeuse
	maçon
	au chômage

▶ Une minute dans la rue

N'oubliez pas d'écouter notre émission ce soir à 6h30!

Offres d'emploi

Regarde la publicité en bas et trouve les réponses.

1 Ta sœur aînée (25 ans) est secrétaire. Elle veut travailler en France. Où peut-elle trouver du travail?
2 Ton frère aîné travaille chez Vauxhall en Angleterre, mais il veut travailler en France. Il peut demander du travail dans quel garage?
3 Le frère de ton correspondant téléphone au 38 24 42 27. Qu'est-ce qu'il fait dans la vie?
4 Les vendeuses aux Galeries Lafayette à Paris …
   – commencent leur travail à …
   – finissent leur travail à …
   – ne travaillent pas le …
5 Un de tes copains veut travailler comme boulanger. Il se présente au 29 avenue Voltaire à quatre heures de l'après-midi. Est-ce qu'il trouve du travail?
6 Ta tante veut travailler à la clinique d'Aulnay. Qu'est-ce qu'elle fait dans la vie?

Dossier-langue

Do you remember what is different from English in the way in which you describe someone's job in French?*
Look at these examples:

Il est mécanicien.
Elle est employée de bureau.

Sometimes it's useful to say where people work:
Ma mère est employée chez Kodak.
My mother works for Kodak.

Mon frère est ouvrier chez Moulinex.
My brother is a factory worker at Moulinex.

If someone hasn't got a job say *Il/elle est au chômage.*

*The different thing is that you don't say 'a' (*un or une*), just the name of the job.

Copains-copines

Lis cet épisode, puis regarde les photos encore une fois. Peux-tu inventer des conversations plus longues?
Travaillez en groupes pour faire de petits sketchs.

Le lendemain, Abdoul prend le petit déjeuner chez Virginie.
Après, ils vont aller chez les Jacquier.

> Encore un croissant, Abdoul?

> Oui, je veux bien. Ils sont délicieux!

La famille Jacquier est très contente de voir Abdoul.
Le père de Virginie explique tout.

> Enfin, Abdoul! Tout va bien!

> Nous sommes si heureux de te voir!

Abdoul montre aux Jacquier des photos de sa famille.

> C'est qui, le petit garçon?

> C'est mon frère, Hasan. Il a sept ans. Il est mignon!

Maintenant, c'est l'heure de déjeuner.

> Qu'est-ce que tu prends comme boisson, Abdoul? Tu aimes le vin français?

Cet après-midi, Abdoul écrit à ses parents au Maroc.

Le soir, il téléphone à Virginie.

> Oui, oui — alors, rendez-vous à quatre heures, samedi prochain.

à suiv

Est-ce qu'on t'invite l'an prochain?

1 On vous demande: Qu'est-ce que tu veux boire? Il y a du thé, du café ou de la limonade.
Tu réponds
a Du thé/du café/de la limonade, s'il vous plaît.
b Vous n'avez pas de coca?

2 Au dîner tu manges du poulet, et c'est très bon.
a Tu dis: C'est délicieux, le poulet.
b Tu aimes le poulet, mais tu ne dis rien.

3 On t'offre des haricots verts et tu n'aimes pas ça. Qu'est-ce que tu dis?
a Ah non. Je déteste les haricots!
b Non, merci. Je regrette mais je n'aime pas beaucoup ça.

4 On te demande: A quelle heure est-ce que tu te couches d'habitude?
Tu réponds:
a Vers dix heures, dix heures et demie.
b Très tard, d'habitude.

5 Le matin, qu'est-ce que tu fais?
a Tu restes au lit jusqu'à midi.
b Tu te lèves vers huit heures ou quand les autres se lèvent.

6 On te demande: As-tu bien dormi?
Tu réponds:
a Non, pas du tout. Mais chez moi je dors bien.
b Oui, j'ai très bien dormi.

7 Ton ami(e) demande: Je vais voir mon grand-père. Est-ce que tu veux venir?
Tu réponds:
a Oui, je veux bien.
b Non, je préfère regarder la télé ici – je n'aime pas les personnes âgées.

Réponds aux questions, regarde la page 137 et fais le total de tes points.

Sommaire

Now you can ...
talk about families

mon frère aîné/ma sœur aînée	my elder brother/sister
ma belle-sœur	my sister-in-law
Mamie	Granny

use reflexive verbs to talk about daily routine
(see also page 40)

se réveiller	to wake up
se lever	to get up
se laver	to wash
s'habiller	to dress
s'appeler	to be called
s'amuser	to enjoy yourself
s'approcher (de)	to approach
s'ennuyer	to be bored
s'intéresser à	to be interested in
s'arrêter	to stop
se dépêcher	to hurry
s'occuper (de)	to be busy with/to deal with
se retourner	to turn round
se trouver	to be situated

describe yourself and other people
J'ai/il a les cheveux blonds et les yeux bleus
    I have/he has fair hair and blue eyes
Je vais/Elle va mettre un jean et un T-short orange
    I shall/she will wear jeans and an orange T-shirt

talk to someone new and introduce people
Je vous/te présente mon correspondant québécois
    May I introduce you to my penfriend from Quebec
Voici Christian – c'est un ami de Julien
    This is Christian – he's a friend of Julian
Je suis enchanté(e) de te/vous connaître
    I'm delighted to meet you
Jean, tu connais Anne, la sœur de Marc?
    Jean, do you know Mark's sister Anne?
Je ne crois pas   I don't think so
Venez vous asseoir   Come and sit down
On peut vous dire 'tu'?
On peut te tutoyer?   Can we call you 'tu'?

ask someone what they would like to drink or eat
Tu veux prendre quelque chose (à boire/à manger)?
Tu veux boire/manger quelque chose?
    Would you like something to drink/eat?
Qu'est-ce que tu veux boire/manger?
    What would you like to drink/eat?

accept or refuse food and say if you're enjoying it

C'est (très) bon	It's (very) nice
C'est (vraiment) délicieux	It's (really) delicious
Oui, je veux bien	Yes, I'd like some/I'd like to
Oui, s'il vous plaît	Yes please
Encore des haricots?	More beans?
Merci, c'est assez	Thank you, that's enough
Non merci	No thank you

Je regrette mais je n'aime pas beaucoup ça.
    I'm sorry, but I don't like that very much.

understand questions when staying in France
A quelle heure est-ce que tu te couches d'habitude?/
Tu te couches à quelle heure, d'habitude?
    What time do you go to bed?
Quand est-ce que tu te lèves?   When do you get up?
As-tu bien dormi?   Did you sleep well?
Qu'est-ce que tu veux faire?   What do you want to do?
Tu as fait bon voyage?   Did you have a good journey?
C'est la première fois que tu viens en France?
    Is this the first time you've been to France?

say what you do and don't want/wish/like (*vouloir*)

je	*veux*	*nous*	*voulons*
tu	*veux*	*vous*	*voulez*
il	*veut*	*ils*	*veulent*
elle	*veut*	*elles*	*veulent*
Karine/René/on	*veut*	*les copains*	*veulent*

Je veux/voudrais jouer aux boules   I'd like to play bowls
Je ne veux pas faire ça   I don't want to do that

ask if you can help in the house

faire le ménage	to do the housework
faire la lessive/la vaisselle/les courses/la cuisine	
	to do the washing/washing up/shopping/cooking
laver la voiture	to clean the car
passer l'aspirateur	to do the hoovering
mettre la table	to lay the table
Est-ce que je peux vous aider?	Can I help you?
Qu'est-ce que je peux faire?	What can I do?

talk about people's jobs
(see also page 51)
Qu'est-ce qu'il/elle fait dans la vie?
    What does he/she do for a living?
Quel est son métier?   What's his/her job?
Mon père/ma mère est employé(e)/ouvrier/ouvrière
chez Renault   My father/mother works at Renault's
Mon frère est au chômage   My brother is unemployed

Unité

4

En classe

In this unit you will learn how to ...

- describe your school
- talk about the school day
- talk about school subjects
- use the verbs apprendre (to learn) and comprendre (to understand)
- give your opinions about school subjects
- make comparisons
- use the verbs finir (to finish) and choisir (to choose)
- talk about the school year and school holidays

You will also learn about school life in France

Au collège

Ecoute la cassette et regarde les photos.

1

Voici Michel Denis …

2

… et Nicole Gilbert.

Ils sont collégiens. Un collège, c'est une école pour les élèves de 11 à 16 ans.

Il y a environ 700 élèves dans notre collège. C'est une école mixte.

3

4

– On ne porte pas d'uniforme scolaire. En général, je mets un pantalon, une chemise et un pull ou un jogging.
– Et moi, je mets un jean et un sweatshirt.

5

Les cours commencent à 8 heures. Il y a un cours de géographie dans cette salle de classe.

6

Pour les sciences, on va dans un laboratoire.

7

Dans la salle de technologie, il y a des ordinateurs. Moi, j'aime bien la technologie.

8

– Voici la bibliothèque. Il y a des livres de tout sortes.
– Quand nous n'avons pas cours, nous pouvons aller à la bibliothèque.

54

Voici la cantine. A midi, je mange ici. Je suis demi-pensionnaire.

9

10

Pendant la pause, le matin et l'après-midi, nous sortons dans la cour.

Pour EPS, c'est à dire, l'éducation physique et sportive, nous allons dans le gymnase ou sur le terrain de sports.

11

13

12

En été, nous allons à la piscine une fois par semaine.

D'habitude, les cours finissent à cinq heures. Il n'y a pas d'internat au collège, alors tous les élèves rentrent à la maison.

Qu'est-ce qu'on a dit?

Un parent visite le collège mais il n'entend pas bien. Il entend le début de ces phrases, mais pas les phrases complètes. A toi de trouver la fin de chaque phrase.

Exemple: 1D

1 Il y a environ
2 On ne porte pas
3 Les cours commencent
4 Pour les sciences
5 Dans la salle de technologie
6 Les demi-pensionnaires
7 Pour EPS on va
8 Les cours finissent

A on va dans un laboratoire.
B mangent à la cantine à midi.
C d'uniforme scolaire.
D 700 élèves dans notre collège.
E à huit heures.
F dans le gymnase.
G à cinq heures.
H il y a des ordinateurs.

L'enseignement en France

Age (moyenne)	Classe	Ecole
6-10 ans	–	Ecole primaire (EP)
11	6e	
12	5e	Collège (C)
13	4e	
14	3e	
15	2e	
16	1e	Lycée (L)
17	Terminale	

Jeu des définitions

Qu'est-ce que c'est?

1 C'est pour les élèves de 11 à 16 ans.
2 Ce sont des vêtements qui sont les mêmes pour les garçons ou les filles qui vont à la même école.
3 Quand on n'a pas cours, on peut aller là-bas pour regarder les livres.
4 Les demi-pensionnaires y mangent à l'heure du déjeuner.
5 C'est là où on s'amuse pendant la récréation.
6 On y fait du sport. C'est à l'extérieur.
7 Les élèves ont des cours de science là.
8 On va là-bas pour les cours d'EPS. C'est à l'intérieur.

On va à quelle école?

Ecoute les élèves sur la cassette. Quel âge ont-ils? Où vont-ils? Ils sont en quelle classe?

		nom	âge	école	classe
Exemple:	1	Luc	11	C	6e
	2	Sophie			
	3	Marc			
	4	Marie			
	5	Jean			
	6	Anne			

Mon collège

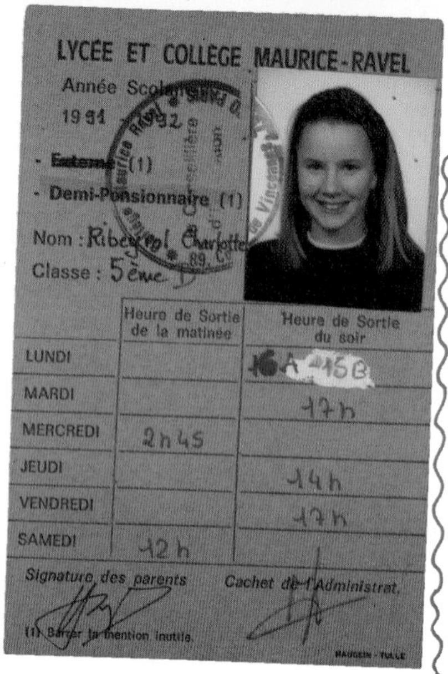

Je m'appelle Charlotte Ribeyrol, j'ai douze ans et je suis en 5ème D au collège-lycée Maurice Ravel à Paris.* C'est un collège mixte de 1800 élèves. Il y a quatre gymnases et la cour sert de terrain de sports. Il n'y a pas de piscine au collège mais tous les élèves de 6ème et de 5ème vont toutes les semaines à la piscine municipale. Il y a deux laboratoires de science et un internat pour les lycéens.

*A Paris, on trouve souvent un collège et un lycée dans les mêmes locaux.

Deux écoles

Complète les détails du collège-lycée Maurice Ravel dans ton cahier puis ajoute les mêmes détails pour ton école.

	Maurice Ravel	mon école
Nombre d'élèves:	...	...
Mixte/garcons/filles:	...	...
Gymnase(s):	...	...
Piscine:	X	...
Terrain(s) de sport:	dans la cour	...
Laboratoires:	...	...
Internat:	...	...

Le guide de ton école

Renseignements généraux

Tu prépares un guide de ton école pour des visiteurs français. Commence avec les détails généraux:

(Nom de l'école) est une école
mixte
de filles
de garçons
pour les élèves de ... à ... ans à (ville)/près de (ville).
Il y a environ ... élèves.
 Nous portons un uniforme scolaire:
pour les filles, c'est une chemise (couleur), une jupe, un pull; pour les garçons, c'est une chemise, un pantalon, une cravate et un pull.
Nous n'avons pas d'uniforme scolaire.
A l'école, il y a
une bibliothèque
un gymnase
un laboratoire de sciences
une piscine
une salle de technologie
un terrain de sports/cricket/hockey/rugby/football
un court de tennis/netball

Exemple:

King Henry's School
 est une école mixte pour des élèves de 11 à 18 ans près de Londres. Il y a environ 900 élèves. Nous portons un uniforme scolaire. Pour les filles, c'est une jupe grise, une chemise bleue et un pull gris. Pour les garçons, c'est une chemise grise, un pantalon gris, une cravate bleue et grise et un pull gris. A l'école, il y a une bibliothèque, deux gymnases, trois laboratoires de sciences, une salle de technologie et des terrains de sport – un terrain de football, un terrain de cricket, trois courts de tennis et deux courts de netball.

L'emploi du temps

Cette année, Michel est en cinquième. Voici son emploi du temps.

	LUNDI	MARDI	MERCREDI	JEUDI	VENDREDI	SAMEDI
8h30 -9h30	-	physique	-	technologie	-	instruction civique
9h30 -10h20	*anglais	maths	-	technologie	anglais	anglais
10h20 -10h30	RECREATION					
10h30 -11h30	biologie	dessin	-	anglais	maths	français
11h30 -12h25	biologie	musique	-	-	-	-
12h25 -14h10	DEJEUNER					
14h10 -15h10	français	-	-	maths	français	-
15h10 -16h00	EPS	histoire	-	EPS	français	-
16h00 -16h10	RECREATION					
16h10 -17h10	-	géographie	-	EPS	biologie	-

*Les élèves peuvent choisir entre l'anglais et l'allemand comme première langue vivante.

Regarde l'emploi du temps de Michel pour trouver les réponses aux questions.

1 Les cours commencent à quelle heure?
2 La récréation du matin est à quelle heure?
3 La pause-déjeuner est à quelle heure?
4 L'école finit à quelle heure?
5 Un cours dure combien de temps?
6 Est-ce qu'il y a cours tous les jours de la semaine?
7 Est-ce qu'il y a cours le samedi aussi?
8 A quelle heure est-ce qu'il finit le samedi?

C'est quel jour?

Ecoute la cassette. Des élèves dans la même classe que Michel parlent des cours qu'ils font. Devine:
– c'est quel jour?
– si c'est le matin ou l'après-midi.
Exemple: 1 mardi matin

Statistiques: l'enseignement en France

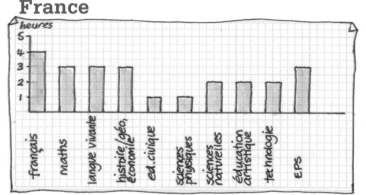

Complète les détails:

En cinquième, on a 24 heures de cours.
On a … heures de français, … heures de maths, … etc.

Quelles sont ces matières?

1 nissed   **3** soiriteh   **5** quiesum   **7** iphogragée
2 egilobio   **4** gaislan   **6** samth   **8** melandal

Ma journée scolaire

Le collège est à environ trente minutes de chez moi. Le matin, je prends le métro vers 7h30 (les cours commencent à 8h presque tous le jours, y compris le samedi) et je rentre le soir en bus vers 17h30 (les cours finissent presque tous à 17h).

Pendant la journée de classe il y a trois pauses. La pause du matin est à 10 heures et dure 10 minutes. Pendant la pause du matin les lycéens vendent des pains au chocolat.

La pause-déjeuner est de 12h à 14h. Je suis demi-pensionnaire alors je reste manger à la cantine. On mange assez bien à la cantine. Le vendredi, on a souvent du poisson et une fois par semaine, on nous donne des frites avec du ketchup.

La pause de l'après-midi est à 16 heures et dure dix minutes.

Le guide de ton école

La journée scolaire

Complète les détails de ta journée scolaire.

L'école commence à …
La pause du matin est de … à …
La pause-déjeuner est de … à …
La pause de l'après-midi est de … à …
L'école finit à …
Le matin, je pars à ….. Je vais au collège en/à …
Le soir, je rentre en/à …

Un emploi du temps idéal

Fais ton emploi du temps idéal pour un vendredi. Tu dois avoir six heures de cours et six matières différentes.
Tu peux commencer tôt (à 7h00) ou tard (à 10h00)
Tu peux finir tôt (à 13h30) ou tard (à 19h00)
Tu peux prendre une longue pause-déjeuner (2h) ou une courte pause-déjeuner (1/2 h). A toi de décider!
Exemple:

Vendredi
9h30   Maths
10h30   Géographie
11h30   Sciences physiques
12h30   Déjeuner
13h00   EPS
14h00   Anglais
15h00   Technologie

Quand tu l'as fait, travaille avec un(e) partenaire. Chaque personne doit poser des questions pour découvrir l'emploi du temps de l'autre.
Exemple:
C'est à quelle heure, ton premier cours?
Tu as un cours de maths?

La journée de Charlotte

Lis Ma journée scolaire et regarde l'heure – qu'est-ce qui se passe?
Exemple: 1E

1 07:30   **2** 08:00   **3** 10·05   **4** 13:00
5 14:30   **6** 16.05   **7** 17:00   **8** 1730

A Charlotte rentre en bus.
B Charlotte mange à la cantine.
C C'est la pause de l'après-midi.
D Les cours commencent.   **E** Charlotte prend le métro.
F Les lycéens vendent des pains au chocolat.
G Charlotte est en classe.   **H** Les cours finissent.

Le guide de ton école

Les matières qu'on apprend cette année

Fais une liste des matières qu'on apprend cette année, avec le nombre de cours par semaine. Tu peux le présenter comme ça:

les maths (5 cours)
le français (4 cours)

ou comme ça:

Puis ajoute:
Un cours dure …

On va au café

Ces lycéens ne mangent pas à la cantine aujourd'hui. Ils vont au café. Qu'est-ce qu'ils prennent? Ecoute la cassette pour le savoir.

1 Karine prend …
2 Marc prend …
3 Sophie et André prennent …
4 Jean prend …

Et toi? Imagine que tu es au café aussi. Qu'est-ce que tu prends?

Moi, je prends …

On se comprend

*Lis ce dialogue, puis fais l'activité **Vrai ou faux?***

¿ Dónde está la catedral?

Il parle espagnol. Tu le comprends?

Non, je ne comprends pas l'espagnol.

Tu ne l'apprends pas au collège?

Non, nous apprenons l'anglais et l'allemand, mais nous n'apprenons pas l'espagnol. Et toi? Tu apprends l'espagnol?

Oui, je l'apprends au collège.

Alors, tu le comprends?

Oui, je le comprends. Mais je ne sais pas où est la cathédrale!

Vrai ou faux?

1 José parle français.
2 Luc comprend l'espagnol.
3 Anne ne comprend pas l'espagnol.
4 Elle apprend l'anglais et l'italien au collège.
5 Luc n'apprend pas l'espagnol au collège.
6 Luc ne parle pas l'espagnol.

Les langues vivantes

Un jeu de logique

En France, tout le monde apprend une langue vivante (d'habitude c'est l'anglais). En 4ᵉ, on peut apprendre une deuxième langue vivante, et en 2ᵉ, on peut apprendre une troisième langue, si on veut.

Pour faire ce jeu, il faut être fort en français et aussi en logique!

André et Sophie apprennent l'espagnol et l'anglais.
Sophie et Marc apprennent l'anglais et l'italien.
Karine apprend l'allemand et l'espagnol.
André apprend l'allemand aussi.

Questions

1 Qui apprend l'espagnol mais pas l'anglais?
2 Quelles langues est-ce que Sophie n'apprend pas?
3 Qui apprend l'espagnol, l'anglais et l'italien?
4 Qui apprend l'allemand mais n'apprend pas l'anglais?

Solution à la page 136

Dossier-langue

prendre, apprendre and comprendre

The verbs **comprendre** (to understand) and **apprendre** (to learn) follow the same pattern as **prendre** (to take).

Can you work out what the missing parts of each verb should be?

Check your answers in the **Sommaire** on page 67.

	comprendre		apprendre
je	…	j'	apprends
tu	comprends	tu	…
il	…	il	apprend
elle	comprend	elle	…
on	…	on	apprend
nous	…	nous	apprenons
vous	comprenez	vous	…
ils	…	ils	apprennent
elles	comprennent	elles	…

Complète les phrases

*Complète les phrases avec la forme correcte de **comprendre** ou **apprendre**.*

1 Vous … la question?
2 Non, je ne la … pas!
3 Elle ne la … pas.
4 Et toi, tu la …?
5 Qu'est-ce que Michel et Roselyne … comme langues au collège?
6 On … l'anglais et l'espagnol.
7 Est-ce que vous … le piano?
8 Oui, nous … ça mercredi après-midi.

L'éducation musicale

Qu'est-ce qu'on apprend comme instrument de musique?

1 Moi, j' …   2 Toi, tu …   3 Mon frère …

4 Au collège, nous …   5 Vous …   6 Mes sœurs …

le piano	la flûte à bec	la flûte
la guitare	le violon	la trompette

58

Tu aimes ces matières?

Ecoute la cassette et regarde le texte. Que pense Pierre de ces matières?

Pierre: Salut Marc.
Marc: Salut Pierre. Voici un ami québecois. Il s'appelle Jean Duval.
Pierre: Salut Jean. Tu viens en classe avec nous?
Jean: Oui. Qu'est-ce que vous avez comme cours aujourd'hui?
Pierre: On est lundi, alors il y a maths – je déteste ça – puis anglais, ça c'est beaucoup trop difficile. Ensuite, il y a biologie et je n'aime pas ça. Cet après-midi, il y a français. Ce n'est pas intéressant, le français. Et ensuite, il y a éducation physique et ça, c'est fatigant. Tu es sûr que tu veux venir aujourd'hui?

Le jeu des interviews

1 *Interviewe ton/ta partenaire.*

Questions à poser

Quelle est ta matière préférée?
Quelles sont les deux matières que tu aimes le moins?
Que penses-tu du français?

Réponses possibles

	important
	fantastique
	fatigant
C'est	intéressant
Ce n'est pas	difficile
	facile
	amusant
	utile

2 *Ecris ses réponses sur une feuille, mais surtout n'écris pas le nom de ton/ta partenaire.*

Exemple:

Sa matière préférée est …
Les matières qu'il/elle aime le moins sont …
Il/elle pense que le français, c'est …

3 *Donne la feuille au professeur. Ton professeur va te donner une feuille différente.*

4 *Lis la feuille. C'est à toi d'identifier la personne qui a donné ces réponses. Interviewe tes camarades de classe pour identifier la personne.*

Le guide de ton école

Le hit-parade des matières

En classe, choisissez dix matières pour faire un sondage sur les matières.
Mets un 10 à la matière que tu aimes le plus, puis un 9 etc. et mets un 1 à la matière que tu aimes le moins.
En classe, ou en groupe, faites le total des points pour chaque matière. (On peut utiliser une calculatrice!)
Maintenant, complète les détails:

La matière la plus populaire dans notre classe est …
La matière la moins populaire dans notre classe est …
Ma matière préférée est …
La matière que j'aime le moins est …

Mots croisés

1 L'anglais, c'est beaucoup trop …
2 Le français, ce n'est pas …
3 L'éducation physique, c'est très …
4 Qu'est-ce que vous avez comme … aujourd'hui?
5 On a maths – et je … ça!

Mes matières

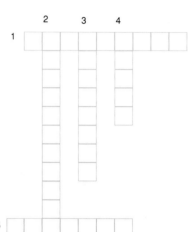

Nos différentes matières sont l'anglais, l'allemand, le latin, l'histoire-géographie, l'instruction civique, le français, la physique, les sciences naturelles, les mathématiques, la technologie, l'éducation physique, la musique et le dessin.
Ma matière préférée est l'anglais car je suis la première de la classe. Les matières que j'aime le moins sont les maths et le latin, car les professeurs de ces matières donnent beaucoup trop de devoirs à la maison. En général, j'ai à peu près une heure de travail chez moi tous les soirs.
Enfin, j'aime bien mon collège, surtout le mercredi, car je fais de la gymnastique (mon sport préféré) ce jour-là.

1 Qu'est-ce que Charlotte apprend comme matières que tu n'apprends pas dans ton collège?
2 Quelle est sa matière préférée?
3 Quelles sont les matières qu'elle aime le moins?
4 Elle a environ combien d'heures de devoirs par jour?
5 Quelle est sa journée préférée?
6 Quel est son sport préféré?

Mots en images

Qu'est-ce que ça veut dire? Devine le sens de ces mots, puis cherche les mots dans le dictionnaire.

A toi d'inventer des mots 'dessinés' pour ces adjectifs:
1 grand **2** frisé **3** rapide **4** petit

Faites la comparaison!

Un cours de sciences naturelles

Les élèves de l'école primaire font un dossier sur les animaux. Mets la bonne phrase à chaque image.

A Le lapin est plus rapide que la tortue.

  B La girafe est plus grande que le cheval.

C La gerbille est plus petite que le cochon d'Inde.

  D L'éléphant est plus lourd que la souris.

E Le serpent est plus long que le poisson.

Dossier-langue

Comparing things

1 Can you work out how to say that something is bigger, heavier, faster, longer, smaller etc.? Here are some more examples:

Mon grand-père est plus âgé que mon père.
(masculine singular)

Ma grand-mère est plus âgée que ma mère.
(feminine singular)

Mes frères sont plus âgés que moi.
(masculine singular)

Mes sœurs sont plus âgées que moi.
(feminine plural)

2 What do you notice about the spelling of the adjective *âgé*?

Solutions

1 You put ***plus*** in front of the adjective.
2 The adjective *âgé* has to be masculine or feminine, singular or plural to agree with the person or thing being described.
(Remember that adjectives which end in -e, with no accent – like ***rapide***, ***populaire*** and ***riche*** – don't have a different feminine form.)

A ton avis

Que penses-tu des matières?
Exemple:
La géographie est plus intéressante que l'histoire.

1 La géographie est plus facile/intéressante/difficile que l'histoire.
2 La biologie est plus intéressante/amusante/utile que la physique.
3 Le dessin est plus facile/important/amusant que l'éducation physique.
4 Les maths, c'est plus difficile/utile/facile que les sciences.
5 Le football est plus facile/amusant/fatigant que la gymnastique.
6 L'histoire est plus importante/ difficile/facile que la géographie.
7 L'allemand est plus facile/utile/amusant que le français.

Le Royaume-Uni et la France

le Royaume-Uni	la France
244 014 km²	551 000 km²
la Tamise longueur: 336 km	la Seine longueur: 776 km
la Tour Telecom hauteur: 189 mètres	la Tour Eiffel hauteur: 321 mètres
le Ben Nevis Hauteur: 1 340 mètres	le Mont Blanc hauteur: 4 807 mètres
Londres habitants: 7 281 080	Paris habitants: 2 300 000
Swansea habitants: 173 150	La Rochelle habitants: 95 295
Ile de Man 570 km²	Ile de Ré 853 km²

Fais la comparaison entre la France et le Royaume-Uni.
Consulte le tableau pour faire des phrases.
Exemple: La France est plus grande que le Royaume-Uni.

... est plus	haut haute longue grand grande	que ...

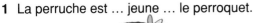

Complète les phrases

1 La perruche est ... jeune ... le perroquet.

J'ai 2 ans   J'ai 5 ans

3 La lettre de Sophie est ... longue ... la lettre de Jean.

Mon T-shirt est ... court ... ton T-shirt.

2 Le chat est ... fatigué ... le chien.

5

4 Sa voiture est ... rapide ... ma voiture.

Qui est le plus riche?

Claude est plus riche que Sylvie et que Marc. Sylvie est moins riche que Claude, mais elle est aussi riche que Marc. Marc et Sylvie sont moins riches que Claude.

Dossier-langue

1 Look at the pictures on the left. Can you work out how to say 'less rich than' and 'as rich as'?

2 Now try saying that the first of each of these things is less expensive:
Ce cartable est ... cher ... le cartable 'Mickey'.
Cette trousse jaune est ... chère ... la trousse multicolore.

3 Fill in the missing words to say that these things are equally important.
Le sport est ... important ... le dessin.
L'instruction civique est ... importante ... l'instruction religieuse.

Solution
1 moins riche que, aussi riche que
2 moins cher que ..., moins chère que ...
3 aussi important que ..., aussi importante que ...

Trois élèves dans notre classe

prénom:	Luc	Pierre	Mohammed
âge:	13 ans 3 mois	13 ans 1 mois	13 ans 2 mois
taille:	1m50	1m55	1m50
poids:	52kg	52kg	50kg

Vrai ou faux?

Corrige les phrases qui sont fausses.

1 Luc est plus âgé que Pierre.
2 Mohammed est plus jeune que Pierre.
3 Luc est aussi grand que Mohammed.
4 Pierre est moins lourd que Luc.
5 Mohammed est aussi grand que Pierre.
6 Pierre est aussi lourd que Mohammed.

Choisis le mot correct!

*Complète ces phrases avec **plus**, **aussi** ou **moins**.*

1 Londres est .... grand que York.
2 Le Luxembourg est .... grand que l'Angleterre.
3 Rouen est .... petit que Paris.
4 Je suis .... riche qu'un millionnaire.
5 Le sport est .... amusant que les cours.
6 Le football est .... fatigant que le rugby.
7 Les grandes vacances en France sont .... longues qu'en Grande-Bretagne.
8 La journée scolaire en France est .... longue qu'en Grande-Bretagne.
9 Sylvie est .... riche que Marc.
10 Claude est .... âgé que Sylvie.

Deux hôtels

Travaillez à deux. Un(e) partenaire regarde cette page, l'autre regarde la page 136.

Tu cherches un hôtel en France. A l'office de tourisme, on te propose deux hôtels, l'Hôtel du parc ou l'Hôtel du château. Pose des questions pour faire la comparaison des deux hôtels.

Quel hôtel est	plus	cher?
		moderne?
		loin du centre-ville?
	moins	grand?
		confortable?

Ecris des détails dans ton cahier comme ça:

Hôtel du Parc	Hôtel du Château
plus confortable	moins cher

Puis choisis un hôtel pour ces personnes:

1 **Anne Martin** cherche un hôtel pas loin du centre-ville et pas très grand.
2 **M. et Mme Dupont** cherchent un hôtel moderne et confortable, avec une piscine, si possible.
3 **Luc** cherche un hôtel pas très cher.

A propos des mots

Est-ce que tu peux compléter les listes?

français	anglais
1a la gymnastique	**1b** gymnastics
2a ...	**2b** physics
3a les mathématiques	**3b** ...
4a la musique	**4b** ...
5a ...	**5b** fantastic
6a artistique	**6b** ...
7a les Jeux Olympiques	**7b** ...

chantez $4x+2y$

1 Les maths, je n'aime pas ça,
L'anglais, c'est pas pour moi,
C'est difficile, l'informatique,
Ce que j'aime, c'est la musique.

J'aime bien mon collège
Surtout le vendredi
Le jour où on fait de la musique
Tout l'après-midi.

2 Ce que j'aime le moins,
C'est sûr, c'est le latin.
C'est fatigant, la gymnastique,
Ce que j'aime, c'est la musique.

J'aime bien mon collège
Surtout le vendredi
Le jour où on fait de la musique
Tout l'après-midi.

Lundi – l'allemand et la physique,
Mardi – berck! l'instruction civique,
Mercredi et jeudi, beaucoup de devoirs,
Mais vendredi me semble moins noir!

3 Eh oui, les sciences nat.,
C'est plus facile que les maths,
Mais c'est loin d'être fantastique
Ce que j'aime, c'est la musique.

J'aime bien mon collège
Surtout le vendredi
Le jour où on fait de la musique
Tout l'après-midi. (bis)

La fin de la journée scolaire

Jour	Heure de sortie de la matinée	Heure de sortie du soir
LUNDI		16h
MARDI		17h
MERCREDI	12h45	
JEUDI		14h
VENDREDI		17h
SAMEDI	12h	

Cette carte indique quand les cours de Charlotte finissent et quand elle peut sortir du collège.

Regarde bien la carte. C'est quel jour?
1 Elle finit à midi.
2 Ses cours finissent à quatre heures.
3 Elle finit à une heure moins le quart.
4 Ses cours finissent à deux heures.
5 Elle finit à cinq heures (*deux possibilités*).

Fin de travail *Mets la bonne bulle à chaque image.*

Quand est-ce que vous finissez votre travail?

A Je finis à vingt heures.
B Je finis à dix-neuf heures trente.
C Je finis à onze heures vingt.
D Nous finissons à minuit.
E Nous finissons à midi.
F Nous finissons à dix-huit heures.

Est-ce qu'il peut regarder ça?

Emissions cette semaine

A lundi 15h10 Pyramide
B lundi 16h00 Les vacances de Monsieur Lulo
C mercredi 16h30 Animalia
D vendredi 15h00 Tennis
E vendredi 17h30 Dessinez, c'est gagné

Voici les émissions que Michel veut voir à la télévison.
Il habite à 15 minutes de l'école.
Lis la conversation et décide s'il peut rentrer avant le début de l'émission.

– Tu finis à quelle heure, lundi?
– Le lundi, je finis à 15 heures.
– Et le mercredi, tu finis à quelle heure?
– Le mercredi, c'est bien, je finis à midi.
– Et le vendredi, tu finis quand?
– Oh le vendredi, ce n'est pas bien, je finis à cinq heures.

Dossier-langue

finir

You have been using different parts of the verb *finir* (to finish). Here is the verb in full:

je	fin**is**	nous	fin**issons**
tu	fin**is**	vous	fin**issez**
il	fin**it**	ils	fin**issent**
elle	fin**it**	elles	fin**issent**
on	fin**it**		

In the singular, the verb sounds the same even though it is spelt differently. In the plural, you pronounce the middle *-iss-* and the first two endings but not the *-ent*.

Some verbs with an infinitive that ends in *-ir* follow this pattern, but not all. For example, *partir*, *sortir* and *dormir* follow a different pattern.

But *choisir*, *réussir* and *remplir* follow the same pattern as *finir*. Find out what they mean.

Chacun à son choix *Choisis la bonne bulle pour chaque image.*

A Oui, nous choisissons nos vacances pour l'année prochaine.
B Il choisit un dictionnaire pour l'école.
C Je choisis une pomme.
D D'abord, vous choisissez un instrument.
E Ils choisissent des vêtements pour un mariage.
F Alors, tu choisis un nouveau jean – oui ou non?

📖 Regardons la télé!

Travaillez à deux. Un(e) partenaire regarde cette page, l'autre regarde la page 136.

Voilà les émissions d'une chaîne de télévision. Ton partenaire a les détails d'une autre chaîne. Choisissez ensemble deux émissions sur chaque chaîne et décidez ce que vous voulez voir.

Pour vous aider:
Je voudrais voir …
Ça commence à quelle heure?
Ça finit à quelle heure?
Mais moi, je voudrais voir …
D'accord. Alors on choisit ça, puis …

Puis, écris les détails dans ton cahier.
Nous voulons voir …

13h00	**Journal**
13h15	**Météo**
13h30	**Film: Les Enfants de Lascaux**
	Dans une ville du sud de la France, pendant l'été '40, des adolescents rêvent de l'aventure. Par hasard, ils découvrent une grotte …
15h00	**Tennis**
	Tournoi Open de Monte Carlo
16h00	**Des chiffres et des lettres**
	Jeu
17h00	**Jeux sans frontières**

On mange bien au collège?

Voilà les menus de lundi à jeudi.
Tu visites ce collège et tu déjeunes avec les élèves.
Quel jour choisis-tu pour ta visite?
Ecris dans ton cahier:
Pour ma visite, je choisis …
Puis consulte ton partenaire: Quel jour choisis-tu?
Ecris dans ton cahier:
Pour sa visite, (nom) choisit …

MENUS du COLLEGE				
LUNDI	**MARDI**	**MERCREDI**	**JEUDI**	**VEN**
carottes rapées	sardines	salade	œufs mayonnaise	
côtes de porc	poulet	rosbif	hachis parmentier	
petits pois	pommes frites	haricots verts	salade	
fruit	yaourt	mousse au chocolat	glace	

👀 *Maintenant, travaillez à deux pour choisir le menu du vendredi. Choisissez un hors d'œuvre, un plat principal, un légume et un dessert. Tu peux choisir des choses qui sont déjà au menu des autres jours, ou tu peux choisir parmi ces idées:*

Hors d'œuvres	**Plats**	**Légumes**	**Desserts**
salade de tomates	omelette	pommes sautées	fruits au sirop
potage	poisson	carottes	petit gâteau

Ecris dans ton cahier: Pour le menu du vendredi, nous choisissons …

La rentrée scolaire

L'année scolaire commence vers le 9 septembre avec la rentrée des classes. Au mois de septembre, il y a beaucoup de fournitures scolaires dans les magasins. Regarde la publicité et trouve la bonne description pour chaque chose.

Tout pour la Rentrée

A B C D E F G H I J

On achète des choses pour la rentrée

Lis le texte, regarde la publicité et décide ce qu'on choisit.

Exemple: 1 Je choisis la calculatrice rouge.

1	un taille-crayon 'tomate'
2	une trousse 'crayon'
3	un classeur 'sports'
4	une calculatrice blanche
5	une gomme 'dinosaure'
6	un classeur 'animaux'
7	un taille-crayon 'voiture'
8	une calculatrice rouge
9	une gomme 'clown'
10	une trousse classique

1 Je vais acheter une calculatrice. J'aime toutes les couleurs, mais pas le blanc. Je ….

2 Il va acheter un taille-crayon. Il aime les voitures. Il …

3 Elles vont acheter une gomme. Elles aiment les dinosaures. Alors, elles …

4 Nous allons acheter une trousse. Nous aimons les choses fantaisies. Nous …

5 Ils vont acheter un classeur. Ils aiment le sport. Ils …

Copains-copines

C'est bientôt la rentrée. Tout le monde achète des livres etc.

C'est lundi, 10 septembre, le jour de la rentrée. Comme Abdoul va passer encore quelques jours en France, il accompagne Roselyne et Maxime au collège.

> Zut alors! Je n'aime pas la rentrée. Je veux m'amuser encore un peu.

> Vite, Maxime. Je veux parler avec mes copains et copines!

Voici le collège. Tout le monde rencontre ses amis dans la cour.

Roselyne présente Abdoul à son professeur.

> Ça vous plaît, la France?

> Oui, oui. J'ai passé des vacances fantastiques ici.

Dans le deuxième cours, il y a une surprise.

> Je vous présente un nouvel élève. Il s'appelle Simon Cordier.

> Hmm! Pas mal! Il a l'air sympa.

Pendant la récréation, beaucoup d'élèves viennent dire bonjour à Simon.

à suivre …

Résumé

Complète ce résumé.

C'est la … scolaire. Abdoul accompagne Roselyne et Maxime au … . On rencontre des amis dans … . Roselyne présente Abdoul à son … . Dans le deuxième …, il y a un nouvel … . Il … Simon. A la …, beaucoup d'élèves viennent dire 'bonjour' à Simon.

Les vacances scolaires

En France, on a environ 16 semaines de vacances. En plus, il y a de petits congés qui correspondent aux jours fériés, comme, par exemple, Pâques, le 1er mai (la fête du travail), la Pentecôte et le 11 novembre (l'armistice). Regarde ces détails des vacances scolaires.

Rentrée des élèves:	mercredi 9 septembre
Vacances de la Toussaint:	du samedi 24 octobre au lundi 2 novembre
Vacances de Noël:	du samedi 19 décembre au lundi 4 janvier
Vacances d'hiver:	du samedi 13 février au lundi 1er mars
Vacances de printemps:	du samedi 17 avril au lundi 3 mai
Vacances d'été:	à partir du 7 juillet

Vrai ou faux?

1 Les vacances de la Toussaint durent deux semaines.
2 Les vacances d'été sont les vacances les plus courtes.
3 Les vacances d'hiver sont les vacances les plus longues.
4 Les vacances de Noël sont aussi longues que les vacances de printemps.
5 Il y a cinq périodes de vacances.

Un bulletin scolaire

Voici un bulletin scolaire avec des notes (sur 20) et des appréciations des professeurs. Regarde bien les notes et réponds aux questions.

Est-ce que cette élève est plus forte …

1 … en sciences physiques ou en sciences naturelles?

2 … en histoire-géo ou en éducation civique?

3 … en technologie ou en arts plastiques?

4 … en langues vivantes ou en latin?

5 … en musique ou en éducation physique?

Matières	Notes	Appréciations des professeurs
Maths	14	Bien
Sc. Phys.	16	Bon travail
Sc. Natur.	14,5	Satisfaisant
Histoire-Géo.	16,5	Très bon trimestre
Ed. Civique	11	En baisse ce trimestre.
Orthog. et Gramm.	14	
Expr. Ecrite	13	
Latin	14	
Langue 1	17,5	Excellent!
Technologie	14	Bien
Arts plastiques	11	Résultats acceptables seulement
Ed. Musicale	18	Toujours très satisfaisant
Ed. Physique	14	Trimestre satisfaisant

Encore des bulletins scolaires

Copie un des bulletins scolaires dans ton cahier et ajoute des appréciations.

Avec 12 ou plus, tu peux mettre:
Excellent
Bien
Bon travail
(Très) Satisfaisant

Avec moins de 12, tu peux mettre:
moyen
médiocre
manque de concentration
insuffisant

Michel Lenoir

Matières	Notes	Appréciations
Maths	14	
Sciences	14,5	
Histoire-Géo	9	
Arts plastiques	11	
Ed. Mus.	8	
Ed. Phys.	10	

Sophie Lenoir

Matières	Notes	Appréciations
Maths	12	
Sciences	15	
Histoire-Géo	10	
Arts plastiques	9	
Ed. Mus.	13	
Ed. Phys.	11	

Tu parles de ton école

Charlotte veut tout savoir de ton école.
Réponds à ses questions.

1 A quelle heure est-ce que tu arrives au collège?
2 Quand est-ce que les cours commencent?
3 C'est à quelle heure, le déjeuner?
4 Est-ce que tu prends le déjeuner au collège?
5 Est-ce que tu aimes les sciences?
6 Quelle est ta matière préférée?
7 Est-ce que tu vas au collège, le mercredi?
8 Qu'est-ce qu'on fait comme sport, dans ton école?
9 Les cours finissent à quelle heure d'habitude?
10 Est-ce que tu as beaucoup de travail à faire le soir?

Ton école et une école française

Quelles phrases sont vraies pour ton école?

1 L'école commence plus tôt.
2 Les cours sont plus courts.
3 La journée scolaire est plus courte.
4 On finit plus tard, l'après-midi.
5 Les vacances d'été sont plus longues.
6 Les cours commencent plus tard.
7 Les cours sont plus longs.
8 On finit plus tôt, l'après-midi.

Sommaire

Now you can ...
describe your school

la bibliothèque	library
la cour	playground
la cantine	canteen
un(e) demi-pensionnaire	a day pupil who has lunch at school
le gymnase	gym
un(e) interne	a boarding pupil
un internat	boarding school
la salle de classe	classroom
un uniforme scolaire	school uniform
le terrain de sports/de football/de rugby	sports/football/rugby ground

talk about the school day

le cours	lesson
l'emploi du temps	timetable
la pause-déjeuner	lunch break
la récréation	break

talk about school subjects

les matières	subjects
l'allemand	German
l'anglais	English
les arts plastiques	art and craft
la biologie	biology
la chimie	chemistry
le dessin	art
EPS (l'éducation physique et sportive)	P.E.
l'espagnol	Spanish
le français	French
la géographie	geography
l'histoire	history
l'instruction civique	civics
l'instruction religieuse	religious education
les langues vivantes	modern languages
les maths	maths
la physique	physics
les sciences (naturelles)	(natural) sciences
la technologie	technology

use the verbs *apprendre* **(to learn) and** *comprendre* **(to understand)**

	comprendre		apprendre
je	*comprends*	*j'*	*apprends*
tu	*comprends*	*tu*	*apprends*
il/elle	*comprend*	*il/elle*	*apprend*
nous	*comprenons*	*nous*	*apprenons*
vous	*comprenez*	*vous*	*apprenez*
ils	*comprennent*	*ils*	*apprennent*

ask about and give an opinion on school subjects

c'est (très)	*amusant*	fun
ce n'est pas	*difficile*	difficult
c'est plus	*facile*	easy
c'est (beaucoup plus)	*fatigant*	tiring
c'est trop	*intéressant*	interesting
	important	important

Quelle est ta (votre) matière préférée?
Qu'est-ce que vous aimez, comme matières?

J'aime beaucoup	*l'anglais*
Est-ce que tu aimes	*l'histoire*
Non, pas tellement, je préfère	*les maths*
Je n'aime pas	*la biologie etc.*

make comparisons

*Il est **plus** riche **que** moi*   richer ('**more** rich') **than** me
*Il est **moins** riche **que** moi*   **not as** rich **as** me ('**less** rich')
*Il est **aussi** riche **que** moi*   **as** rich **as** me

use the verbs *finir* **(to finish) and** *choisir* **(to choose)**

je choisis	*nous choisissons*
tu choisis	*vous choisissez*
il/elle/on choisit	*ils/elles choisissent*

talk about the school year and holidays

la rentrée		back to school
les vacances	*de la Toussaint*	All Saints (autumn)
	de Noël	Christmas
	de février	February (half term)
	de printemps	Spring
	de la Pentecôte	Whit
	d'été	Summer

In this unit you will learn how to ...

- talk about numbers, money and prices
- discuss where to go shopping
- buy food and drink
- say there is no more of something
- describe people and things
- understand the word qui (meaning who or which) in the middle of a sentence
- buy presents
- say what you have bought and what you have forgotten

▶◀ Pour changer de l'argent

Brigitte Laurent est Canadienne. Elle passe ses vacances en France. Elle n'a presque plus d'argent français, alors aujourd'hui, elle va à la banque pour changer un chèque de voyage.
Ecoute la cassette et regarde les photos. Comment est-ce qu'on change de l'argent en France?

On peut changer de l'argent à la banque.
Voici la Banque Populaire. La banque est ouverte du mardi au samedi, mais elle est fermée de 12h00 à 13h30.

Pour changer de l'argent quand les banques sont fermées, allez dans un bureau de change. D'habitude, il y a un bureau de change à la gare principale ou à l'aéroport.

```
Mtant DEV:        40.00
COURS    :      9.15000
Mtant FRF:       366.00

NBRE CHEQUES          2

                    766.00

NUMEROS CH:8353657.000
NUMEROS CH:      658.000
```

Voici le cours du change. Ici, on donne 3F49 pour un dollar canadien et 9F65 pour une livre sterling, mais ça change tout le temps.

A la banque, il faut aller au comptoir marqué 'change'.

On peut changer des chèques de voyage ou de l'argent étranger.

A la caisse, on vous donne votre argent français en billets

et en pièces.

L'argent français est accepté partout. Mais quelquefois, par exemple dans les grands magasins et les hôtels, on peut aussi payer avec une carte de crédit.

A la banque

Brigitte et un touriste britannique sont à la banque. Ecoute leurs conversations.

1 – Pour changer de l'argent, s'il vous plaît?
– Allez là-bas, Mademoiselle – au 'Change'.

– Mademoiselle?
– Bonjour Madame. Je voudrais changer un chèque de voyage, s'il vous plaît.
– Oui, Mademoiselle. Vous avez votre passeport?
– Oui, le voilà.
– Quelle est votre adresse en France?
– Chez Monsieur et Madame Guille, rue de l'église, Saint Denis.
– Merci. Voulez-vous signer là, s'il vous plaît.
– Voilà.
– Merci. Attendez à la caisse, s'il vous plaît.

2 – Bonjour, Madame, je voudrais changer de l'argent s'il vous plaît.
– Oui, Monsieur. C'est quelle devise?
– Des livres sterling.
– Vous voulez changer combien?
– Trente livres.
– Bon, merci. Attendez à la caisse, s'il vous plaît.

– Voilà, Monsieur: 283 francs.
– Merci, Madame.

Complète les phrases avec un mot de la case.

1 Brigitte veut changer ...
2 L'employée de banque veut voir ...
3 Elle demande ... en France.
4 Brigitte doit ... le chèque.
5 Le touriste veut changer des ...
6 A ..., on lui donne 283 francs.

son passeport   la caisse   un chèque de voyage
livres sterling   son adresse   signer

Vrai ou faux?

Corrige les phrases qui sont fausses.

1 On peut changer de l'argent à la boulangerie.
2 Les banques sont souvent fermées pendant l'heure du déjeuner.
3 Les banques sont ouvertes le dimanche.
4 On peut aussi changer de l'argent dans un bureau de change.
5 Regarde le cours du change. On donne 12F pour une livre sterling.
6 On peut changer de l'argent et des chèques de voyage au comptoir marqué 'Change'.
7 Quelquefois, on peut payer avec une carte de crédit dans un grand magasin ou dans un hôtel.

Inventez des conversations

Travaillez à deux. Une personne est un(e) touriste qui veut changer de l'argent ou un chèque de voyage. L'autre est l'employé(e) de banque.
Voici des phrases pour vous aider:

Le (la) touriste

Pour changer de l'argent, s'il vous plaît?
Je voudrais changer un chèque de voyage.
Mon adresse est chez Mme Duval, 25 rue du pont, Lyon.
Oui, voilà.
Merci.
Je voudrais changer de l'argent, s'il vous plaît.
Des livres sterling.
Dix/vingt/cinquante livres

L'employé(e) de banque

Allez au 'Change'.
Vous avez votre passeport?
Quelle est votre adresse en France?
Voulez-vous signer là, s'il vous plaît?
Merci.
Maintenant, attendez à la caisse.
C'est quelle devise?
Vous voulez changer combien?

Au bureau de change

C'est dimanche. Les banques sont fermées mais cette touriste veut changer de l'argent.
Voici ses conversations à la gare. Mais tout est mélangé.
A toi de mettre les conversations en ordre. Puis pour vérifier, écoute la cassette.
Ensuite, lis les conversations avec un(e) partenaire.

A Oui, il y a un bureau de change à côté du buffet.

B 25 livres sterling.

C Vous voulez changer combien?

D Est-ce qu'il y a un bureau de change à la gare?

E Je voudrais changer de l'argent anglais, s'il vous plaît.

F Merci.

G Voilà, 240 francs.

Tu as combien d'argent?

A toi de calculer combien d'argent tu as à chaque fois.
Exemple: A J'ai 600 francs.

A

B

Les maths magiques

Le carré magique

Fais l'addition de ces chiffres dans toutes les directions – le résultat est toujours le même. Qu'est-ce que c'est?

4	9	2
3	5	7
8	1	6

Le chiffre magique

Demande à un(e) ami(e) de choisir un chiffre.
Ajoute 9 à ce chiffre
Double le résultat.
Ajoute 3.
Multiplie par 3.
Enlève 3.
Divise par 6.
Enlève le premier chiffre.
Le résulat est toujours le même. Qu'est-ce que c'est?

Quelle est la somme correcte?

Maintenant, écoute la cassette. On achète beaucoup de choses. A chaque fois, décide quelle somme illustrée est la somme correcte.
Exemple: 1 B

C

D

E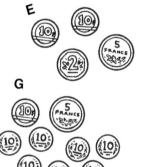

F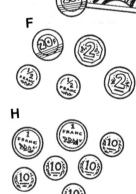

G

H

Tu as de la monnaie?

Souvent, il faut des pièces d'un franc, de deux francs, de cinq francs ou de dix francs etc. pour des machines automatiques.
Faites attention! Quelquefois, par exemple dans les parkings, les machines ne rendent pas la monnaie. Dans ce cas, il faut avoir le montant exact.

1 *Il faut une pièce de quelle valeur pour prendre un chariot?*
2 *Est-ce qu'on récupère la pièce après?*

Système de caution

A l'attention de nos clients:

GRATUIT

Après introduction d'une pièce de FF 10,- vous pouvez prendre et utiliser un chariot. Pour récupérer votre pièce, ramenez votre chariot à la tête de station la plus proche. Enchaînez- le. MERCI!

FONCTIONNEMENT DE LA CAUTION:

MISE EN SERVICE

Introduire la pièce 1
Enclencher le poussoir 2
Enlever la clé 3
Prendre le chariot libéré 4

REMBOURSEMENT DE LA CAUTION

Remettre le chariot en place 1
Introduire la clé 2
Le poussoir est déclenché 3
Récupération de la pièce 4

La rue principale

Jeu de mémoire

Regarde bien la rue principale pendant deux minutes. Puis ferme ton livre.
Combien de bâtiments de la rue principale peux-tu écrire dans ton cahier?

Qu'est-ce qu'on veut acheter?

Ecoute la cassette et regarde les images. Qu'est-ce qu'on veut acheter? **Exemple: 1 C**

Où est-ce qu'on peut acheter ça?

Travaillez à deux. Une personne pose la question:
Où est-ce qu'on peut acheter ... ?

L'autre regarde la rue principale et répond:
On peut acheter ... à/au ...

Attention! le supermarché est fermé aujourd'hui.
Exemple: – Où est-ce qu'on peut acheter du pain?
– On peut acheter du pain à la boulangerie.

Mots croisés (provisions)

horizontalement

2 On peut les acheter à la pâtisserie.
5 On peut l'acheter à la charcuterie.
7 On peut les acheter au marché. Attention!
   Ce ne sont pas des légumes.
8 On peut les acheter à la boulangerie et on
   peut les manger au petit déjeuner.
9 On peut l'acheter à l'épicerie ou à la
   crèmerie. Les souris aiment bien ça!

verticalement

1 C'est une boisson blanche. On peut
   l'acheter à l'épicerie ou à la crèmerie
3 On peut les acheter au bureau de poste.
4 C'est une boisson chaude qu'on boit plus souvent au Royaume-Uni qu'en
   France. On le boit souvent avec du lait et quelquefois avec du citron.
6 C'est une boisson concentrée. On la boit avec de l'eau. On peut l'acheter à
   l'épicerie.

Invente un mots croisés

A toi d'écrire les définitions pour ce mots croisés.
Exemple: 1 C'est une boisson. On peut l'acheter à l'épicerie.

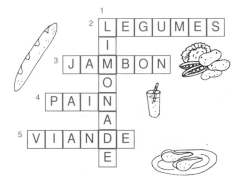

La rue du marché

La rue du marché va changer. Autrefois, il y avait un marché ici. Maintenant, on va construire de nouveaux bâtiments.

Travaillez à deux.

1 *D'abord, chaque personne dessine un plan de la rue avec de la place pour dix bâtiments (cinq à chaque côté de la rue). Puis chacun écrit les noms de cinq bâtiments d'un seul côté de la rue. Par exemple: la banque, la pâtisserie, le restaurant etc.*
2 *Puis posez des questions à votre partenaire pour trouver quels bâtiments il/elle a mis de l'autre côté de la rue et écrivez les noms sur votre plan.*

Exemple:
– Le premier bâtiment sur ton plan, qu'est-ce que c'est?
– C'est un café. Et sur ton plan, quel est le premier bâtiment?
– C'est une pharmacie.
– Alors la pharmacie est en face du café. C'est ça, non?
– Oui, et qu'est-ce qu'il y a à côté du café?
– Il y a un supermarché.

3 *Regardez le plan complet. Est-ce que vous avez deux fois le même bâtiment? Si oui, changez-le en consultant votre partenaire.*
4 *A la fin, vous devez avoir deux plans identiques avec dix bâtiments différents.*

Au supermarché on achète de tout ...

camembert 'Président' la boîte, 8F40

glace 'Carte d'Or' tous parfums 1 litre 15F95

fraises, la barquette de 500g 7F50

10 saucisses, le sachet 12F

steak haché, la barquette 2 x 125g 10F00

concombre, la pièce 4F95

champignons, 125g 8F50

20 bâtonnets, la boîte 12F70

pâtes
(macaronis ou spaghetti)
250g x 4, 13F25

pizza Findus jambon/fromage
/olives 13F

yaourts aux fruits 12 x 125g 16F95

biscuits
le paquet de 150g 5F20

confiture 'Bonne Maman'
parfum abricot 6F50

pêches, le kg 9F

melon, la pièce 9F00

bonbons 'Malabar sans sucre', le paquet de 180g 9F90

Le jeu des listes

1 *A toi de calculer (avec une calculatrice si tu veux) combien tu vas payer à chaque fois.*

A
un melon
de la confiture
des saucisses

B
des fraises
des bâtonnets
vanille/chocolat
un camembert

C
des spaghettis
un paquet de biscuits
des bonbons.
(Malabar sans
sucre)

D
du steak hâché
des yaourts
1kg de pêches

E
une pizza
de la glace
125g de
champignons

2 *Si tu paies avec un billet de 100F, combien est-ce qu'on va te rendre comme monnaie?*

3 *Travaillez à deux. Ecrivez individuellement une liste de quatre choses. Puis essayez de deviner les choses sur la liste de votre partenaire.*

72

Ecoute la publicité

Ecoute la publicitié et décide quelle est la bonne réponse.

1 Chez Domino, on offre une réduction de 10 % sur

   a les livres d'enfants
   b les jouets d'enfants
   c les vêtements d'enfants

2 Au supermarché Europa, on peut gagner un séjour pour deux personnes

   a à l'Ile Maurice
   b à la Martinique
   c à Madagascar

3 Avec les nouvelles cassettes vidéo de James Bond, on offre comme cadeau

   a une place au cinéma
   b un programme comme souvenir
   c une affiche cinéma

4 Au supermarché Grando, on offre des prix moins chers sur

   a les fruits
   b les légumes
   c les boissons

Dossier-langue

Rappel

le lait	du lait
la confiture	de la confiture
l'eau minérale	de l'eau minérale
les tomates	des tomates

Use de or d'

• after *ne ... pas*:

*Il n'y a pas **de** chocolat.*

• after expressions of quantity:

*Un kilo **de** pommes.*
*Un paquet **de** biscuits.*

Vrai ou faux?

1 Le client veut acheter des cartes postales.
2 Il n'y a plus de pommes à l'épicèrie.
3 Il y a du pain à l'épicèrie.
4 Il n'y a plus d'eau minérale.
5 Le client achète dix bouteilles de limonade.
6 On ne vend pas de cartes postales à l'épicerie.

On fait des courses

Travaillez à deux.

1 *Remplacez les mots colorés pour faire une autre conversation à l'épicerie. (On peut acheter des choses qui sont illustrées à la page 72 ou d'autres choses.)*
2 *Enregistrez cette conversation.*
3 *Echangez votre cassette avec une autre paire d'élèves, écoutez la cassette et écrivez les choses qu'ils achètent et les prix.*

– Vous désirez?
– Je voudrais des pâtes, s'il vous plaît.
– Voilà. C'est tout?
– Avez-vous des melons?
– Oui, voilà.
– C'est combien?
– Ça fait 22F25 en tout.
– J'ai seulement un billet de 100 francs.
– Ça va. Voici la monnaie.
– Merci, Madame. Au revoir.

Les cartes postales

Complète la conversation entre l'épicier et le client avec

du   de la   de l'   des   de   d'

L'épicier est assis sur une chaise et il dort. Un client entre dans l'épicerie.

Le client: Bonjour monsieur. Je voudrais (1) cartes postales, s'il vous plaît.

L'épicier: Hein? Quoi? (2) cartes postales? Je regrette, monsieur, mais je ne vends pas (3) cartes postales. C'est une épicerie ici.

Le client: Alors, donnez-moi un kilo de pommes ... et (4) cartes postales!

L'épicier: *(pas très content)* Je regrette monsieur, mais je n'ai plus (5) pommes. Et je n'ai pas (6) cartes postales non plus!

Le client: Bon, ça ne fait rien. Donnez-moi (7) pain ... et (8) cartes postales!

L'épicier: *(furieux)* Je n'ai pas (9) pain! Je n'ai pas (10) cartes postales!

Le client: Bon, bon, ça va! Vous n'avez pas (11) pain. Vous n'avez pas (12) eau minérale non plus, sans doute?

L'épicier: Si, j'ai (13) eau minérale. Une bouteille (14) eau minérale. Voilà. C'est tout?

Le client: Oui, c'est tout.

L'épicier: Vous êtes sûr?

Le client: Oui, je suis sûr.

L'épicier: Vous ne voulez pas (15) cartes postales?

Le client: (16) cartes postales? Non. Pourquoi? Vous vendez aussi (17) cartes postales?

L'épicier: *(crie)* Non, je ne vends pas (18) cartes postales!

Le client: *(à voix basse)* Il est fou, cet épicier!
(à voix haute) Bon, au revoir, monsieur.

L'épicier: Oui, c'est ça, c'est ça ... au revoir!

Le client sort. L'épicier va s'asseoir sur sa chaise. Soudain, un autre client entre dans l'épicerie.

2ème client: Pardon monsieur. Vous avez des cartes postales?

Dani fait des courses au supermarché

Regarde les images et lis les textes. Puis mets la bonne phrase aux images 2-9.

La mère de Dani veut faire un gâteau aux fraises, mais elle n'a pas tous les ingrédients nécessaires.

Dani rentre à la maison. Est-ce que sa mère est contente? Elle n'a pas les ingrédients et maintenant elle n'a plus d'argent!

A Il n'y a plus de beurre. **B** Il n'y a plus de lait. **C** Il n'y a plus d'œufs. **D** Il n'y a plus de fraises.

E Alors Dani achète des bananes. **F** Alors Dani achète des chips. **G** Alors Dani achète des yaourts.

H Alors Dani achète du chocolat.

Dossier-langue

ne ... plus de

Look at these examples:

> Je n'ai plus de chips.
>
> Il n'y a plus d'eau.

What do you think *ne ... plus* means?
What follows *plus*?

Solution:
In these examples, *ne ... plus* means 'no more' or 'none left'. It can also mean 'no longer'.
After *ne...plus*, use *de* or *d'* in the same way as you do after *ne ... pas*.

On fait une liste

Ecoute la cassette. On parle des choses qu'on doit acheter aux magasins. Fais une liste dans ton cahier des sept choses qu'on doit acheter.
Exemple: du pain, ...

Au marché

Travaillez à deux.
Un de vous est le/la marchand(e) et regarde cette page. L'autre est le/la client(e) et regarde la page 138.
Puis changez de rôle.

1 Chez le marchand de légumes

Il est seize heures. Il ne reste plus beaucoup de légumes mais il y a encore des clients.
Réponds au client.
Exemple: Désolé, il n'y a plus de ... Voilà un ...

2 Chez la marchande de fruits

Il ne reste plus beaucoup de fruits, mais il y a encore des clients.
Réponds, comme par exemple:
Désolée, il n'y a plus de ... Voilà un/une

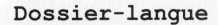

Peux-tu aider Louis Laloupe?

Une homme et une femme entrent dans une banque sur les Champs-Elysées à Paris. L'homme a un revolver. Il est grand et mince. Il a les cheveux courts et blancs et les yeux bleus. Il porte un pantalon noir et une veste verte. Il a une moustache et il a environ cinquante ans. La femme porte un grand sac noir. Elle a environ quarante ans. Elle est petite mais elle n'est pas mince. Elle a les cheveux noirs et frisés. Elle a les yeux bruns et elle porte des lunettes. Elle porte un imper blanc et des chaussures rouges.

Ils s'approchent de la caisse. L'homme sort le revolver et crie au caissier: 'Donnez-moi l'argent! Et vite!'

Il prend l'argent et le donne à la femme, qui le met dans son sac. Puis, les deux voleurs sortent à toute vitesse de la banque. Mais, dans la rue, voici Louis Laloupe. Il téléphone à la police. Quand la police arrive, il dessine les deux voleurs.

Est-ce que toi aussi, tu peux dessiner les voleurs? Pour t'aider, choisis d'abord les mots corrects dans ces phrases:

le voleur

1 Il est grand/petit/de taille moyenne.
2 Il a les yeux verts/gris/bleus.
3 Il a les cheveux courts/frisés/ longs.
4 Il a les cheveux gris/roux/blonds.
5 Il porte une veste bleue/verte/noire.

la voleuse

6 Elle est grande/petite/de taille moyenne.
7 Elle a les yeux bruns/gris/verts.
8 Elle a les cheveux courts/frisés/ longs.
9 Elle a les cheveux blonds/noirs/marron.
10 Elle porte des chaussures noires/blanches/rouges.

Le jeu des cadeaux

Lis les descriptions et décide à qui est chaque cadeau. Puis écris ce qu'il y a dans chaque cadeau.
Exemple: 1 C – un livre

1 Le cadeau de Karine est grand et carré.
2 Le cadeau de Fabien est petit et carré.
3 Le cadeau de Benoît est long et étroit.
4 Le cadeau de Delphine est petit et rond.
5 Le cadeau de Mme Signoret est ovale.
6 Le cadeau de Thierry est grand et rond.

Trouve les adjectifs

2 jours fantastiques!
prix bas

* Offres exceptionnelles *
* nouvelles réductions *

Dossier-langue

Les adjectifs

Le voleur, c'est un homme.
Le voleur, c'est un homme grand et mince aux cheveux courts et blancs et aux yeux bleus.

Notice how the second sentence gives a much better description of the thief. The words which describe the man are **adjectives**. There are five in the sentence.

1 Can you find them?
2 Some of the adjectives end in -s. Why do you think this is?
3 Now find two adjectives in this description of the woman:

Elle n'est pas grande. Elle est petite.

4 What letter do they both end in? Why is this?

Solution

1 *grand, mince, courts, blancs, bleus*
2 The last three adjectives end in -s because they describe words that are **plural** (*les cheveux* and *les yeux*).
3 *grande, petite*
4 They end in -e because they describe a word that is **feminine** (*elle*).

Many adjectives follow this pattern:

Singular Masculine	Feminine	Plural Masculine	Feminine
grand	*grande*	*grands*	*grandes*

Adjectives which end in -e and -s

Le voleur est mince et Karine est mince.

5 What do you notice about adjectives which end in -e (without an accent)?

Il a les cheveux gris et il porte un imper gris.

6 What do you notice about adjectives which end in -s?

Solution

5 Adjectives which end in -e (without an accent) do not have a different feminine form, e.g.
Le vélo est moderne et la voiture est moderne.
6 Adjectives which end in -s are the same in the singular and plural when used with masculine words, e.g.
Le chat est gris.
Les chats sont gris.
but not when used with feminine words, e.g.
La souris est grise.
Les souris sont grises.

To find out more about adjectives, look at *La Grammaire* at the back of this book.

Chasse à l'intrus

Quel mot ne va pas avec les autres?

1 mince, moderne, magnifique, magnétoscope
2 français, gris, Paris, anglais
3 thé, fatigué, frisé, carré
4 rond, vend, grand, blond
5 étroit, haut, fruit, fort

On fait la queue à la caisse

Nathalie Monique M. Durand M. Lenôtre

Qui est-ce?

Travaillez à deux. Chaque personne doit choisir une personne dans la file de gens et écrire le nom dans son cahier. Puis chaque personne, à son tour, doit poser des questions pour identifier la personne choisie. On répond uniquement avec 'oui' ou 'non'. La personne qui pose le moins de questions gagne.

Pour vous aider:

C'est		un homme? une fille?	
Est-ce qu'il/elle..?	est	grand(e) mince	
	a	les cheveux	courts frisés longs noirs gris blonds
		les yeux	marron bleus bruns verts
		une moustache	
	porte	des lunettes	

Trouve les différences

Sur le deuxième dessin, il y a dix différences. A toi de les trouver.

Exemple: Sur le deuxième dessin, les cravates sont plus longues.

Une lettre de Philippe

La Rochelle, le 27 janvier

Cher Michael,

Merci beaucoup pour ta lettre et les photos de ta famille. Moi aussi, je t'envoie des photos de ma famille et de notre magasin.

Sur la première photo, on voit mon père, ma sœur Martine, et moi. Nous sommes dans le magasin.

Notre magasin est assez grand. Il est de couleur jaune et il se trouve dans une petite rue étroite, la rue Saint-Nicholas.

Sur la deuxième photo, on voit ma mère. Elle a les cheveux noirs et les yeux marron. Elle porte une blouse blanche quand elle travaille. Sur la photo, elle vend du pain à une cliente. Martine et moi, nous aidons ma mère dans le magasin de temps en temps.

A bientôt,

Philippe

Regarde les photos de la famille Dhomé et réponds aux questions.

1 De quelle couleur est le magasin?
2 Qui a les cheveux longs?
3 Est-ce que M. Dhomé a une barbe?
4 Est-ce que Mme Dhomé porte des lunettes?
5 De quelle couleur est sa blouse?
6 Qui est plus grand, Martine ou Philippe?

Regarde la photo numéro 2 et écris deux choses pour décrire la cliente.

Est-ce que tu as des photos de ta famille ou de ta maison? Peux-tu les décrire à un(e) ami(e) français(e)?

Louis Laloupe — Le vol dans un grand magasin

M. LALOUPE, EST-CE QUE VOUS POUVEZ NOUS AIDER? BEAUCOUP DE NOS VÊTEMENTS DISPARAISSENT. C'EST SÛREMENT UN VOLEUR.

Un jour, le propriétaire d'un grand magasin téléphone à Louis Laloupe.

Louis Laloupe finit son petit déjeuner et va vite au magasin.

Il y a beaucoup de gens au magasin. Il y a une dame aux cheveux blonds qui regarde les écharpes. Et voici un homme qui regarde les cravates. Louis Laloupe est très attentif.

Il regarde la dame. Elle a un grand sac. Que fait-elle maintenant?

Est-ce qu'elle met une écharpe dans son sac?

Louis regarde une autre dame, aux cheveux noirs, qui regarde les pulls. C'est peut-être elle, la voleuse!

Maintenant, la dame aux cheveux blonds prend vite trois paires de lunettes de soleil et les met dans son sac.

ZUT! CET HOMME EST TOUJOURS LÀ.

Puis, elle va au rayon des gants. Il y a là des gants en cuir qui sont fantastiques.

C'est Louis qui la regarde attentivement. Elle va au rayon des pantalons.

Elle choisit deux pantalons. Puis elle choisit deux chemisiers et une jupe.

Elle décide de les essayer. Elle entre dans une cabine d'essayage.

C'EST ELLE, LA VOLEUSE, J'EN SUIS CERTAIN.

Louis Laloupe l'attend.

MAIS OÙ EST LA DAME AUX CHEVEUX BLONDS?

Une dame aux cheveux noirs qui porte des lunettes de soleil sort des cabines avec deux grands sacs.

EST-CE QU'IL Y A UNE DAME AUX CHEVEUX BLONDS DANS LES CABINES D'ESSAYAGE?

Enfin, Louis cherche une vendeuse.

MAIS NON, MONSIEUR, IL N'Y A PERSONNE DANS LES CABINES D'ESSAYAGE.

Vrai ou faux?

1 C'est la dame aux cheveux blonds qui téléphone à Louis Laloupe.
2 C'est Louis Laloupe qui va vite au magasin.
3 C'est une dame qui regarde les cravates.
4 C'est Louis Laloupe qui met trois paires de lunettes dans son sac.
5 C'est la voleuse qui sort des cabines d'essayage avec deux grands sacs.

Dossier-langue

qui in the middle of a sentence

What do you think *qui* means in these two sentences?

*Voici un homme **qui** regarde les cravates.*
*Il y a une dame aux cheveux blonds **qui** regarde les écharpes.*

Now look at these two sentences. Does *qui* have a different meaning? Can you work out the rule?

*Elle regarde des gants **qui** sont fantastiques.*
*Notre appartement, **qui** est assez moderne, est trop petit.*

> **Solution**
> When you're talking about people, *qui* means 'who'.
> When you're talking about things, *qui* means 'which'.

Why use qui?

If you want to say two or more things about a person or an object, *qui* links the sentence together. You don't have to repeat the name of the person or thing you are talking about, e.g.

*Le garçon, **qui** vient de Montréal, s'appelle René Laurent.*

If you didn't use *qui*, you would have to say this in two sentences, e.g.

Le garçon vient de Montréal. Le garçon s'appelle René Laurent.

If you want to give particular details about someone or something, *qui* is also useful:

*Voici le professeur **qui** travaille dans notre collège.*
*La piscine **qui** est dans le parc est fermée en hiver.*

Les mots et les chiffres

Un jeu radiophonique

Essaie d'abord de répondre à ces questions. Puis écoute l'émission sur la cassette pour les bonnes réponses.

Les mots

Toutes ces réponses commencent par la lettre P.

1 C'est quelque chose qui est petit et rond. On la met quelquefois dans une machine automatique.
2 C'est un document officiel qui est nécessaire si on voyage à l'étranger.
3 C'est un plat italien qui est fait avec des tomates, du fromage et des olives etc.
4 C'est un fruit cultivé en France qui est jaune et orange et qui a un noyau à l'intérieur.
5 C'est un magasin qui vend du papier à lettres, des enveloppes, des crayons, des stylos etc.

Les chiffres

6 Il y a combien de centimes dans un franc?
7 Il y a combien de centimètres dans un mètre?
8 Il y a combien de jours fériés en France – cinq, onze ou quinze?
9 Il y a environ combien d'habitants à Montréal – un million, deux millions ou trois millions?
10 Il y a environ combien de pays francophones au monde – dix, vingt ou quarante?

Géo-quiz

Es-tu fort en géographie? Fais ce géo-quiz pour le savoir.
Pour t'aider, regarde les pages 5 et 9 ou regarde dans un atlas.

1 Comment s'appelle la ville qui est située sur la Seine et qui est la capitale de la France?
2 Comment s'appelle la mer qui sépare la France du Royaume-Uni?
3 Comment s'appellent les montagnes qui séparent la France de la Suisse et de l'Italie?
4 Comment s'appelle le fleuve qui passe par Paris et qui se jette dans la Manche?
5 C'est une ville qui est située au Québec au Canada et qui est la deuxième ville francophone au monde. C'est quelle ville?
6 C'est un pays qui se trouve entre l'Allemagne, la Belgique et la France et qui est plus petit que la Suisse. C'est quel pays?
7 C'est un pays qui est situé sur la côte nord de l'Afrique et qui est à côté de l'Algérie. Son nom commence par M.
8 C'est une ville qui est située sur la côte Atlantique et qui est la capitale du Sénégal.

Qui a inventé ça?

A toi de mettre l'inventeur avec la bonne invention.
Pour t'aider, regarde dans une encyclopédie ou demande à ton prof de sciences.
Exemple: Celsius est un Suédois qui a inventé le thermomètre centigrade.

Les inventeurs

Celsius est un Suédois
Bell est un Ecossais
Galiliée est un Italien
Braille est un Français
Benz est un Allemand
Hill est un Anglais
Morse est un Américain

Les inventions

l'alphabet Morse
l'écriture pour aveugles
le timbre poste
le téléphone
le télescope
la voiture
le thermomètre Centigrade

C'est quelle machine?

A toi d'inventer un jeu des définitions. **Exemple:** 1 C'est une machine qui fait la vaisselle.

Voici les réponses:

1 un lave-vaisselle
2 une calculatrice
3 une machine à laver
4 un appareil-photo
5 le téléphone

C'est	une machine / un instrument	qui	fait des calculs fait la vaisselle fait des photos permet la conversation entre deux personnes qui sont loin fait la lessive

Copains-copines

Samedi prochain, Abdoul, Maxime et Roselyne ont rendez-vous avec Virginie au café. Maxime téléphone à Lucie et Christian et les invite aussi.

Qu'est-ce que vous prenez comme boisson?

Après le goûter ils regardent les boutiques et les magasins.

C'est combien, cette peluche-ci? Elle est amusante!

On entre? Je voudrais acheter des cadeaux. Choisis quelque chose pour toi, Virginie.

Mais regarde celle-là, Christian. Elle est plus jolie.

Vous prenez ce petit léopard? Il est très mignon, n'est-ce pas?

Tout le monde a passé un après-midi très agréable. Mais, le soir, quand elle rentre à la maison, Virginie a une mauvaise surprise ...

Oui, je l'aime bien. J'adore les petits léopards. Merci beaucoup, Abdoul!

Ça alors – j'ai perdu mon porte-monnaie!

Résumé

Complète le résumé de l'histoire.

Les six copains ont rendez-vous au ... pour le goûter.
Après, ils regardent les ... et les ... Abdoul veut ... un cadeau pour Virginie. On regarde les ... Elles sont mignonnes.
Enfin, Virginie choisit un ... léopard. Elle est très contente. Mais quand elle rentre à la maison, elle a une ... surprise.
Elle a perdu son ...

à suivre ...

Cadeaux-souvenirs

B un stylo fantaisie

C un jeu de cartes avec les monuments de Paris

A une petite Tour Eiffel en métal

D un drapeau Tricolore

H un petit ours

E un porte-monnaie

I une torche étincelante

F un porte-clés

G des lunettes fantaisie

J un bracelet

 Qu'est-ce qu'on achète?

Ecoute la cassette. Des touristes à Paris achètent des cadeaux et des souvenirs. Qu'est-ce qu'on achète?
Exemple: 1 un porte-clés

A toi de choisir des cadeaux

Choisis un cadeau pour ces personnes:

1   une fille qui adore les peluches
2   un garçon qui aime jouer aux cartes
3   une fille qui aime écrire des lettres
4   un petit garçon qui collectionne les drapeaux
5   une petite fille qui aime porter des lunettes et boire (en même temps!)
6   toi

On achète des cadeaux

Brigitte et René sont dans un grand magasin à Rouen. Ils vont acheter des cadeaux pour leur famille.
Ecoute la cassette et regarde les textes.

Brigitte est au rayon enfants.

– Je cherche quelque chose pour un bébé.
– Une peluche peut-être ... comme ce petit ours?
– Non, elle en a déjà beaucoup. Ces chaussettes sont mignonnes.
– Oui, il y en a d'autres, ici. Elles sont jolies, n'est-ce pas?
– Oui, j'aime bien ces chaussettes avec les petits lapins, c'est combien?
– 20F.
– Bon, je les prends.

René est au rayon librairie/papeterie. Il cherche quelque chose pour ses parents.

– Qu'est-ce que vous avez comme livres sur la région?
– Il y a ce livre sur Rouen ou celui-là sur toute la Normandie.
– C'est tout ce qu'il y a?
– Non, il y en a d'autres là-bas.
– Je voudrais ce livre sur Rouen, s'il vous plaît. C'est pour offrir.
– Très bien, alors je vous fais un paquet cadeau.
– Merci.

Brigitte et René sont maintenant au rayon d'alimentation.

– Qu'est-ce qu'on achète pour Mamie?
– Des chocolats peut-être?
– Bonne idée. Elle adore les chocolats.
– Regarde ces chocolats-là, avec des cerises. Mmm! Ils ont l'air bon.
– Oui, achetons une petite boîte de ces chocolats-là.

Les cadeaux de Brigitte et René

Plus tard, René et Brigitte ont acheté un jeu électronique pour leur cousin Christophe et une cassette pour leur tante Marianne. Mais on a mélangé les étiquettes. A toi de les replacer. **Exemple:** Les chaussettes, c'est pour Sophie.

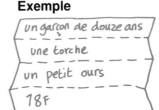

Dialogues à conséquences

Travaillez à deux.

Ecris les détails d'une personne – par exemple, un garçon de douze ans – sur une feuille.
Plie la feuille et donne-la à ton/ta camarade.

Ecris le nom d'un cadeau, par exemple, une torche.
Plie la feuille etc.

Ecris le nom d'un autre cadeau, par exemple, un petit ours.
Plie la feuille etc.

Ecris un prix, par exemple, 18F.
Ouvre la feuille, puis invente une conversation au magasin de cadeaux.
Le/la client(e) peut choisir entre les deux cadeaux proposés.

Exemple

| un garçon de douze ans |
| une torche |
| un petit ours |
| 18F |

– Je cherche un cadeau pour un garçon de 12 ans.
– Une torche, peut-être, ou un petit ours?
– Oui, une torche. C'est combien?
– 18F.
– Voilà.
– Merci.

Qu'est-ce qu'on a acheté?

Julien a acheté beaucoup de cadeaux.
Ecoute la cassette et complète les phrases.

1 Pour sa mère, il a acheté ...
2 Pour son père, il a acheté ...
3 Pour son frère, il a acheté ...
4 Pour sa sœur, il a acheté ...
5 Pour son grand-père, il a acheté ...
6 Pour sa grande-mère, il a acheté ...
7 Pour lui-même, il a acheté ...
8 Pour son ami, Christian, il a acheté ...

Qu'est-ce que tu as oublié?

Travaillez à deux. Un(e) partenaire regarde cette page, l'autre regarde la page 139.
Ton/ta partenaire fait des achats au supermarché mais il/elle a oublié sa liste. Regarde la liste et pose-lui des questions pour découvrir ce qu'il/elle a oublié (trois choses).
Exemple: Est-ce que tu as acheté du jambon?

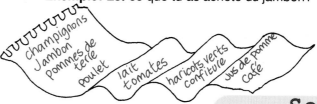

Sommaire

Now you can ...

change money

Je voudrais changer de l'argent/un chèque de voyage/dix livres sterling
  I'd like to change some money/a traveller's cheque/£10
Vous avez votre passeport? Have you got your passport?
Quelle est votre adresse en France?
  What is your address in France?

une banque	bank
un billet	bank note
un bureau de change	exchange bureau
une carte de crédit	credit card
le cours du change	exchange rate
une devise	a currency
une pièce	coin

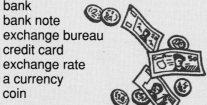

talk about numbers, money and prices

un chiffre	number
ajouter	to add
diviser	to divide
multiplier	to multiply
enlever	to subtract, take away
moins	less
plus	more

Tu as combien d'argent? How much money have you got?
Tu as de la monnaie? Have you any change?
Cette machine ne rend pas la monnaie
  This machine doesn't give change

discuss where to go shopping

Où est-ce qu'on peut acheter des timbres?
  Where can you buy stamps?
On peut acheter des timbres au bureau de poste
  You can buy stamps at the post-office

la librairie	bookshop
la papeterie	stationer's
la pharmacie	chemist's
une alimentation générale	general food shop

buy food and drink

un bâtonnet	ice lolly
des champignons	mushrooms
un concombre	cucumber
des pâtes	pasta
des saucisses	sausages
du steak haché	minced steak

See pages 72 and 73

say there is no more of something

See page 74

*Il n'y a **plus** de légumes* There aren't any vegetables left

describe people and things

See page 75

âgé(e)	old	*carré(e)*	square-shaped
content(e)	happy	*court(e)*	short
étroit(e)	narrow	*fâché(e)*	angry
fatigué(e)	tired	*fort(e)*	strong
grand(e)	tall	*gros(se)*	big
haut(e)	high	*jeune*	young
long(ue)	long	*lourd(e)*	heavy
mince	slim	*pauvre*	poor
petit(e)	small	*riche*	rich
triste	sad	*vieux (vieille)*	old

understand *qui* ('who' or 'which')

*Louis Laloupe est un détective **qui** travaille beaucoup*
  Louis Laloupe is a detective who works hard
Le fleuve qui passe par Paris est la Seine
  The river which flows through Paris is the Seine

buy presents and souvenirs

Je cherche quelque chose pour un bébé/un garçon/ une fille de ... ans
  I'm looking for something for a baby/boy/girl of ... years
Je cherche quelque chose comme souvenir/cadeau
  I'm looking for a souvenir/present

le rayon d'alimentation	the food department
un bracelet	bracelet
un jeu de cartes	pack of cards
un ours	teddy bear
une peluche	soft toy
un porte-clés	keyring
une torche	torch

talk about what you've bought or forgotten

Qu'est-ce que tu as acheté?	What have you bought?
J'ai acheté ...	I've bought ...
J'ai oublié ...	I've forgotten ...

Ça va ... ou ça ne va pas?

In this unit you will learn how to ...

- talk about parts of the body and say what hurts
- say you feel ill and explain what's wrong
- say you feel hot, cold, hungry or thirsty or that you have a temperature
- arrange to see the doctor in France
- describe your symptoms to the doctor and understand what s/he says
- tell people what to do or what not to do
- buy things at the chemist's
- give reasons when asked why

You will also learn about medical services in France

 Regarde les dessins dans le journal Dimanche-Loisirs. *Ecoute la cassette pour découvrir dans quel ordre on fait les exercices. Si tu veux être en forme, fais les exercices toi-même! Pourquoi pas?*

Des extraits de

Dimanche-Loisirs
— le meilleur journal pour votre week-end

Le dimanche n'est pas fait pour dormir!

Pour être en forme ce week-end, il faut faire un peu de gymnastique. N'oubliez pas d'écouter l'émission de 10h à la radio. Voici les exercices pour aujourd'hui.

A Cet exercice est très bon pour le ventre.
Pliez le genou, puis allongez la jambe.

B Mettez les mains sur les épaules.
Levez les bras très haut!

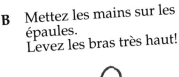

C Touchez les pieds ... même les doigts de pied.
Surtout ne pliez pas les genoux!

D Levez la jambe droite ... en haut et en bas.

E Les mains derrière le dos, les pieds comme ça.
Puis tournez le corps droite et à gauche.

F Levez la jambe gauche ... en haut .... en bas.

Lis l'article sur le 'portrait-robot', puis fais Activité 1 à la page 140.

A vous de décider

Avez-vous vu cet homme?
Voici le 'portrait-robot' d'un voleur – mais avec les descriptions des témoins, la police a fait cinq portraits-robots!

Alors, un portrait-robot, c'est utile ou ce n'est pas utile?

A vous de décider!

(Tournez la page pour voir les cinq portraits ensemble.)

un visage carré et gros et une tête carrée

de grands yeux bleus

un grand nez

de grandes oreilles

de longs cheveux blonds

une petite bouche et de petites dents

une petite barbe   **un petit cou**

Dimanche-Loisirs

La page des jeunes

Devinettes

Lis les descriptions. C'est quoi? Devine!
1 Il a un grand corps, une petite tête et le cou long.
2 Il a de longs bras et de longues dents.
3 Il a un long nez. Il a des ailes mais ce n'est pas un oiseau.
4 Il n'a pas de jambes mais il a des yeux et une bouche.

A un poisson   **B** le Concorde

C le yeti   **D** le monstre du Loch-Ness

Mots croisés   Les parties du corps

Exemple: verticalement 1 = GORGE

horizontalement
1 GUNEO
5 GAISEV
6 ZEN
7 DIEP

verticalement
1 ROGGE
2 LIEERLO
3 TTEE
4 NAMI

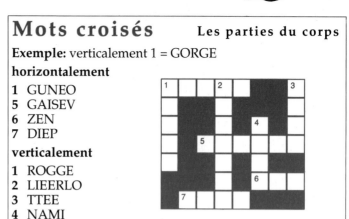

chantez

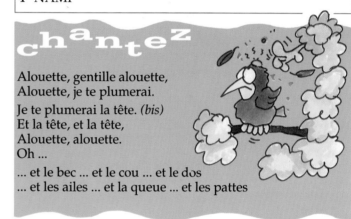

Alouette, gentille alouette,
Alouette, je te plumerai.

Je te plumerai la tête. *(bis)*
Et la tête, et la tête,
Alouette, alouette.
Oh ...

... et le bec ... et le cou ... et le dos
... et les ailes ... et la queue ... et les pattes

Au zoo 'fantaisie'

Dans ce zoo, il y a des animaux vraiment extraordinaires. Par exemple:

1 Un élé-chat

L'éléchat a le nez d'un éléphant mais les oreilles d'un chat.
Il a la bouche d'un éléphant mais les yeux d'un chat.
Il a les pattes* d'un éléphant mais le dos d'un chat.

2 Un lap-chien

Il a la ... et les ... d'un lapin, et le corps, la queue et les ... d'un chien.

3 Une pois-souris

Peux-tu décrire une pois-souris?

Et voici la description d'un animal plus étrange que tous les autres. C'est le 'Monstre Tricolore'.

Il a une grande tête hexagonale, et un visage blanc avec un nez blanc. Il a un œil rouge et une oreille rouge, un œil bleu et une oreille bleue. Il a un ventre énorme – c'est parce qu'il mange beaucoup de repas français avec ses grandes dents blanches. Il a beaucoup de pattes pour marcher partout en France – c'est un grand pays! Peux-tu le dessiner?

A toi!

Maintenant, peux-tu inventer un animal encore plus étrange?
Ecris la description de ton animal et puis échange la description avec un(e) ami(e). Chaque personne doit dessiner l'animal inventé par l'autre.

*Une personne a des pieds mais un animal ou un oiseau a des pattes.

Vol à midi

Hier, à midi, un homme est entré dans une banque (le Crédit Lyonnais) dans la rue de Rivoli, à Paris et a volé quatorze millions en billets de 500 francs! Les agents de police ont posé des questions à des personnes dans la rue devant la banque, et avec leurs descriptions du voleur, ils ont fait ces cinq portraits.
Un de ces hommes est, sans doute, le voleur.

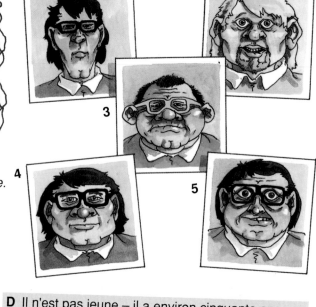

Voici les cinq portraits et cinq descriptions.
D'abord, trouve la description qui convient à chaque image.
Puis écoute la cassette. Les personnes qui parlent ont toutes vu le voleur. A toi de l'identifier maintenant.

A Il a un visage carré et un peu gros et de longs cheveux blonds. Il a les yeux très grands et un grand nez aussi. Il a vingt ans.

B Il est jeune – il a environ vingt ans. Il a de longs cheveux noirs, un petit nez et des yeux très petits, et il porte des lunettes noires.

C Il est jeune, il a environ vingt ans, et il porte des lunettes noires. Il a un visage assez gros et carré, de longs cheveux noirs, un grand nez, mais les yeux assez petits.

D Il n'est pas jeune – il a environ cinquante ans, mais il a les cheveux longs et noirs. Il a un nez très petit et de grands yeux. Il porte des lunettes noires.

E Il a un gros visage, des yeux très petits mais un nez très grand. Il porte des lunettes vertes et il a soixante ans environ.

Solution à la page 140

Le portrait mystère

Voici un portrait mystère. C'est un portrait du voleur!
Dessine neuf cases (mais plus grandes). Pour trouver le voleur, copie les petits dessins dans les cases avec les couleurs correctes.

première case à gauche:
il faut colorier les cheveux et les lunettes en noir

troisième à droite:
il porte un T-shirt bleu

deuxième à gauche:
il a les oreilles roses

troisième case au centre:
il a un cou rose aussi!

première à droite:
n'oublie pas de colorier les cheveux et les lunettes en noir

première au centre:
colorie les cheveux en noir et l'œil en bleu

deuxième à droite:
n'oublie pas – il a les oreilles roses!

deuxième au centre:
quel nez énorme! Et très rouge aussi – comme sa bouche!

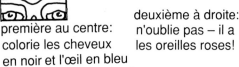

troisième à gauche:
ils sont longs, ces cheveux noirs!

84

Solution à la page 140

Avez-vous vu ... ?

Dessine une affiche 'Avez-vous vu cet homme/cette femme?' avec un portrait-robot. Puis écris une petite description de ton portrait sur une feuille de papier. Travaillez en groupes ou en classe. Mettez les portraits au mur.

Distribuez les descriptions. Chaque personne doit essayer d'identifier le portrait qui correspond à sa description.

C'est utile, le dictionnaire!

Voici des mots et des phrases utiles. Est-ce que tu les comprends? Devine un peu!
Puis, si tu ne comprends toujours pas, cherche dans le dictionnaire.
Est-ce que tu peux trouver d'autres expressions qui utilisent le nom d'une partie du corps?

la main

le bras

haut-les mains!
tenez la main courante!
une lettre écrite à la main
les bagages à main

bras dessus, bras dessous
en bras de chemise

la tête

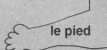
le pied

de la tête aux pieds
un tête-à-tête
il/elle est en tête de la course
faire un signe de la tête

un coup de pied
se lever du pied gauche
aller à pied
il/elle me casse les pieds!
pied à pied

Dimanche-Loisirs
Sport

Lis la description du match amical et identifie les joueurs blessés.
Exemple: 1 Maxime

Un match amical!

Le week-end dernier, l'équipe de rugby du village de Saint-Etienne-dans-les-Champs, en Provence (les Papes) a joué un match amical contre 'les Rois', l'équipe de Saint-Louis-de-la-Vallée, un village voisin. Malheureusement, après ce match amical, il y a douze blessés!

Dans l'équipe des Rois, six joueurs sont blessés: Alphonse a mal à l'oreille gauche, Clément a mal au bras, Auguste a mal au genou, Jean-Baptiste a mal à la main droite, Jean-Matthieu a mal à l'œil droit et Jean-François a mal au nez – il a un nez aussi gros que le ballon de rugby!

Dans l'équipe des Papes, quatre joueurs sont blessés: Didier a mal au pied, Maxime a mal à la jambe, Marius a très mal au dos et Léonard a mal aux dents (et il a mal au cœur aussi).

Même la petite chienne, Mêlée, la mascotte de l'équipe des Papes, a mal à la queue!

Mais ... avez-vous vu l'arbitre? Ce pauvre homme a été tellement excité par le match qu'il a mal à la tête, à la gorge, aux bras, à la main et au ventre. En plus, il a de la fièvre et il a mal au cœur.

Si cela est un match amical, imaginez le résultat d'un match sérieux!

Et le résultat du match amical? Zéro partout!

Dossier-langue

How to say where something hurts

From the description of the match, find out how to say that Marius has a very bad back and Auguste has a bad knee.
Which verb is used?

To say what hurts and where:

j'ai tu as il a elle a on a nous avons vous avez ils ont elles ont	mal	**feminine** à la tête/jambe
		before a vowel à l' oreille/œil
		masculine au genou/nez
		plural aux dents/yeux

Marius a très mal au dos.
Auguste a mal au genou.

Après le match, tous les joueurs blessés vont chez le médecin. Qu'est-ce qu'ils lui disent?
Exemple: 1 Jean-Matthieu dit 'J'ai mal à l'œil droit.

Une mauvaise surprise

1 *Lis l'histoire.*

2 *Le père de Jeanine, la mère de Léonard et la mère de Clémentine téléphonent au collège pour expliquer pourquoi les enfants sont absents. Ecoute les conversations au téléphone puis complète les lettres qu'ils écrivent aux professeurs.*

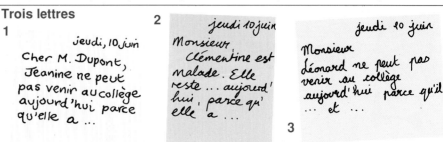

Trois lettres

1

jeudi, 10 juin

Cher M. Dupont,
Jeanine ne peut pas venir au collège aujourd'hui parce qu'elle a ...

2

jeudi 10 juin

Monsieur
Clémentine est malade. Elle reste ... aujourd'hui, parce qu'elle a ...

3

jeudi 10 juin

Monsieur
Léonard ne peut pas venir au collège aujourd'hui parce qu'il ... et ...

Clémentine
Jeanine
Léonard

JEUDI
examen de mathématiques

VENDREDI
visite à la piscine et au stade

JEUDI (i)

Je suis malade. J'ai très mal à la tête. Je ne vais pas à l'école.

JEUDI (ii)

Je suis malade. J'ai mal au ventre. Je reste au lit.

JEUDI (iii)

J'ai mal aux oreilles et à la gorge. Je reste à la maison aujourd'hui.

VENDREDI

JEUDI VENDREDI
examen de mathématiques

VENDREDI JEUDI
visite à la piscine et au stade.

Quelle description?

Choisis la bonne description pour chaque image.

1   2   3

4   5   6

CAFÉ OUVERT à 18h

A Elles ont chaud   **C** Il a soif   **D** Ils ont soif   **E** Ils ont faim   **F** Il a froid

B Il a faim

Solution à la page 140

Dossier-langue

The verb *avoir* is very useful. Just by adding the right word to it, you can say you're   hungry
       thirsty
       hot
   or   cold.

The captions in *Quelle description?* should help you to find the right words for each of these expressions.

j'ai	
tu as	faim
il/elle/on a	soif
nous avons	chaud
vous avez	froid
ils/elles ont	

Check your answers on page 97.

You can also use *avoir* to say that you have a temperature: J'ai de la fièvre

Qu'est-ce qu'ils disent?

Exemple: **1** J'ai faim!

1   2   3

4   5

Solution à la page 140

Copains-copines

Lis l'histoire, choisis les bulles correctes pour la cinquième photo, puis fais l'activité à la fin de l'histoire.

Ne t'inquiète pas! Demain on va retourner au café et aux magasins pour le chercher.

C'est dimanche. Abdoul et Virginie vont d'abord au magasin de cadeaux. Heureusement qu'il est ouvert!

Dis, Abdoul, tu n'as pas vu mon porte-monnaie? Je l'ai perdu.

Non, je regrette, je ne l'ai pas trouvé. Mais allez au bureau des objets trouvés.

Au bureau des objets trouvés:

Vraiment, ça ne va pas du tout! J'ai perdu tout mon argent de poche!

Au café, Virginie parle au garçon de café. Il est très gentil, mais il n'a pas vu le porte-monnaie.

Asseyez-vous, mademoiselle. Si vous avez soif, je vais vous apporter de l'eau minérale.

Merci, alors, une eau minérale, s'il vous plaît.

Ohé, Virginie! Ça va?

Abdoul, Virginie et leur ami s'asseyent. Qu'est-ce qu'ils disent? Choisis la bonne bulle pour chaque personne.

Soudain, Abdoul voit quelque chose par terre. C'est un porte-monnaie!

Qu'est-ce que vous prenez? Vous avez faim? Vous voulez un sandwich ou un gâteau? Qu'est-ce que vous allez boire?

Un coca pour moi, s'il vous plaît. Je n'ai pas faim, mais j'ai soif.

J'ai déjà commandé une eau minérale, merci.

Quelle chance! C'est mon porte-monnaie!

à suivre ...

Vrai ou faux?

1 Abdoul a téléphoné à Virginie.

2 Virginie a cherché son porte-monnaie au magasin de cadeaux.

3 Au bureau des objets trouvés, ils n'ont pas trouvé le porte-monnaie.

4 Le garçon de café n'est pas très gentil.

5 Abdoul a commandé un sandwich.

6 Virginie a bu de l'eau minérale.

7 Ils ont trouvé le porte-monnaie au café.

8 Virginie a payé un verre à tout le monde.

Trouve la réponse!

Regarde les pièces pour t'aider, mais attention, il y a toujours deux pièces possibles – à toi de choisir la bonne réponse.

Exemple: 1 F

1 Brr! J'ai froid, Maman!

2 Il fait très chaud aujourd'hui, j'ai soif!

3 J'ai vraiment trop chaud ici. Qu'est-ce que je peux faire?

4 J'ai faim, Jeanette.

5 J'ai mal à la tête et je crois que j'ai de la fièvre!

6 J'ai mal aux yeux ce soir.

7 J'ai mal aux dents.

8 J'ai mal aux pieds, je ne peux pas aller à l'école.

9 Du dessert, s'il te plaît, Maman.

10 J'ai faim, Maman. Est-ce qu'il y a des fruits?

A Bois ce verre de limonade!

B Prends l'autobus, alors.

C Voilà, Martin, mange un de mes sandwichs!

D Prends un rendez-vous chez le dentiste.

E Prends de l'aspirine.

F Mets ton manteau, alors!

G Finis tes légumes d'abord.

H Eh bien, ne regarde pas la télé!

I Voilà – choisis une pomme.

J Ne reste pas au soleil, va à la piscine!

Solution à la page 140

Dossier-langue

Look back at the replies in *Trouve la réponse*.
Each time someone is telling someone else to do something (or not to do it). These replies are all **commands**.
Giving a command is easy in French. Can you work out how to do it when you're talking to someone you call *tu*?

Clue 1

Look at the verbs in the replies:

reste	choisis	prends
mange	finis	va
regarde	bois	mets

Clue 2

tu	bois	you drink
	bois!	drink
tu	prends	you take
	prends!	take
tu	mets	you put on
	mets!	put on

Here's the rule:
Use the *tu* part of the verb –
BUT leave out the word *tu*.

For once *-er* verbs are a bit different – can you spot the difference?

tu restes	you stay	reste!	stay
tu manges	you eat	mange!	eat
tu regardes	you look	regarde!	look

Drop the *s* from the *tu* part for a command.
This also applies to the irregular *-er* verb *aller*:
tu vas — you go | va! | go

Notice that command sentences are often written with an exclamation mark at the end in French.

chantez

1 Allô, Fabien? C'est Séverine
Est-ce que tu veux sortir avec moi?
Viens à la discothèque à huit heures et quart!
Il y a de la bonne musique là-bas ce soir.

Tu ne viens pas?   Je ne peux pas venir ...
Pourquoi pas?   C'est que je suis malade ...
Qu'est-ce qui ne va pas?   J'ai mal à la gorge.
    Pourquoi est-ce que
    tu ne téléphones pas?
    Je préfère sortir avec toi,
    Sabine.

2 Allô, Fabien? Ici Hélène
Est-ce que tu veux sortir avec moi?
Viens au cinéma à sept heures moins le quart!
Il y a un bon film qui passe ce soir.

Tu ne viens pas?   Je ne peux pas venir ...
Pourquoi pas?   C'est que je suis malade ...
Qu'est-ce qui ne va pas?   J'ai mal au ventre.
    Pourquoi est-ce que
    tu ne téléphones pas?
    Je préfère sortir avec toi,
    Sabine.

Dimanche-Loisirs

La boîte aux lettres

Qu'en pensez-vous, les autres jeunes babysitters?
Ecrivez tout de suite vos réponses à Christiane!

**Le babysitting –
ça ne va pas toujours!**

Je fais souvent du babysitting pour des amis et je suis très calme, je m'amuse avec les enfants, tout va très bien. Chez moi, c'est complètement différent! Quelquefois, je fais du babysitting: je m'occupe de mon petit frère. D'abord, mon père ou ma mère me donne toujours beaucoup d'ordres. Puis mon petit frère est souvent très méchant, alors moi aussi, je donne des ordres. On se dispute, il se couche très tard et nous ne dormons pas. Le babysitting en famille, ça ne va pas du tout et, en plus, on ne gagne pas d'argent de poche!

Christiane, Rouen

Choisis des mots dans la case pour compléter les ordres du père de Christiane.

... tes devoirs!
Ne ... pas trop la télévision!
Ne ... pas à tes amis!
... avec ton petit frère!
... son pyjama!
... son souper!
... à la maison!
N' ... pas de fermer la porte à clef!
... au lit à dix heures!

reste   va   oublie   finis
mets   téléphone   prépare
regarde   joue

Qu'est-ce que Christiane dit à son frère?
(Elle lui donne au moins six ordres.)

Ne mets pas	le chat
Mange	la télévision
Bois	trop de chocolat
Lave	tes biscuits
Ne regarde pas	au lit
Range	mes disques
Ne mange pas	sur le mur
Mets	ton verre de lait
Laisse	ton pyjama
Va	tes vêtements
Ne dessine pas	tes mains

Des ordres pas comme les autres!

Tu as un(e) ami(e) qui peut faire tout, d'habitude?
Voici des ordres que tu peux lui donner. Est-ce qu'il/elle va obéir?
Donne ces ordres à ton ami(e). Puis essaie B et C.
Après cela, regarde l'explication à la page 141.

"Les deux pieds contre le mur comme ça"

A
1 Mets-toi près du mur.
2 Touche le mur avec tes pieds et tes épaules – comme ça!
3 Reste en contact avec le mur, puis essaie de sauter ... vite, vite, saute!

B
1 Dis à ton ami(e) de se mettre tout près d'un mur.
2 Dis-lui de toucher le mur avec son visage et son pied droit – comme ça.
(Il est très important que son visage et son pied droit touchent le mur!)
3 Puis demande à ton ami de rester en contact avec le mur, et puis d'essayer de lever le pied gauche.

C
1 Dis à ton ami(e) de se mettre tout près d'un mur.
2 Dis-lui de mettre ses deux pieds joints et de toucher le mur avec les deux pieds – comme ça.
3 Mets un billet de100F ou un billet de £10 sterling par terre devant ton ami(e) à une distance de 30 centimètres.
4 Demande à ton ami(e) de rester en contact avec le mur, et puis d'essayer de prendre l'argent. (S'il réussit, il peut garder l'argent!)

Calme-toi! Tourne vite à la page 141!

3 Allô, Fabien? Ici Delphine
Est-ce que tu veux sortir avec moi?
Viens au théâtre à huit heures moins le quart!
Il y a une bonne pièce qui se joue ce soir.

Tu ne viens pas? | Je ne peux pas venir ...
Pourquoi pas? | C'est que je suis malade ...
Qu'est-ce qui ne va pas? | J'ai mal aux oreilles.
| Pourquoi est-ce que tu ne téléphones pas?
| Je préfère sortir avec toi, Sabine.

Salut Delphine, Hélène, ça va Séverine?
Tiens bonjour, comment vas-tu Sabine?

4 Bonjour Fabien. Salut Sabine.
Est-ce que tu veux sortir avec moi?
Viens au club des jeunes à sept heures et quart!
Il y a une surprise-partie là-bas ce soir.

Tu ne viens pas? | Il ne peut pas venir ...
Pourquoi pas? | C'est qu'il est malade ...
Qu'est-ce qui ne va pas? | Il a mal à la gorge!
| Il a mal au ventre!
| Il a mal aux oreilles!
Comment ça? | Oh, ce n'est pas grave ...

Ce dimanche, lisez notre supplément Santé – surtout pour les jeunes et pour les touristes.

Spécial-santé-médecine

D'abord, un reportage spécial – être la fille ou le fils d'un médecin, c'est facile?
Lisez l'article de Jean Lemont.

```
Docteur Michel LEMONT
NEZ-GORGE-OREILLES
       RAYONS X
    CONSULTATIONS
   de 13.30 à 15.30
 t.l.j. sauf dimanche
 ET SUR RENDEZ-VOUS
```

Mon père est médecin

par Jean Lemont

La vie d'un médecin est dure – mais la vie des enfants d'un médecin, ça aussi, c'est compliqué! Mon père est le seul médecin de notre village, donc il a beaucoup de travail! Alors, il n'a pas le temps de nous parler. Si on veut lui demander quelque chose, c'est très difficile. Ma sœur dit que, nous aussi, il faut prendre rendez-vous pour voir le médecin!

Chez nous, le téléphone sonne tout le temps. C'est Maman qui répond d'habitude. Alors, elle n'a pas le temps de s'occuper de nous le matin. Mon père commence ses visites à neuf heures. Quand il rentre, vers une heure, il y a déjà des clients qui attendent à la maison, dans la salle d'attente. On déjeune très vite, puis Papa commence ses consultations. L'après-midi, il a des rendez-vous jusqu'à trois heures et demie ou quatre heures.

Pendant les vacances, c'est vraiment embêtant – il y a toujours quelqu'un à la maison et pendant les heures de consultations, on ne peut pas faire de bruit.
Le soir, mon père a encore des visites à faire. D'habitude, il rentre à la maison vers huit heures. Nous l'attendons pour dîner, alors nous avons tous très faim quand il rentre.

Moi, je ne veux pas du tout être médecin. On dit que Papa gagne beaucoup d'argent, mais il n'a pas le temps d'en profiter. Souvent, il ne peut même pas partir en vacances avec nous!
Moi, je voudrais travailler avec les ordinateurs – les machines ne sont jamais malades!

Résumé

Fais un petit résumé de cet article. Voici des phrases pour t'aider.
Choisis les 8 phrases qui sont vraies et mets ces phrases dans l'ordre correct pour faire ton résumé.

A La vie d'un médecin est difficile.
B Le soir, il a toujours des visites à faire.
C Deux jours par semaine, il travaille à l'hôpital.
D Le Docteur Lemont est le seul médecin du village.
E Le fils du Docteur Lemont voudrait être médecin.
F Après son déjeuner, il a au moins deux heures de consultations.
G Il est spécialiste des maladies des yeux.

H Il ne passe pas beaucoup de temps avec sa famille.
I Les enfants ne sont pas contents parce qu'il y a toujours quelqu'un à la maison.
J Le Docteur Lemont a un ordinateur avec les détails de tous ses clients.
K Il commence ses visites à neuf heures du matin.
L Sa femme répond au téléphone d'habitude.

Tout le monde dort

Il est deux heures de l'après-midi.
Le docteur est en retard.
Il fait très chaud.
Dans la salle d'attente du Docteur Lemont, presque tout le monde dort.

C'est correct?

*Lis l'histoire **Tout le monde dort**.*
Maintenant, regarde ce petit résumé. Est-ce que c'est correct?
Sinon, quelles sont les erreurs?

Il est onze heures du matin. Le docteur est en vacances. Il fait assez froid. Dans la salle d'attente, presque tout le monde parle. Une fille et sa mère dorment. Quand le docteur arrive, ses premiers clients sont un homme et son fils.

Lis l'article, puis mets en ordre les huit photos. **Exemple: 1 E**

En France: la médecine et toi

Des points à noter pour les jeunes visiteurs

Avant les vacances – n' oublie pas

- de prendre une assurance
- d'obtenir les formulaires nécessaires – E111 (1), par exemple
- de mettre dans ta valise les médicaments (2) que tu prends d'habitude
- de préparer une description en français de tes allergies ou de tes problèmes médicaux, si nécessaire

Pendant les vacances en France – si tu es malade, tu peux

- aller à la pharmacie (3) si ta maladie n'est pas très grave
- demander à un adulte de prendre un rendez-vous pour toi chez le médecin
- chercher dans le journal la liste des Services de Garde (4)
- aller chez le médecin – les heures des consultations sont marquées devant la maison du médecin (5)

Des choses utiles à savoir sur la médecine en France

- Les consultations ne sont pas gratuites en France. Il faut payer le médecin, mais on peut se faire rembourser plus tard (mais de 70% à 90% seulement). N'oublie pas d'obtenir un reçu!
- Beaucoup d'ambulances (6) en France sont privées – donc il faut payer. En cas d'urgence, on peut appeler les sapeurs-pompiers (7).
- Si le médecin te donne une ordonnance (8), il faut payer le pharmacien pour les médicaments. Ne perds pas le reçu!

Alors, avant d'aller chez le médecin en France, il faut aller à la banque!

Solution à la page 140

Dossier-langue

dormir

Tout le monde dort contains all the parts of the verb **dormir** (to sleep or to be asleep).
Can you find the right part to go with each of these pronouns?

je	nous
tu	vous
il	ils
elle	elles

Check with the **Sommaire** on page 97.

Look at the verbs *sortir* and *partir* and see in what way they are like *dormir*.

je	sors	pars
tu	sors	pars
il/elle	sort	part
nous	sortons	partons
vous	sortez	partez
ils/elles	sortent	partent

Make a list of all the parts of *dormir* that were in the conversation on the left. Now see if you can fit them all into this puzzle blank.

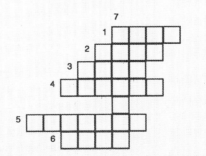

Then, make up a crossword clue for each one and set the crossword to someone else.
Exemple: 1 Je ... ce soir, je suis très fatigué.

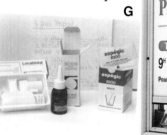

Je vous dois combien?

Il faut payer le médecin en France – alors, n'oublie pas de lui demander 'Je vous dois combien?'
Ecoute les conversations sur la cassette et écris le prix que chaque personne doit payer au docteur.

Sondage

Pose cette question à dix amis:
Combien d'heures dors-tu chaque nuit
– pendant la semaine?
– le week-end?

Présente les résultats comme ça:

Normalement
... filles   dorment plus de 8 heures
... garçons dorment moins de 8 heures

Le week-end
... filles   dorment plus de 8 heures
... garçons dorment moins de 8 heures

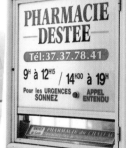

📖 Rendez-vous

Ces trois jeunes personnes sont en vacances en France, mais elles ont des problèmes.

Voici la conversation de Tim avec la mère de son ami français.

Tim: Je suis un peu malade, Madame. Je voudrais voir un médecin, s'il vous plaît.

Mme Dupont: Qu'est-ce qu'il y a?

Tim: J'ai mal aux oreilles et à la gorge et je ne peux pas dormir.

Mme Dupont: Je vais téléphoner au médecin pour demander un rendez-vous.

Les autres ont la même conversation avec les parents de leurs amis. Qu'est-ce qu'ils disent? (Change seulement les mots colorés.)

Jeremy

(chez M. Norbert et ses deux fils)
Il ne va pas très bien – il a mal au cœur et mal à la gorge.

Ruth

(chez Mme Léonard)
Elle a de la fièvre, mal au ventre et aussi mal à la tête.

A toi!

Tu veux un rendez-vous

*Maintenant, tu veux un rendez-vous pour toi.
Tu es en France chez une famille qui s'appelle Morinier. Tu as eu un petit accident de ski et tu as mal au genou et au pied droit. Tu demandes à Mme Morinier de prendre un rendez-vous pour toi.
Invente la conversation.*

📖 On prend un rendez-vous

Maintenant, écoute les conversations au téléphone et écris l'heure du rendez-vous pour chaque jeune personne.

📖 Chez le médecin

Tim est chez le médecin. Ecoute leur conversation.

Toi

Je ne vais pas très bien
Ça ne va pas très bien
Je suis (un peu) malade

J'ai de la fièvre
Je ne peux pas dormir
J'ai très chaud
J'ai très froid
Je n'ai pas faim
J'ai soif tout le temps

		la tête
		l'œil
		l'oreille
	à	la gorge
		la bouche
		la main
J'ai mal		la jambe
		cœur
J'ai un	au	cou
peu mal		bras
		ventre
		pied
		dos
		yeux
	aux	dents
		oreilles

Conversation

Tim: Bonjour Docteur. Je ne vais pas très bien.

Médecin: Bonjour jeune homme. Qu'est-ce qui ne va pas?

Tim: J'ai mal aux oreilles et à la gorge, Docteur.

Médecin: Ouvrez la bouche. Ah oui. Je vois. Ça vous fait mal-là?

Tim: Aïe! Oui, un peu!

Médecin: Prenez de l'aspirine. Venez me voir, lundi.

Tim: Je vous dois combien?

Médecin: Deux cents francs,* jeune homme.

Tim: Est-ce que je peux avoir un reçu?

Médecin: Oui, bien sûr.

Choisis le prix toi-même!

Le médecin

Bonjour jeune homme
Bonjour Monsieur
Bonjour Madame
Bonjour Mademoiselle

Qu'est-ce qui ne va pas?
Qu'est-ce qu'il y a?

Prenez de l'aspirine
Buvez beaucoup d'eau minérale
Restez au lit
Prenez cela
Ne mangez pas aujourd'hui

Venez me voir jeudi
Demandez un (autre) rendez-vous
Voilà une ordonnance
Ce n'est pas grave

📖 Bonjour Docteur!

*D'abord, écoute le médecin avec d'autres clients.
Maintenant, travaillez à deux pour inventer des conversations chez le médecin en France. Une personne est le médecin et l'autre est le/la client(e). Choisis des phrases dans les listes colorées.*

Un poème

Polichinelle monte à l'échelle
Un peu plus haut
Se casse le dos
Un peu plus bas
Se casse le bras
Casse un barreau
Et tombe dans l'eau.

Dossier-langue

Look again at the conversations in the surgery. Look especially at the way in which the doctor tells patients what to do, i.e. when he is giving them commands e.g.

Ouvrez *la bouche*
Prenez *de l'aspirine*
Restez *au lit*
Demandez *un rendez-vous*

(Naturally the doctor calls most of his patients *vous*, rather than *tu*.)

Do you remember how to give a command to someone you refer to as *tu*? (If you have forgotten, look back at page 88.) This should help you to work out the rule for commands for people you call *vous*.

> **Commands for people you call vous**
>
> Just take the *vous* form (e.g. *vous allez*) and leave out the *vous*, e.g.
>
> **Allez** *tout droit, puis* **prenez** *la première rue à gauche.*

You sometimes need to tell someone **not** to do something. This is just as easy.
Look at these examples and work out the rule.

Ne prenez pas *ce médicament!*
Ne regardez pas *trop la télévision!*
N'allez pas *au café ce soir!*
Ne mangez pas *aujourd'hui!*

Mamie va voir le médecin

Choisis des mots dans la case pour compléter les bulles.

Vous avez mal à la tête?
Oui, quelquefois, mais ...
Ça vous fait mal là?
(1) ... la bouche.
Ah, oui ce n'est pas grave.
Voilà une ordonnance. (2) ... à la pharmacie. (3) ...de l'aspirine.
(4) ... au lit demain et (5) ... me voir vendredi.
(6) ... un rendez-vous à la reception
Merci beaucoup, Docteur, mais ...
Je voudrais mon chat, s'il vous plaît!

> allez   prenez   restez   ouvrez   demandez   venez

Lisez l'article. Choisissez les cinq choses les plus importantes pour la santé et mettez-les en ordre d'importance. Comparez vos idées avec les idées de vos amis. Est-ce qu'ils/elles ont choisi les mêmes choses que vous?

Dimanche-Loisirs

Bonne santé   Dix choses à faire (ou à ne pas faire) pour être en bonne santé

1 Mangez bien!

(non! bien ... pas trop!)

2 Buvez souvent!

... mais pas trop de boissons sucrées!
beaucoup

en modération

pas du tout!

3 Dormez bien!

pour être en forme
faites   ne faites pas
comme ça   comme ça
avant   à

à   à

4 N'oubliez pas de bien brosser vos dents!

Voici une bonne idée: mettez un de vos disques favoris et brossez-vous les dents le temps qu'il dure.

5 Tous les jours, marchez un peu en plein air

(assez vite, mais pas trop!)

6 Chaque week-end faites un peu d'exercice 'vrai'

la natation est bonne pour la santé, ou les promenades – même la danse!

7 Ne fumez pas!

Fumer, ce n'est pas bon pour la santé!
Arrêter de fumer est très difficile – alors, ne commencez pas!

8 Ne restez pas trop longtemps au soleil

Etre bronzé, c'est souvent bien, mais faites cela lentement!

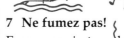

9 Ne restez pas trop longtemps à la maison

S'il fait beau, ne regardez pas la télé. Lisez un magazine dans le jardin ou faites du jardinage.

10 Essayez d'être optimiste

La bonne humeur vous aide à être en forme. Souriez! Ça fait du bien – à vous et aux autres!

Jeu: on part en vacances

Jouez en groupes de trois à six personnes.

1 *Prenez un dé et des jetons (un jeton pour chaque personne).*
2 *Avant de commencer, il faut faire un six.*
3 *Suivez les instructions. Il faut essayer d'arriver au bord de la mer avant les autres joueurs.*

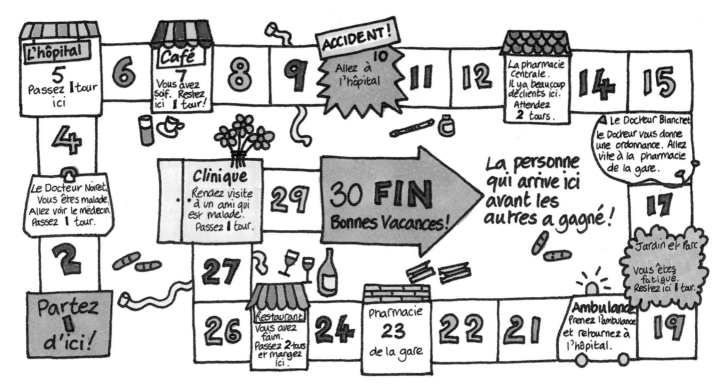

L'hôpital 5	Passez 1 tour ici
6	
Café 7	Vous avez soif. Restez ici 1 tour!
8	
9	
ACCIDENT! 10	Allez à l'hôpital
11	
12	
La pharmacie Centrale. Il y a beaucoup de clients ici. Attendez 2 tours.	
14	
15	
4	
3 Le Docteur Noiret. Vous êtes malade. Allez voir le médecin. Passez 1 tour.	
Le Docteur Blanchet: le Docteur vous donne une ordonnance. Allez vite à la pharmacie de la gare.	
17	
Clinique. Rendez visite à un ami qui est malade! Passez 1 tour.	
29	
30 FIN Bonnes Vacances!	
La personne qui arrive ici avant les autres a gagné!	
Jardin et Parc. Vous êtes fatigué. Restez ici 1 tour.	
2	
27	
Partez 1 d'ici!	
26	
Restaurant. Vous avez faim. Passez 2 tours et mangez ici.	
24	
Pharmacie 23 de la gare	
22	
21	
Ambulance. Prenez l'ambulance et retournez à l'hôpital.	
19	

Invente un jeu toi-même.

1 *Dessine un plan.*
2 *Dessine des pharmacies, des enseignes de docteur, des cafés, un hôpital etc.*
3 *Ecris des instructions dans les cases.*

Des mots pour t'aider un peu:

Avancez   Reculez   Attendez   Restez   Passez deux tours   Allez   Retournez   Prenez un taxi

A la pharmacie

Lis le texte. Combien de différences peux-tu trouver entre une pharmacie en France et une dans ta région?

Voici une pharmacie en France.

Michèle Leclerc travaille dans cette pharmacie. Cette cliente cherche quelque chose contre les coups de soleil.

Dans chaque région et dans chaque ville, il y a toujours un pharmacien de garde.

HEURES D'OUVERTURE
Lundi de Garde
14h à 19h30
Mardi au Vendredi
9h à 12h15 - 14h à 19h30
Samedi 9h à 19h

A la pharmacie, on peut acheter des médicaments, des crèmes, du dentifrice, du savon etc.
D'habitude, on n'achète pas de pellicules pour les appareils-photos chez le pharmacien. Pour ça, on va chez le photographe.
Et on n'achète pas souvent du parfum et du maquillage ici. Pour ça, on va à la parfumerie.

Ici, on achète tout ça!

A

E

B

C

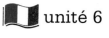
D Litoxol

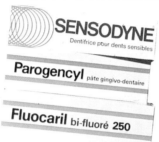
F

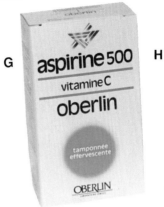
G

H

J

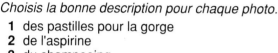
I tricoblanc

K Fluocaril

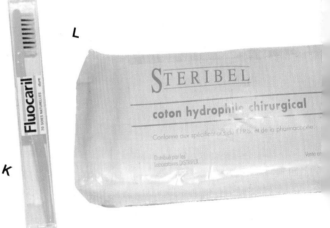
L STERIBEL

Choisis la bonne description pour chaque photo.

1 des pastilles pour la gorge
2 de l'aspirine
3 du shampooing
4 une crème contre les piqûres d'insectes
5 un tube de dentifrice
6 du coton
7 une brosse à dents
8 du sparadrap
9 une crème solaire
10 du sirop pour la toux
11 du savon
12 quelque chose pour le mal de ventre

Qu'est-ce qu'on achète?

Ecoute la cassette.
Six clients achètent quelque chose à la pharmacie.
Qu'est-ce qu'ils achètent?
Exemple: Numéro 1 achète des pastilles pour la gorge.

Qu'est-ce que c'est?

Lis ces définitions. Qu'est-ce que c'est?

Exemple: 1 C'est le dentifrice.

Voici des 'clés' pour t'aider:

1 On le met sur une brosse à dents.

2 On le prend quand on a mal à la tête.

3 On les prend quand on a mal à la gorge.

4 On met le dentifrice sur cet objet.

5 Le médecin te donne cela et tu la portes à la pharmacie.

6 On la met pour se protéger contre les piqûres d'insectes.

Maintenant, va à la pharmacie toi-même!

Voici tes problèmes – qu'est-ce que tu vas dire?

1 Tu as mal au ventre.
2 Ton frère a des piqûres d'insectes.
3 Ta sœur a un rhume.
4 Tu as oublié ta brosse à dents.
5 Ta copine a passé toute la journée au soleil.
6 Tu n'as plus de savon.
7 Ta mère voudrait de l'aspirine pour son mal de tête.
8 Tu veux te laver les cheveux.
9 Ton frère a mal à la gorge.
10 Tu veux acheter des lunettes de soleil pour ton copain.

Des expressions pour t'aider:

Je voudrais Avez-vous	quelque chose contre	les piqûres d'insectes les coups de soleil le mal de ventre
Donnez-moi	un tube de crème solaire une boîte de pastilles pour la gorge une bouteille de sirop pour la toux	

Choisis la bonne réponse

1 Louis Laloupe téléphone à la police. Pourquoi?
2 Les agents attendent à la banque à trois heures. Pourquoi?
3 Louis Laloupe n'est pas à la Banque de France. Pourquoi?
4 Louis Laloupe prend un taxi. Pourquoi?
5 Louis Laloupe n'a pas de succès. Pourquoi ?
6 Les hommes du service de sécurité vont à l'aéroport. Pourquoi?

A Parce qu'ils vont mettre l'argent dans l'avion de 15h30.
B Parce que les voleurs vont à l'aéroport.
C Parce que ce ne sont pas des voleurs.
D Parce qu'on va voler de l'argent.
E Parce que les voleurs vont arriver à trois heures.
F Parce qu'il attend à l'autre banque, du Crédit Lyonnais.

Une question importante

Pourquoi est-ce qu'on va à l'école?

Voici des réponses possibles. Choisis les trois réponses que tu préfères et fais une petite liste en ordre de préférence. Compare tes choix avec les choix de tes copains.

parce que c'est la loi
parce que les parents travaillent
parce qu'il y a beaucoup de choses à apprendre
parce qu'il faut passer des examens
parce que c'est ennuyeux à la maison
parce qu'il faut trouver un emploi après
parce que c'est amusant à l'école
parce qu'on peut parler à ses amis
parce que le déjeuner à l'école est délicieux!
parce que les cours sont souvent intéressants
(une autre réponse inventée par toi)

En France

Tes amis français te posent ces questions. Suis les lignes pour trouver tes réponses.

1 Pourquoi ne manges-tu pas?
2 Pourquoi veux-tu aller en ville?
3 Pourquoi veux-tu voir le médecin?
4 Pourquoi ne prends-tu pas de poulet rôti?
5 Pourquoi ne bois-tu pas ton jus de fruit?
6 Pourquoi veux-tu téléphoner à ta mère?

Parce que je voudrais acheter des cartes postales.
Parce que j'ai mal à la gorge et aux oreilles.
Parce que je regrette, mais je n'aime pas beaucoup cela.
Parce que c'est son anniversaire aujourd'hui.
Parce que je suis végétarien(ne).
Parce que je suis allergique aux oranges.

La chasse aux réponses

As-tu une bonne mémoire?

Les réponses à toutes ces questions sont dans cette Unité. Peux-tu répondre de mémoire?
Sinon, cherche les réponses dans les autres pages.
Exemple: 1 Parce qu'il a mal à l'œil droit.

1 Un joueur de rugby qui s'appelle Maxime va voir le médecin. Pourquoi? (page 85)
2 Jeanine Dupont ne va pas à l'école jeudi matin. Pourquoi? (page 86)
3 Une fille qui s'appelle Christiane écrit au journal. Pourquoi? (page 89)
4 La famille Durand va chez le médecin. Pourquoi? (page 140)
5 Le docteur Lemont prend son déjeuner très vite. Pourquoi? (page 90)

6 Jean Lemont ne veut pas être médecin. Pourquoi? (page 90)
7 Il ne faut pas aller chez le médecin sans argent, en France. Pourquoi? (page 91)
8 Tim veut voir le médecin. Pourquoi? (page 92)
9 Il ne faut pas commencer à fumer. Pourquoi? (page 93)
10 Virginie ne veut pas de coca. Pourquoi? (page 87)

Maintenant, regarde la solution à la page 141. Attention!
Il y a quelquefois deux ou trois réponses possibles!

Sommaire

Now you can
say that you feel ill and and explain what's wrong

Je suis malade	I am ill
Je ne peux pas dormir	I can't sleep
J'ai mal à la *tête	I have a *headache/ my head hurts
Il/elle a mal aux oreilles etc.	S/he has earache etc.

(*use a similar pattern for other parts of the body)

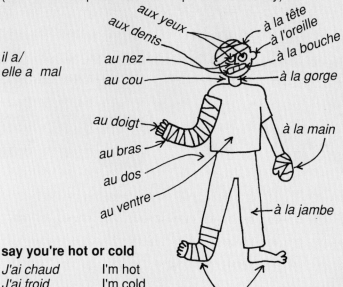

il a/ elle a mal — aux yeux, aux dents, au nez, au cou, au doigt, au bras, au dos, au ventre, aux pieds, à la tête, à l'oreille, à la bouche, à la gorge, à la main, à la jambe

say you're hot or cold

J'ai chaud	I'm hot
J'ai froid	I'm cold

say you're hungry or thirsty

J'ai faim	I'm hungry
J'ai soif	I'm thirsty

or have a temperature:

J'ai de la fièvre	I have a temperature

arrange to see the doctor in France

Je voudrais un rendez-vous, s'il vous plaît
I'd like an appointment please

understand what the doctor asks you ...

Qu'est-ce qui ne va pas?	What's wrong?
Ça vous fait mal là?	Does it hurt you there?

... and what he tells you to do

Ouvrez la bouche!	Open your mouth
Restez au lit!	Stay in bed
Demandez un autre rendez-vous!	Ask for another appointment
Venez me voir!	Come and see me
Allez à la pharmacie!	Go to the chemist's

He might also say

Voici une ordonnance	Here's a prescription
Ce n'est pas grave	It's not serious

and you can ask

Je vous dois combien?	How much do I owe you?
Est-ce que je peux avoir un reçu?	May I have a receipt?

use the verb dormir (to sleep)

je	dors	nous	dormons
tu	dors	vous	dormez
il/elle/on	dort	il/elles	dorment

tell other people what to do

(tu) Va au café à trois heures!
Go to the café at three o'clock
(vous) Venez à la maison ce soir!
Come to our house this evening
(See also pages 88, 89, 93 and 94)

... or what not to do

(tu) Ne regarde pas ce film!
(vous) N'achetez pas ce disque!

buy things at the chemist's

Je voudrais quelque chose contre ...
I should like something for
Avez-vous quelque chose contre ...
Have you got something for

... les pîqures d'insectes	insect bites
... les coups de soleil ...?	sunstroke

give reasons, when asked why

Pourquoi est-ce que tu ne viens pas ce soir?
Why aren't you coming this evening?
Parce que j'ai mal à la tête Because I've got a headache

Unité

7

Qu'est-ce que tu prends?

In this unit you will learn how to ...

- buy drinks in a café
- understand the difference between the present and the past tense
- buy snacks, ice creams and food for a picnic
- talk about a simple menu
- order a meal in a restaurant
- say what has happened or what you have done (using the perfect tense)

You will also learn about cafés and restaurants in France

Les cafés en France

Pendant leur séjour en France, les jeunes Canadiens ont fait un dossier sur la vie en France. Jean-Michel et Julien ont préparé ce dossier sur les cafés. Ecoute la cassette. Ils parlent des cafés et de leurs boissons préférées. Quelles sont les deux boissons préférées de Jean-Michel et de Julien?

Maintenant lis les textes et fais l'activité en bas.

Les cafés sont ouverts toute la journée. Souvent, il y a des tables et des chaises sur le trottoir devant le café – c'est la terrasse.

1

2

Le garçon ou la serveuse sert les clients qui sont dans la salle ou en terrasse.

Il y a toutes sortes de boissons: des boissons non-alcoolisées, comme l'Orangina, le jus de fruit et la limonade,

3   4   5

6   7   8

des boissons alcoolisées, par exemple, le vin, la bière et le cidre,

et des boissons chaudes, comme le café, le thé et le chocolat.

9

10

11

Si on veut prendre de l'eau minérale, on peut choisir entre gazeuse et non-gazeuse.

12   13

Voici une menthe à l'eau. C'est une boisson non-alcoolisée, faite avec du sirop de menthe et de l'eau. C'est très rafraîchissant.

14

Et voilà un citron pressé, fait avec du citron, du sucre et de l'eau.

15

Souvent, on vend aussi des choses à manger, comme par exemple des sandwichs, des hot-dogs et des frites.

16

17

18

Voici un croque-monsieur, fait avec du jambon, du fromage et du pain. C'est très bon.

19

Les Français vont au café pour s'amuser, pour rencontrer des amis, pour lire le journal, pour jouer aux cartes. Tout le monde – enfants et adultes – peut aller au café.

20

Vrai ou faux?

1 Les cafés sont fermés l'après-midi.
2 Souvent, il y a des tables et des chaises sur le trottoir devant le café.
3 On ne peut pas boire de boissons chaudes au café.
4 Le vin est une boisson alcoolisée.
5 Une menthe à l'eau est une boisson non-alcoolisée.
6 Un citron pressé est fait avec du melon, du sucre et de l'eau.
7 Un croque-monsieur est fait avec du poisson, du fromage et du pain.
8 Les enfants qui ont moins de seize ans ne peuvent pas aller au café.

Chasse à l'intrus

Quel mot ne va pas avec les autres?

1 café, thé, coca, chocolat
2 sandwich, croque-monsieur, hot dog, frites
3 bière, jus de fruit, vin, cidre
4 vin blanc, Orangina, limonade, eau minérale
5 jus d'orange, citron pressé, menthe à l'eau, limonade

Qu'est-ce qu'on prend?

Ecoute la cassette. Des clients au café commandent des boissons qui sont illustrées sur ces pages. Ecoute bien et écris le numéro de l'image qui correspond.
Exemple: 1 – 9

On va au café?

Ces jeunes vont au café pour fêter l'anniversaire de Paul. Écoute la cassette et lis le texte, puis fais l'activité en bas.

Jean-Pierre:	Salut Paul. Bon anniversaire! C'est bien aujourd'hui, non?
Paul:	Bien sûr. Merci, Jean-Pierre. Tu viens au café? Et vous aussi, Marc et Nicole? On va au café de la Poste. J'ai déjà invité Marie et son amie Claire. On y va?

Les copains arrivent au café

Paul:	Bon. Qu'est-ce que tu prends, Claire?
Claire:	Je voudrais un jus de fruit, s'il te plaît, Paul, un jus d'orange.
Paul:	Très bien. Et pour toi, Nicole?
Nicole:	Pour moi, un coca. J'ai soif aujourd'hui.
Paul:	Alors un jus d'orange, un coca. Et toi, Marie, qu'est-ce que tu prends?
Marie:	Un chocolat chaud, s'il te plaît.
Paul:	Bien, et pour toi, Jean-Pierre?
Jean-Pierre:	Pour moi, une limonade, s'il te plaît.
Paul:	Bon! Une limonade pour Jean-Pierre, et un café crème pour moi, et c'est tout?
Marc:	Et moi?
Paul:	Oh, pardon, Marc. Qu'est-ce que tu veux?
Marc:	Un Orangina, s'il te plaît.
Le garçon:	Alors ... un jus d'orange, un coca, un chocolat chaud, une limonade, un café-crème et un Orangina, c'est tout?
Paul:	Oui, merci, c'est tout.

C'est pour qui?

Exemple: 1 Le jus d'orange, c'est pour Claire.

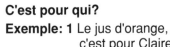

Tarif des consommations

	prix		prix
café express	7,50	vin rouge	6,50
café crème	10,00	vin blanc	6,50
thé	8,00	bière – demi	8,50
thé citron	9,00	– bouteille	10,00
lait	8,50	cidre	8,50
chocolat	9,50	champagne	18,00
Coca Cola	10,50	whisky	20,00
limonade	7,00		
Orangina	11,00		
jus de fruit	12,00		
citron pressé	16,50		
eau minérale	7,50		

Des boissons par catégories

Trouve trois boissons pour chaque catégorie. Pour t'aider, regarde le Tarif des consommations.

1 des boissons chaudes
2 des boissons non-alcoolisées
3 des boissons alcoolisées
4 des boissons gazeuses
5 des boissons non-gazeuses

Qu'est-ce que vous prenez?

Commande quelque chose de différent pour six personnes.
Exemple: Pour Sophie, un citron pressé.

Pour ma mère	une bière	
Pour mon père	un café crème	
Pour moi	un thé citron	
Pour Madame	un orangina	
Pour Monsieur	un citron pressé	s'il vous plaît
Pour + (nom)	un coca cola	
Je voudrais	un verre de lait	
(Nom) prend	un chocolat chaud	

chantez

1 Bien, Messieurs, Mesdemoiselles,
Que désirez-vous?

Mon frère va prendre une menthe à l'eau,
Et pour moi un chocolat chaud.
Mais monsieur, je suis désolée,
Paul et Marc et Anne et Claire
N'ont pas encore décidé.

2 ...
Paul désire un verre de lait,
Mon frère va prendre une menthe à l'eau,
Et pour moi un chocolat chaud.
Mais monsieur, je suis désolée,
• • Marc et Anne et Claire
N'ont pas encore décidé.

3 ...
Marc voudrait un Orangina,
Paul désire un verre de lait,
Mon frère va prendre une menthe à l'eau,
Et pour moi un chocolat chaud.
Mais monsieur, je suis désolée,
• • • • Anne et Claire
N'ont pas encore décidé.

4 ...
Anne prend un citron pressé,
Marc voudrait un Orangina,
Paul désire un verre de lait,
Mon frère va prendre une menthe à l'eau,
Et pour moi un chocolat chaud.
Mais monsieur, je suis désolée,
• • • • • Claire
N'a pas encore décidé.

5 ...
Claire a choisi un coca,
Anne prend un citron pressé,
Marc voudrait un Orangina,
Paul désire un verre de lait,
Mon frère va prendre une menthe à l'eau,
Et pour moi un chocolat chaud.
• • • • • •
Tout le monde a décidé!

6 Bien, Messieurs, Mesdemoiselles,
Vous mangez quelque chose?

Mon frère prend une portion de frites,
Et pour moi une tranche de quiche.
Mais monsieur, je suis désolée ...

Ne dites rien, déjà j'ai deviné.
Paul et Marc et Anne et Claire
N'ont pas encore décidé.

L'addition, s'il vous plaît

A toi de calculer combien il faut payer à chaque fois.
Si c'est marqué 'prix net' ou 'service compris', on paie la somme indiquée.
Si c'est marqué 'service non compris', on ajoute environ 15% à la somme indiquée.

1

LE MARIGNY
BAR TABAC

10F

SERVICE NON COMPRIS
à l'appréciation de la clientèle

2

Café Crêperie
LE MOKA BAR
rue Thiers

9F·50

service compris

3

LA CAFETERIA
26 quai Duperré

6F·50

MERCI
SERVICE ET TAXES
COMPRIS

4

**BAR DE
L'HOTEL DE VILLE**

18F

SERVICE
NON COMPRIS
MERCI

5

Café de la paix
rue Chaudrier

18F·30

PRIX NET

6

**BAR LE
MARECHAL**
rue Gambetta

24F

MERCI   SERVICE NON COMPRIS

Vous désirez?

Travaillez à deux. Lisez cette conversation, puis inventez des conversations différentes.

Garçon:	Vous désirez?
Client(e):	Un Orangina, s'il vous plaît, et un chocolat.
Garçon:	Un Orangina, un chocolat. Bien.
Client(e):	Et où sont les toilettes, s'il vous plaît?
Garçon:	C'est au sous-sol.
Client(e):	Merci, Monsieur.

* * *

Client(e):	Monsieur! L'addition, s'il vous plaît.
Garçon:	J'arrive.
Client(e):	Le service est compris?
Garçon:	Oui, tout est compris.
Client(e):	Ah bon. Voilà, Monsieur.

un Orangina
un chocolat chaud
un café-crème
un thé au citron
un verre de lait
un jus de fruit
une menthe à l'eau

où sont les toilettes?
avez-vous le téléphone?

Oui, tout est compris.
Non, le service n'est pas compris.

Dessine une publicité

Lis cette publicité.

le chocolat d'or... ...j'adore!

la boisson des rêves
JOCA REVOLA
la boisson des jeunes

POUR VOTRE SANTÉ BUVEZ DE L'EAU MINÉRALE AU MOINS 2 LITRES PAR JOUR

Maintenant, à toi de dessiner une publicité pour une boisson.
1 *Choisis (ou invente) une boisson.*
2 *Dessine une publicité (avec une petite chanson aussi, si possible!)*

Voici des expressions pour t'aider:

C'est fabuleux/fantastique/
délicieux/hypercool/
rafraîchissant/extra!

C'est bon pour la santé/
le travail/les fêtes.

C'est une boisson pour
les jeunes/toute la famille/
les vedettes/les athlètes/
tout le monde.

Moi, j'aime bien ça! C'est
ma boisson préférée!

Une lettre de Philippe

Philippe Dhomé, un garçon qui habite à La Rochelle, écrit à son correspondant anglais. Lis sa lettre, puis trouve les erreurs dans le résumé.

La Rochelle, le 18 mars

Cher Michael,

J'ai passé de très bonnes vacances à la montagne. J'ai aimé le ski, mais il a neigé tous les jours.

Le dernier jour des vacances, nous avons organisé une petite fête. Les garçons ont préparé un bon repas pour tout le monde. Pour commencer, nous avons mangé du melon, puis du steak et des frites, et, comme dessert, nous avons mangé des glaces. Après le repas, on a joué de la musique jusqu'à minuit! Puis, le lendemain, nous avons commencé le voyage du retour à sept heures du matin.

Et toi? Est-ce que tu as passé de bonnes vacances aussi? Dans ta prochaine lettre, raconte-moi tout ce que tu as fait.

A bientôt,

Philippe

Trouve les erreurs

A toi de trouver les dix erreurs dans ce résumé.

Exemple: 1 Philippe a passé de bonnes vacances à la montagne.

Philippe a passé de bonnes vacances au bord de la mer. Il a aimé la voile. Le dernier jour, les filles ont préparé le repas. Pour commencer, on a mangé du pâté, puis du poulet et des pâtes, et, comme dessert, on a mangé du gâteau. Après le repas, on a joué aux cartes. Le lendemain, on a commencé le voyage du retour à six heures du soir.

Dossier-langue

Talking about the past

Philippe is writing about the holidays **after** he has returned home. What do you notice about the verbs he uses?

*J'**ai aimé** le ski*
*Il **a neigé***
*Nous **avons organisé** une petite fête*
*On **a mangé***
*Est-ce que tu **as passé** de bonnes vacances?*
*Ils **ont organisé***

Solution: each verb is made up of two parts.

The verbs are in a **past** tense, because he is talking about things that have happened and are now over. The past tense that is used here is called the **perfect tense**.

To form the perfect tense, you always need two parts:

1 the present tense of **avoir** ('to have') This is called the **auxiliary** (or helping) verb.
It 'helps' by showing who has done the action and that it has **already happened**.

2 a second part which completes the information This part is called the **past participle**.
To say what happened, you need **both parts**.

Here are all the parts of the verb **commander** in the perfect tense:

j'	ai commandé		nous	avons	commandé
tu	as commandé		vous	avez	commandé
Jean/il/on	a commandé		les enfants/ils	ont	commandé
Karine/elle	a commandé		les filles/elles	ont	commandé

So watch out for the perfect tense: when you see that the verb in a sentence is in **two** parts, look to see if it refers to the **past**.

Remember this as you do the **Mangetout** puzzle below.

Mangetout adore le poisson

Trouve la bonne description de chaque image.

A La dame chasse Mangetout dans le jardin. **B** La dame a chassé Mangetout dans le jardin. **C** La dame prépare le repas.
D La dame a préparé le repas. **E** Mangetout a trouvé une fenêtre ouverte. **F** Mangetout cherche une fenêtre ouverte.
G Mangetout a mangé le poisson. **H** Mangetout mange le poisson.

Samedi dernier

Ecoute la cassette. On parle de ce qu'on a fait samedi dernier.
Trouve la bonne image pour chaque personne. Il y a une image en trop. C'est laquelle?
Exemple: 1 D

Dossier-langue

More about the past

Reminder about the perfect tense:

1 It refers to the past.
2 It always has two parts,
   i.e. part of the verb **avoir** + the **past participle**
   e.g.   j'ai   dansé

Can you work out how the past participle of regular -er verbs is formed?

Solution

To form the past participle of a regular -er verb, you remove the final -r of the infinitive and add an accent to the last -e to make it -é
e.g. manger mangé commander commandé

How many different ones can you find on page 102?
Look out for some more in **Le jeu des dés** below.

Le jeu des dés

Jette trois dés et lis (ou écris) la phrase qui correspond aux numéros.
Exemple: 6, 2, 1 – Ils ont mangé l'ordinateur.

1 J'ai	1 oublié	1 l'ordinateur
2 Tu as	2 mangé	2 la souris
3 On a	3 trouvé	3 des copains
4 Nous avons	4 gagné	4 des pizzas
5 Vous avez	5 joué avec	5 la télévision
6 Ils ont	6 regardé	6 la calculatrice

Un après-midi en ville

Jane, une jeune Irlandaise, passe un mois chez Madame Verbier. Complète sa conversation avec les mots dans la case.

– Qu'est-ce que tu as fait cet après-midi, Jane?
– D'abord, j'ai ... le château.
– Ah oui, il est beau le château, n'est-ce pas? Tu as passé tout l'après-midi au château?
– Non, j'ai ... le château à 3h30.
– Et ensuite?
– J'ai ... de l'argent à la banque.
– Et tu as regardé les magasins?
– Oui, j'ai ... les magasins et les boutiques.
– Tu as acheté quelque chose?
– Oui, j'ai ... une glace. J'ai ... du chocolat et j'ai ... des fleurs. Voilà des cadeaux pour vous.
– Oh merci, Jane, c'est très gentil.

changé regardé acheté
visité quitté

Regarde les images, puis mets-les dans le bon ordre.
Exemple: 1 C

Ton après-midi

Tu as fait trois activités différentes en ville cet après-midi. Qu'est-ce que tu as fait? Ecris ta réponse dans ton cahier.

A la charcuterie

Lis cette publicité pour les charcuteries et les traiteurs en France. Puis mets le bon texte à chaque image.

Il fait beau. Vous avez faim? Vous voulez faire un pique-nique, mais vous n'avez rien à manger? Alors, allez à la charcuterie, où on trouve de bonnes petites choses.

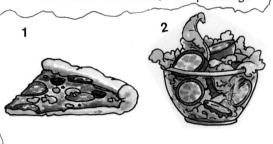

1

2

3

4

5

6

du jambon
des crêpes
du pâté
des salades
des pizzas
des quiches

Nos spécialités

Sandwichs variés	15F
Croque-Monsieur	12F
Pizza	14F
Hot dog	14F
Saucisse grillée	12F50
Omelette	16F
Frites	10F
Crêpe	15F50
Gaufre	11F
Glace	10F

un sandwich
au jambon
au fromage
au pâté
au saucisson

Qu'est-ce qu'il y a à manger?

Regarde la liste des spécialités et écoute la cassette. Tu travailles au café, où on commande des choses à manger. Fais une liste des commandes.

 ## Des provisions pour un pique-nique

Jean, Marc et Sylvie organisent un pique-nique. Voici leur liste de provisions à acheter.

des tomates
1 concombre
3 quiches
des chips
des pommes
du pain
du pâté
de la limonade
de l'Orangina

Ecoute la cassette. On a acheté beaucoup de choses, mais on a oublié deux choses. Qu'est-ce qu'on a oublié?

A toi de commander

Regarde la liste des spécialités et commande quelque chose à manger pour ces personnes.
Exemple: 1 Pour Luc, une omelette.
1 Luc est végétarien.
2 Sophie n'aime pas le fromage.
3 Christophe adore le fromage et le jambon.
4 Marie ne veut pas de sandwich, mais elle aime les choses sucrées.
5 Jean-Michel a faim. Il veut trois sandwichs différents.
6 Et toi? Qu'est-ce que tu prends?

Qu'est-ce qu'ils ont commandé ?

Exemple: 1 Marc a commandé un sandwich au fromage.

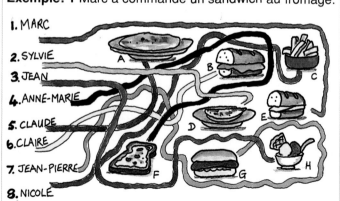

1. MARC
2. SYLVIE
3. JEAN
4. ANNE-MARIE
5. CLAUDE
6. CLAIRE
7. JEAN-PIERRE
8. NICOLE

A
B
C
D
E
F
G
H

Et combien ont-ils payé?

Regarde la liste des spécialités. Combien est-ce que ces personnes ont payé?
Exemple: 1 Marc a payé 15F.

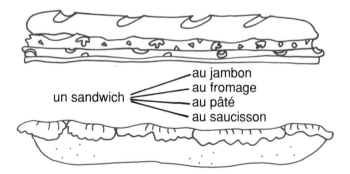

On vend des glaces

Il fait chaud et le marchand de glaces a beaucoup de clients. Quel est le parfum le plus populaire? Ecoute la cassette pour le découvrir.

Tu veux une glace?

Travaillez à deux. Lisez cette conversation, puis changez les parfums de glace.

– Tiens, on vend des glaces là-bas. Tu veux une glace?
– Oui, je veux bien.
– Quel parfum?
– Je voudrais une glace ... à la fraise. Non, au citron. Non, non, à l'orange.
– Voilà une glace à l'orange pour toi. Et pour moi, une glace au chocolat.
– Oh zut! Moi aussi, je préfère le chocolat.

Les parfums

une glace	au	café caramel cassis chocolat citron
	à la	banane cerise fraise framboise menthe noisette pistache poire vanille
	à l'	abricot ananas orange
	aux	fruits exotiques

Le sandwich surprise

Voici les détails d'un concours organisé par une station de radio.
1 *Qu'est-ce qu'il faut faire?*
2 *Qu'est-ce qu'on peut gagner?*

Voilà une sélection de sandwichs surprises. Quel sandwich préfères-tu?

C'est la saison des pique-niques. Inventez ... un sandwich surprise!
Envoyez vos idées à Sandwich surprise, Europe Numéro 1 avant la fin du mois. Le lundi de Pâques, écoutez les résultats à 18h à la radio. 100 CD à gagner!

Voici mon sandwich-surprise. Mettez une tranche de jambon, puis une tranche de fromage, puis un morceau d'oignon, du sel et du poivre – voilà, c'est délicieux!
Claudette Bernard, Paris

Le sandwich surprise idéal! – Voilà mon idée. J'ai coupé en petits morceaux deux or trois radis, deux ou trois champignons et du pâté. J'ai ajouté du sel et du poivre et j'ai mélangé ça avec de la mayonnaise. C'est excellent! Mon père en a mangé trois!
Paul Dubois
LA ROCHELLE

Un sandwich surprise un peu spécial – D'abord mettez du beurre et de la confiture d'oranges sur votre pain. Puis ajoutez des sardines, et des chips – c'est un peu spécial, mais c'est délicieux! J'ai mangé un de ces sandwichs moi-même, mais mon chien en a mangé trois!
Jean-Pierre Léon, Dieppe

Le sandwich surprise salade de fruits

Ne mettez pas de beurre sur votre pain, mais mettez un peu de crème fraîche. Puis ajoutez trois tranches de banane, une tranche de poire ou de melon, une tranche de poire ou de pomme, puis deux ou trois fraises si possible. Ajoutez un peu de sucre et voilà! Ma mère adore ce sandwich, et mes amies aussi.
Gisèle Leblanc, Nice

Maintenant, pour savoir qui a gagné, écoute les résultats!

105

Les sandwichs de M. Corot

Ecoute la cassette et regarde les images. Puis lis les textes et mets-les dans le bon ordre.

Exemple: 1 C

Ensuite, écoute la cassette encore une fois pour vérifier.

A Mardi matin à 8h15, Mme Corot a amené son mari à la gare en voiture, puis elle a continué le voyage à son bureau.

B Elle a téléphoné tout de suite à son mari:
   – Chéri, ne mange pas tes sandwichs. Minou a mangé des sardines hier soir, et maintenant il est très malade.
   – Mais ... j'ai déjà mangé mes sardines – trois sandwichs aux sardines. Qu'est-ce je vais faire?
   – Téléphone immédiatement au médecin!

C Lundi soir, les Corot ont préparé des sandwichs pour mardi. Mme Corot a préparé des sandwichs au jambon et M. Corot a préparé des sandwichs aux sardines. Puis M. Corot a donné deux ou trois sardines au chat, Minou. Il adore ça et il a mangé les sardines tout de suite.

D Soudain, l'épicier a frappé à la porte.
   – Bonjour, Madame. Comment va votre chat aujourd'hui?
   – Il va beaucoup mieux, merci. Mais ...
   – Je suis désolé, Madame, mais hier matin, par erreur, j'ai laissé tomber une grosse bouteille de limonade et la bouteille a frappé votre chat très fort sur la tête.

E Finalement, elle a trouvé le chat dans le garage. Le chat était très malade.
   – Mais Minou, qu'est-ce qu'il y a? Tu as mangé quelque chose de mauvais?
   'Mon Dieu,' a pensé Mme Corot. 'Les sardines! Elles sont mauvaises, peut-être.'

F M. Corot a passé la nuit à l'hôpital. Il a bien dormi. Mercredi matin, Mme Corot a téléphoné à l'hôpital. M. Corot va très bien, alors il peut quitter l'hôpital.

G Le matin, pendant leur absence, l'épicier a apporté des provisions chez les Corot: des boîtes, des paquets, des bouteilles.

H M. Corot a téléphoné à son médecin. Le médecin a envoyé M. Corot directement à l'hôpital. A l'hôpital, ils ont décidé par précaution de garder M. Corot pour une nuit.

I A une heure, Mme Corot était à la maison. Elle a appelé le chat:
   – Minou, Minou, où es-tu? Tu n'as pas mangé ton petit déjeuner. Voilà ton lait. Viens, Minou!
   Elle a cherché le chat partout.

Au bureau de M. Corot

Mercredi, on pose beaucoup de questions à M. Corot. A toi de trouver les bonnes réponses.

Exemple: 1 D

1 Est-ce que tu as mangé à la cantine hier?
2 Qu'est-ce que tu as fait hier après-midi?
3 Qu'est-ce que le médecin a fait?
4 Où as-tu passé la nuit?
5 As-tu bien dormi à l'hôpital?
6 Le chat, a-t-il mangé de mauvaises sardines?

A Non, le chat n'a pas mangé de mauvaises sardines.
B Il m'a envoyé à l'hôpital.
C Oui, j'ai très bien dormi.
D Non, j'ai mangé mes sandwichs aux sardines.
E J'ai passé la nuit à l'hôpital.
F Hier après-midi, j'ai vu le médecin.

Dossier-langue

Asking questions in the perfect tense

To ask a question in the perfect tense you can

- add *Est-ce que* to the beginning of the sentence:
  Est-ce que tu as mangé à la cantine hier?
- add a different question word:
  (what?) ***Qu'est-ce que*** *tu as fait hier?*
  (who?) ***Qui*** *a mangé des sandwichs aux sardines?*
  (where?) ***Où est-ce que*** *Mme Corot a trouvé le chat?*
- make the sentence sound like a question by changing the tone of your voice:
  Tu as fini?

You can also

- turn the auxiliary verb round, and add a hyphen (-):
  As-tu bien dormi?
  Le chat, a-t-il mangé de mauvaises sardines?

Notice that when you turn round

| *il a* | it becomes | *a-t-il ... ?* |
| *elle a* | | *a-t-elle ... ?* |

Don't forget to add the extra *-t-*. It makes it easier to say.

Quelle est la question?

A toi de refaire ces questions.
Exemple: 1 Qui a travaillé sur l'ordinateur lundi dernier?

1. (lundi dernier) (Qui a) (sur l'ordinateur) (travaillé) ?

2. (Qu'est-ce que) (samedi) (fait) (vous avez) ?

3. (mangé) (le chat a) (à midi) (Qu'est-ce que) ?

4. (as-tu) (tes vacances) (Où) (cet été) (passé) ?

5. (vous avez) (Est-ce que) (le match) (gagné) (hier) ?

6. (Qui a) (à la télé) (regardé) (hier soir) (le film) ?

7. (acheté) (ils ont) (Qu'est-ce qu') (aux magasins) ?

8. (Pourquoi) (ça) (demandé) (a-t-elle) ?

C'est toi, l'interviewer

Tu as interviewé un nouveau chanteur. Voilà ses réponses. Qu'est-ce que tu as posé comme questions?
Exemple: Avez-vous visité l'Irlande?

1. Oui, j'ai visité l'Irlande en janvier.
2. Oui, j'ai chanté à Edimbourg en mars.
3. Non, je n'ai pas visité l'Amérique.
4. Non, je n'ai pas chanté à Cardiff.
5. J'ai chanté en public pour la première fois à l'âge de neuf ans.
6. J'ai décidé de vivre à Paris parce que j'adore les grandes villes.

Dossier-langue

Can you work out how to say that something **did not** happen or that you **haven't** done something? Look at these examples:

Je n'ai pas visité l'Amérique.
Tu n'as pas mangé ton petit déjeuner.
Le chat n'a pas mangé de mauvaises sardines.

Solution: You put *ne/n'* and *pas* around the auxiliary verb (part of *avoir*) and add the past participle afterwards.

On n'a pas fait ça!

Mets les questions et réponses ensemble.
Exemple: 1 D

1. As-tu regardé le film à la télé, hier soir?
2. Avez-vous acheté des champignons?
3. René, a-t-il aimé le livre d'histoire?
4. Est-ce que Brigitte et Karine ont joué au tennis?
5. Est-ce qu'il a neigé pendant vos vacances de ski?

A. Ah non, je n'ai pas acheté de champignons.
B. Non, il n'a pas neigé.
C. Non, elles n'ont pas joué.
D. Non, je n'ai pas regardé le film.
E. Non, il n'a pas beaucoup aimé le livre.

Oui? Non? Attention!

Travaillez à deux. Chacun à son tour doit poser cinq questions à l'autre personne. L'autre personne doit répondre avec des phrases vraies ou fausses sans dire les mots 'oui' et 'non'.
Voilà des idées:

Où as-tu passé tes vacances?
As-tu passé tes vacances à Paris?
As-tu visité la Tour Eiffel?
Qu'est-ce que tu as fait hier?
As-tu regardé la télévision?
Qu'est-ce que tu as mangé à midi?
As-tu aimé ça?
Est-ce que tu as joué au tennis samedi?
Qu'est-ce que tu as acheté dans les magasins?
Est-ce que tu as acheté un ordinateur?

Les idées de menus

Hors d'œuvre
du melon
des sardines
de la salade
de tomates
du pâté
du potage

Plats principaux
du steak
du poulet
une omelette
une pizza du poisson

Légumes
des frites
des carottes
des haricots verts
des petits pois
des champignons
du chou-fleur

Salades
de la salade verte
de la salade mixte

Desserts
des fruits
des glaces
des yaourts
un gâteau
une mousse au chocolat
de la crème caramel

Boissons
de la limonade
du jus de fruit
du coca
de l'orangina
de l'eau minérale

Qu'est-ce qu'on mange ce soir?

Stéphanie et son frère Fabrice adorent faire la cuisine. Alors, ils ont invité deux copains à dîner à la maison. Ils veulent préparer un vrai repas avec un hors d'œuvre, un plat principal, des légumes et un dessert. Ils ont demandé à chacun de leurs amis de faire une liste des choses qu'ils aiment et qu'ils n'aiment pas. Voici les deux listes.

Pascaline
J'adore . . . . les poires, les frites
J'aime . . . . le steak, les tomates
Je n'aime pas beaucoup.. le poisson, le melon, le coca
Je déteste . . . . le chou-fleur

Gérard
J'adore . . . . le poisson
J'aime . . . . tous les fruits et légumes
Je n'aime pas . . . . . les glaces, les boissons gazeuses
Je ne mange pas... de viande

Alors, qu'est-ce qu'ils vont préparer, les jeunes chefs?
Regarde **Les idées des menus** *et les deux listes.*
Qu'est-ce qu'on va choisir...
  comme hors d'œuvre...
  comme plat principal...
  comme légumes...
  comme dessert ...
  comme boisson?

Tu as choisi le menu? Maintenant, écoute la cassette.
Qu'est-ce que Stéphanie et Fabrice ont choisi?

Menus au choix

Travaillez à deux. Regardez les idées de menus et écrivez individuellement, dans votre cahier, le menu pour un repas. Puis devinez le menu de votre partenaire, par exemple:

  Comme hors d'œuvre, est-ce que tu as choisi
  des sardines?

Votre partenaire répond uniquement par oui ou non. La première personne qui a deviné le menu de son/sa partenaire a gagné.

On a mangé à la cantine   Un jeu de logique

Ces cinq élèves ont mangé à la cantine aujourd'hui. Ils ont mangé des choses différentes et ils ont pris des boissons différentes. Copie la grille dans ton cahier et complète-la pour découvrir ce que chaque personne a choisi comme plat principal et comme boisson.

1 Marc n'aime pas la viande et il préfère un repas froid mais avec une boisson chaude.
2 Linda et Marie adorent le steak hâché.
3 Pierre est végétarien. Il n'aime pas le poisson et il n'aime pas la viande, mais il adore le lait.
4 Annette adore le poulet, comme Marie, mais aujourd'hui, elle a décidé de manger du poisson.
5 Annette et Linda préfèrent les boissons fruitées. Annette adore surtout la limonade.

	de l'omelette	du poisson	du steak hâché	du poulet	de la salade	de l'orangeade	de la limonade	du café	du coca	du lait
Exemple: Marc	X	X	X	X	✔	X	X	✔	X	X
Annette										
Linda										
Pierre										
Marie										

Quelle bulle?

Mets la bonne bulle à chaque image.

A Vous avez choisi, Madame?
B Il est huit heures, finis ton livre!
C Il a trop rempli l'aquarium.
D Je choisis des chocolats pour offrir.
E Il remplit l'aquarium pour les poissons rouges.
F Mais maman, je n'ai pas fini mon livre.

Dossier-langue

Perfect tense of -ir verbs

Choisir, *finir* and *remplir* are regular *-ir* verbs and form the perfect tense with *avoir*. Can you work out how to form the past participle of these verbs from the cartoon captions in *Quelle bulle?*

remplir	*il a rempli*
finir	*j'ai fini*
choisir	*vous avez choisi?*

Solution
To form the past participles of *-ir* verbs, just remove the *-r*

Vous avez choisi?

Travaillez à deux. Lisez cette conversation, puis remplacez les mots colorés pour inventer d'autres conversations. Pour vous aider, regardez **Les idées de menus** *et* **Le Perroquet Vert**.

Garçon/Serveuse:	Vous avez choisi?
Client(e):	Oui. On va prendre le menu à 70F. Alors, pour commencer, je vais prendre des crudités.
Garçon/Serveuse:	Oui, et comme plat principal?
Client(e):	Du poisson.
Garçon/Serveuse:	Et comme légumes?
Client(e):	Des pommes de terre sautées.
	***
Garçon/Serveuse:	Vous prenez un dessert?
Client(e):	Oui, qu'est-ce que vous avez comme glaces?
Garçon/Serveuse:	Vanille, fraise, poire, chocolat, café.
Client(e):	Bon, je voudrais une glace au café et au chocolat, s'il vous plaît.
	***
Client(e):	L'addition, s'il vous plaît.
Garçon/Serveuse:	Voilà.
Client(e):	Merci, Monsieur/Madame.

Maintenant, faites Activité 8 *à la page 143.*

Le Perroquet Vert

Les jeunes Canadiens vont bientôt rentrer au Canada. Avant leur départ, ils décident de manger tous ensemble au restaurant Le Perroquet Vert. Voilà le menu.

Le Perroquet Vert

Menu à 70F

Radis au beurre
Crudités
Assiette de charcuterie
Pâté maison
Salade de tomates

Coq au vin	Pommes de terre sautées
Steak garni	Pommes frites
Filet de poisson au beurre blanc	Chou-fleur
Côte de porc	Haricots verts
Plat du jour	Carottes

Glace 1 parfum (2 parfums ou plus avec supplément)
Mousse au chocolat
Crème caramel
Pêche melba
Fruits de saison

Prix nets
Boisson en supplément

On mange au restaurant

Qu'est-ce qu'on a choisi comme hors d'œuvre et plat principal?
Ecoute bien la cassette, puis complète les phrases.

1 Brigitte a choisi ... puis ...
2 René a choisi ... puis ...
3 Julien a choisi ... puis, comme plat principal, il a choisi ...
4 Florence est végétarienne. Alors elle a choisi ... , puis ...
5 Marie-Hélène a choisi ... , puis ...
6 Jean-Michel a choisi ... , puis ...
7 Comme boisson, ils ont commandé ...

C'est utile, le dictionnaire!

Qu'est-ce que ça veut dire?

1 potage du jour	**5** garni
2 pâté maison	**6** plateau de fromage
3 en supplément	**7** avec supplément
4 prix nets	**8** de saison

Louis Laloupe et le bandit du restaurant

Louis Laloupe a vu cet article dans le journal. Il a lu l'article avec grand intérêt.

Louis a décidé de chercher le bandit dans beaucoup de restaurants.

Malheureusement, il n'a pas trouvé le bandit, et il a perdu son chemin. Mais il a trouvé un café-restaurant splendide.

Louis Laloupe a mangé un sandwich, puis il a décidé de lire son journal.

Soudain, il a vu le bandit dans le restaurant.

Louis a décidé de se déguiser, mais le garçon de café a vu Louis et il a téléphoné à la police.

Dans le restaurant Louis a aussi mangé une grande glace. Le bandit a observé les personnes riches. Notre détective a attendu.

Deux personnes riches ont fini leur repas. Le bandit a préparé son attaque.

Louis Laloupe a décidé d'arrêter le bandit.

Mais la police a essayé d'arrêter Louis et le bandit a disparu.

Vrai ou faux?

Corrige les phrases qui sont fausses.

1 Louis Laloupe a lu un article dans le journal sur le bandit du restaurant.
2 Il a cherché le bandit dans beaucoup de cinémas.
3 Puis il a trouvé un café-restaurant splendide.
4 Il a mangé un croque-monsieur.
5 Il a lu un guide des restaurants.
6 Soudain, il a vu le bandit dans le restaurant.

7 Il a décidé de se déguiser.
8 Le garçon de café a vu Louis et il a téléphoné à l'hôpital.
9 Louis a mangé une tarte aux pommes.
10 Le bandit a observé deux personnes riches et a préparé son attaque.
11 Louis a décidé d'arrêter le garçon de café.
12 Mais la police a essayé d'arrêter Louis et le bandit a disparu.

Dossier-langue

Look at these verbs from the Louis Laloupe story:

il a perdu   *il a vu*   *il a attendu*
        il a lu   *le bandit a disparu*

1 Do they refer to the present or the past?
2 Are they in the present tense or the perfect tense?
3 What do all the past participles end with?

> **Solution: 1** They refer to the past.
> **2** They are in the perfect tense.
> **3** The past participles end in -*u*.

The verbs below are regular verbs ending in *-re*.
To make the past participle of an *-re* verb, replace *-re* with *-u*:

perd**re**	perd**u**	il a perdu
attend**re**	attend**u**	il a attendu
vend**re**	vend**u**	on a vendu
répond**re**	répond**u**	j'ai répondu
entend**re**	entend**u**	tu as entendu

Some irregular verbs also have a past participle that ends in *-u*, but you have to learn these separately. Here are some of the common ones:

boire	*bu*
courir	*couru*
disparaître	*disparu*
lire	*lu*
voir	*vu*

You have now learnt the main points about forming the perfect tense with *avoir*. However, some verbs have irregular past participles which you have to learn by heart. Here are some of the common ones:

apprendre	*appris*	*faire*	*fait*
avoir	*eu*	*mettre*	*mis*
comprendre	*compris*	*offrir*	*offert*
courir	*couru*	*ouvrir*	*ouvert*
dire	*dit*	*prendre*	*pris*
écrire	*écrit*	*recevoir*	*reçu*
être	*été*		

Irregular past participles are listed with the verbs in the verb table on pages 148 and 149.

Quelle journée!

Regarde les images et écoute la cassette. Claude parle de sa journée.

Maintenant, lis les textes et mets-les dans le bon ordre.

A Il a seulement pris une demi-heure pour déjeuner.
B Il a bien travaillé. Il n'a pas lu le journal. Il n'a pas bavardé avec ses collègues.
C Il a couru pour arriver à l'arrêt d'autobus. Il a attendu l'autobus pendant dix minutes.
D Alors, le chef a dit: Vous avez commencé votre travail avec trente minutes de retard et vous avez déjà fini. Je vois que vous n'avez pas assez de travail.

E Il a dormi jusqu'à huit heures.
F Au bureau, le chef n'était pas content. Claude a commencé son travail tout de suite.
G Il a fini son travail à quatre heures. Son chef a demandé: Avez-vous fini votre travail? Claude a répondu: Oui, j'ai tout fini.
H Ce matin, Claude n'a pas entendu son réveil.
I Il a vite bu un café.

Copains-copines

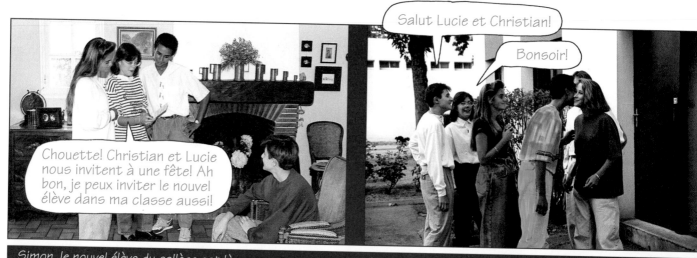

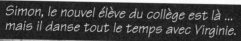

à suivre ...

Résumé

Complète le résumé de l'histoire.

On a reçu une invitation à ... chez Christian et Lucie. Roselyne a décidé d'inviter Simon, le nouvel ... de sa classe. A la fête, ... a dansé tout le temps avec Virginie. Abdoul était ... , mais il a parlé avec une autre ... qui s'appelle Roxane. Après quelque temps, Virgine a présenté Simon à Abdoul. Simon et Virginie sont ... A la fin, ... a dansé avec Virginie.

As-tu bien mangé?

*Travaillez à deux. Posez ces questions
à votre partenaire.*

1 Qu'est-ce que tu as mangé pour le
   petit-déjeuner ce matin?
2 Qu'est-ce que tu as pris comme
   boisson?
3 Qu'est-ce que tu as mangé hier soir?
4 As-tu aimé ça?
5 As-tu mangé un repas français?
   Si oui, qu'est-ce que tu as mangé?
6 Qu'est-ce que tu as mangé le jour de
   ton anniversaire?
7 Quel est ton repas préféré?

Fais des phrases

*Choisis quatre numéros entre un et six et fais une phrase.
Combien de phrases sérieuses peux-tu faire? Et des phrases idiotes?!*

Hier	j'ai	perdu	un gâteau
Hier matin	il a	vendu	des escargots
Hier soir	elle a	vu	la mousse au chocolat
Lundi dernier	on a	choisi	une quiche Lorraine
Vendredi soir	ils ont	pris	un CD
Samedi dernier	elles ont	fait	la Tour Eiffel

Sommaire

Now you can ...

buy drinks in a café

Qu'est-ce que tu prends?   What would you like?
Pour ... , un Orangina etc.   For ... , an Orangina etc.
Je voudrais ...   I would like ...

une bière	beer
une boisson (non-)alcoolisée	a (non) alcoholic drink
une boisson (non-)gazeuse	a (non) fizzy drink
un café(-crème)	coffee (with cream)
un chocolat chaud	hot chocolate
un verre de cidre	cider
un citron pressé	freshly squeezed lemon juice
un coca	coke
un jus de fruit	fruit juice
une limonade	lemonade
une menthe à l'eau	mint flavoured drink
un Orangina	Orangina
un thé (au lait/citron)	tea (with milk/lemon)
un verre de lait	glass of milk

Où sont les toilettes?   Where are the toilets?
Avez-vous le téléphone?   Do you have a telephone?
L'addition, s'il vous plaît   The bill, please
Le service est compris?   Is service included?

**understand the difference between the present and
the past tenses**
See page 102

buy snacks and picnic food

Qu'est-ce que vous avez comme sandwichs?
  What sort of sandwiches do you have?
Un sandwich au jambon/pâté/fromage/saucisson
  a ham/paté/cheese/continental sausage sandwich

une crêpe	pancake
un croque-monsieur	toasted cheese and ham sandwich
une portion de frites	a portion of chips
une gaufre	waffle
un hot dog	hot dog
une pizza	pizza
une quiche	quiche

buy an ice cream

Je voudrais une glace, s'il vous plaît
  I'd like an ice cream please
Quel parfum?   What flavour?
A la fraise/au citron/à l'orange/aux fruits exotiques
  strawberry/lemon/orange/tropical fruits
See page 105

ask questions about what has happened

Qu'est-ce que tu as fait hier?   What did you do yesterday?
Où as-tu passé tes vacances?
  Where did you spend your holidays?
See page 107

talk about a simple menu

*Comme hors d'œuvre/plat principal/légumes/
dessert/ boisson, il y a ...*   For the starter/main course/
  vegetables/sweet/drink there is ...
Le plat du jour, qu'est-ce que c'est?
  What's the dish of the day?

order a simple meal

Pour commencer, je vais prendre ...
  To start with, I'll have ...
Comme plat principal, je voudrais ...
  For a main course, I'd like ...
Comme dessert, je prends ... For a sweet, I'll have ...

**use some verbs in the perfect tense, to say what has
happened or what you have done**
See pages 102, 103, 107, 109, 111

j'ai tu as il/elle/on a nous avons vous avez ils/elles ont	acheté choisi vendu	un cadeau des bonbons

Unité

8

Qu'est-ce qu'on fait?

In this unit you will learn how to ...

- find out about what's on

- discuss what to do

- make arrangements to go out

- ask someone to go out

- accept or refuse invitations

- arrange to meet

- talk about where you went, what you did and how you travelled (using the perfect tense)

- talk about French radio and television programmes

Qu'est-ce qu'il y a à faire?

C'est le printemps. Il fait beau. Il faut sortir, il faut s'amuser!
En plus, il y a les vacances de l'Ascension et de la Pentecôte.
Dans la région d'Alençon, au nord-ouest de la France dans la Normandie, il y a beaucoup d'événements spéciaux.
Ces jeunes personnes habitent dans des villages près d'Alençon. Qu'est-ce qu'elles vont faire pour s'amuser?
D'abord, elles regardent les affiches.
Regarde les affiches à la page 115, lis les conversations, puis fais l'activité **Vrai ou faux?** *en bas.*

1 Céline et Sophie

Céline: Qu'est-ce qu'on fait aujourd'hui? On va au cinéma?
Sophie: Ah non. On va toujours au cinéma Qu'est-ce qu'il y a d'autre à faire? Regardons les affiches!
Céline: Alors, il y a un Moto-cross. Tu aimes ça, toi?
Sophie: Non, pas trop. Voyons, si on allait au cirque? Il y a un cirque demain, mardi.
Céline: Ça commence à quelle heure?
Sophie: A huit heures et demie du soir.
Céline: Et c'est combien, le prix d'entrée?
Sophie: Ce n'est pas marqué. Il faut téléphoner au bureau de location.

2 Patrice, Laureline et Jérôme

Patrice: Samedi soir, on va danser, non?
Laureline: Si tu veux. Mais où? Il y a un bal disco à Courgeoust.
Jérôme: Regarde! Près de Nogent, il y a une discothèque avec Les Diables Verts. Ils sont chouettes! On y va?
Laureline: Peut-être, mais c'est très tard. Regarde – ça commence à vingt-deux heures trente. Le Bal Disco commence à vingt et une heures.

3 Emilie, Géraldine, Frank et Anthony

Emilie: Qu'est-ce qu'il y a à faire aujourd'hui?
Frank: Il y a un bal ou on peut aller en discothèque. Tu veux danser?
Emilie: Oui, je veux bien. Regarde, à la discothèque, c'est une soirée 'caleçons'. Qu'est-ce que ça veut dire?
Frank: Si on porte un caleçon, on peut entrer sans payer! C'est amusant! On y va?
Anthony: Ça alors! Je ne veux pas faire ça! Si on allait voir le spectacle de patins à roulettes? C'est gratuit!
Géraldine: Moi, je voudrais aller au feu d'artifice de St-Rémy-sur-Avre. J'adore le feu d'artifice!
Frank: C'est à quelle heure?
Géraldine: A onze heures.
Frank: Et les patins et la discothèque?
Géraldine: A huit heures, les patins, puis la discothèque ... attends ... je ne sais pas. L'heure n'est pas marquée.

114

Vrai ou faux?

1 Au mois de mai, il fait souvent beau.
2 La ville d'Alençon est au Canada, près de Montréal.
3 Cécile et Sophie regardent les affiches lundi.
4 La discothèque avec Les Diables Verts commence à dix heures et demie du soir.
5 Le bal disco commence à huit heures.
6 Le trente juin, il y a une grande fête à St-Rémy.
7 Il faut payer pour regarder le spectacle de patins à roulettes.
8 L'entrée est gratuite à La Nuit Blanche pour toutes personnes en jean.
9 Le feu d'artifice commence à vingt-trois heures.
10 Pour le prix d'entrée du cirque, il faut téléphoner au bureau de location.

Où sont-ils allés?

Maintenant, écoute la cassette pour découvrir ce que ces jeunes ont finalement décidé de faire.

1 Cécile et Sophie sont allées au ...
2 Patrice, Laureline et Jérôme sont allés d'abord ... Après cela, ils sont allés ...
3 Emilie et Frank sont allés ...
4 Géraldine est allée ... avec sa famille.
5 Anthony est allé ... avec son frère.

115

Si on allait au Club de Jeunes?

Tim et son correspondant français, Alain Dupont, ont déjà fait beaucoup de choses pendant le séjour de Tim en France. Ils cherchent d'autres idées.

Tim: Qu'est-ce qu'on fait ce soir?
Alain: Si on allait au Club de Jeunes?
Tim: Qu'est-ce qu'on peut faire dans ton club?
Alain: Il y a beaucoup d'activités – par exemple, on peut faire des arts martiaux. Regarde ce dépliant!
Tim: Chouette! On y va!

Travaillez à deux.
A tour de rôle, changez les mots colorés pour une activité différente. Qui va être le dernier à trouver une activité différente?
(Vous avez des idées d'activités sur le dépliant à droite.)

A

Club de Jeunes
Saison d'automne
Activités proposées:

la danse et la gymnastique,
la musique, le piano,
le jazz, l'informatique,
la photographie,
la peinture, le dessin,
le karaté, la boxe, le yoga,
les arts martiaux,
la natation, le tennis,
l'art dramatique

Combien de noms de ces activités peux-tu faire avec les lettres dans la case?
(Tu peux utiliser chaque lettre plusieurs fois.)

D	A	G	Y	N	S
E	M	T	P	K	H
F	Q	U	I	O	R

Es-tu libre ce soir?

Quand tu es en France, on va peut-être t'inviter à sortir.
Comment vas-tu répondre? Qu'est-ce qu'il faut dire?

Tu es libre ce soir? | Tu veux sortir avec moi ce soir?
On pourrait peut-être se revoir?

1 Tu veux vraiment accepter
Oui oui, avec plaisir!
Chic! Bonne idée!
Chouette!

2 Tu acceptes, mais sans enthouiasme
D'accord
Volontiers
Oui, je veux bien
Pourquoi pas?

3 Tu acceptes (s'il n'y a rien d'autre à faire)
Alors, oui, si tu veux
Euh ... oui, je crois

4 Tu n'es pas sûr(e)
Je ne sais pas encore
Peut-être, je vais voir
Ça dépend   (?)

5 Tu ne veux pas ou tu ne peux pas accepter
Je regrette   je ne peux pas
Désolé(e)   mais   je ne suis pas libre
C'est très gentil   ce n'est pas possible

6 Tu ne veux absolument pas accepter
Ah non, je ne veux pas faire ça!
Non merci, ça ne me dit rien   (X)

Julien et Florence rencontrent ces jeunes pendant leurs vacances en France et ils les invitent à sortir.

1 *Réponds pour Julien et Florence, selon les symboles.*
2 *Imagine que c'est toi qu'on invite. Tu acceptes quelle(s) invitation(s)?*
   Qu'est-ce que tu dis pour accepter? Qu'est-ce que tu réponds aux autres invitations?

1 Tu es libre demain? Tu veux sortir avec moi?

2 Qu'est-ce que tu fais samedi. On peut sortir ensemble?

3 Tu veux aller à une boum demain soir? (?)

4 Tu veux aller en discothèque ce soir?

5 Si on allait en ville demain matin?

6 On va écouter des CD chez-moi ce soir. Tu viens? (X)

7 On pourrait se revoir ce week-end?

8 Il y a un match de rugby demain-on y va?

A Paris

*Pour les jeunes qui habitent à Paris,
il y a beaucoup de choses à faire.
Regarde cette publicité.*

B

> **Centre d'animation de Paris pour
> les jeunes**
>
> Le Centre reprend ses activités
> dès le 14 septembre. Il propose aux
> enfants et adultes:
>
> *Des sports:*
>   arts martiaux, initiation à la danse,
>   modern jazz, yoga, boxe française.
>
> *Des activités culturelles:*
>   théâtre, bandes dessinées,
>   arts graphiques, musique,
>   sorties musées, informatique.

Qu'est-ce qu'on peut faire?

*Travaillez à deux.
Chaque personne choisit (secrètement) un des
trois centres pour les jeunes: A (le club d'Alain),
le Centre B, ou le centre C. Chaque partenaire
pose la question:*
Dans ton club, est-ce qu'on peut faire + (une
activité)?

L'autre répond:
Oui, on peut faire ça
ou Non, on ne peut pas faire ça.

*Le premier qui trouve le club choisi par son/sa
partenaire a gagné.*

C

> **Centre d'accueil et d'animation**
> **Activités pour adolescents et adultes:**
>
>   Danse, gymnastique, art dramatique,
>   tennis, piano, guitare, natation, etc.
>
> *Activités du mercredi pour les enfants:*
> 28 activités dont 7 nouvelles:
>   électricité domestique,
>   découverte en milieu urbain,
>   technique du dessin,
>   peinture d'art sur toile,
>   piano, karaté, photographie.

Et maintenant ...

> **Pratiquer le 'twirling'**
> Le twirling est un sport
> qui associe l'expression
> corporelle au maniement
> du bâton.
> Le Twirling club du 11e
> enseigne cette discipline
> ainsi que la gymnastique.
> Il est ouvert aux adultes
> ainsi qu'aux enfants à
> partir de 4 ans.

*Tu peux faire du Twirling si
tu as un ... et si tu es âgé
de plus de ... ans.
Tu veux faire ça?*

Rendez-vous

*Travaillez à deux pour faire des conversations.
Vous pouvez remplacer les mots en couleurs.
Ecoutez la cassette pour vous aider, si vous voulez.*

1 – Qu'est-ce qu'on fait cet après-midi?
– Si on allait à la patinoire?
– Bonne idée. Alors, rendez-vous devant la
patinoire à deux heures et quart.
– D'accord. A tout à l'heure.

– Deux entrées s'il vous plaît. Est-ce qu'il y a un
tarif réduit pour étudiants?
– Oui, pour les étudiants, c'est vingt francs.
Avez-vous vos cartes?
– Oui.
– Alors, c'est tarif réduit, deux fois vingt francs –
quarante francs.

2 – Il y a un match de football cet après-midi. Tu
veux y aller?
– Oui, je veux bien.
– Alors, je viens te chercher à une heure et
demie.
– Entendu!

– Deux places, s'il vous plaît.
– A trente francs dans les tribunes ou à quinze
francs?
– Quinze francs.
– Ça fait trente francs.

quand?
aujourd'hui
ce matin
cet après-midi
ce soir
demain

où?
au cirque
à la patinoire
au cinéma
à une boum
au théâtre
à un match
au café
à la piscine
en ville
en discothèque

où a-t-on rendez-vous?

devant	la patinoire / le cinéma / le stade etc.
en face / près	de la gare / de l'hôtel de ville / du café etc.

à quelle heure?
à une heure et demie
à six heures et quart
  etc.

combien de places?
une   entrée/place
deux/trois etc. entrées/places

ça coûte combien?
dix francs/vingt francs etc.

qu'est-ce qu'il y a?
un match de ...
un concert pop/folklorique
un bal/une boum
un bon film etc.

Les jeunes français, qu'est-ce qu'ils aiment faire?

Dans un sondage récent, on a posé à beaucoup de jeunes français, de treize à dix-sept ans, la question:

Qu'est-ce que vous aimez faire pendant votre temps libre?

Le 'Hit-parade' de leurs réponses est à droite.

Maintenant, écoute des interviews sur la cassette avec des jeunes Français dans un Club de Jeunes. On leur a posé la question:

Le week-end dernier, qu'est-ce que tu as fait pendant ton temps libre?

Copie le tableau et note leurs réponses.

1 aller au cinéma
2 voir et parler avec des copains (au café, par exemple)
3 écouter de la musique
4 faire du sport
5 voir son petit ami/sa petite amie
6 regarder la télévision
7 aller danser
8 faire les boutiques (les magasins)
9 lire les bandes dessinées
10 jouer avec des jeux électroniques

garçon ou fille?	activité pendant le temps libre									
	cinéma	copains	musique	sport	télé	danser	boutiques	lecture	jeux	autre
1										
2										
3										
4										
5										
6										
Total										

Maintenant, fais le total et, si nécessaire, change l'ordre du Hit-parade original.

Quelles activités est-ce que les garçons préfèrent? Et les filles?
Regarde le tableau à droite et écris deux phrases pour chaque activité, par exemple:

... garçons ont fait du sport.
... filles ont fait du sport.

... garçons sont allés au cinéma.
... filles sont allées au cinéma.

Le week-end dernier	... garçons	sont allé(e)s au cinéma
		ont vu des copains/copines
		ont écouté de la musique
		ont fait du sport
		ont regardé la télé
		ont dansé
	... filles	ont fait les boutiques
		ont lu des bandes dessinées
		ont joué avec des jeux électroniques
		ont fait autre chose

Dossier-langue

Talking about the past

These interviews are about what people did last weekend, so they are about the **past**.

Look at the verbs that were used for the questions and answers. They always have two parts.
Do you remember what these parts are?
Do you remember what this **tense** is called?

Check on page 102 if you're not sure, before doing the activity on the right, which features this tense in action on a visit to France.

En famille

Voici des questions qu'on va peut-être te poser en France.
Pour chaque question, trouve une réponse possible.
Exemple: 1 B

1 As-tu fait un bon voyage?
2 As-tu bien dormi?
3 As-tu assez mangé?
4 As-tu eu assez de couvertures?
5 As-tu écrit à tes parents?
6 As-tu acheté des timbres?
7 As-tu visité Paris?
8 As-tu vu ce film?

A Oui, une fois. Mais je n'ai pas vu beaucoup de choses.
B Pas très bien. J'ai été un peu malade.
C Oui. J'ai acheté des timbres ce matin.
D Oui, j'ai envoyé une carte postale hier.
E Non, je n'ai pas vu ce film.
F Oui, merci, j'ai mangé un repas délicieux.
G Oui, merci, j'ai eu très chaud.
H Oui, merci, j'ai très bien dormi.

Copains-copines

Lis l'histoire, puis complète le résumé à la page 144.

...dernier épisode...

Abdoul, il y a un paquet à la poste pour toi. Il faut aller le chercher.

Un paquet du Maroc? Voilà, ça doit être ce paquet-ci.

Abdoul prend le paquet sans bien regarder l'adresse.

Mais quand ils ont ouvert le paquet à la maison, ils ont une mauvaise surprise.

Zut! Il y a une erreur ... ce n'est pas pour moi.

Regarde, il y a une lettre dans la boîte.

Quelle chance! Le paquet est à Christelle.

Les deux copains et Roselyne retournent à la poste avec le paquet.

A la poste, Maxime voit une jeune fille qui remplit un formulaire pour un paquet perdu. Il remarque que son prénom est Christelle.

Ce paquet-ci est vraiment pour nous! Cette fois j'ai vérifié l'adresse!

Cette fois c'est bien le bon paquet. Les parents d'Abdoul ont envoyé des cadeaux pour tout le monde.

On est allé en ville

LA CHARCUTERIE | LA BOULANGERIE | L'ÉPICERIE | LA BOUCHERIE | LA CRÉMERIE | LA PÂTISSERIE

Samedi dernier, des amis d'Emilie, Annick et Jean-Paul, ont organisé une boum. Alors le samedi matin, ils sont allés aux magasins pour acheter des provisions. Mais dans quel ordre ont-ils visité les magasins? Ecoute la cassette pour trouver l'ordre.

1 Ils sont allés à ...
2 Les filles sont allées à ...
3 Emilie est allée à ...
4 Jean-Paul est allé à ...
5 Annick est allée à ...
6 Les deux filles sont allées à ...

Qui est allé au match?

1
Tu es allé au match hier soir, Jean-Pierre?

Oui Monsieur, bien sûr, je suis allé au match.

Moi aussi Monsieur, je suis allée au match. C'était fantastique.

Nous aussi Monsieur, nous sommes tous allés au match. C'était notre équipe favorite!

2
Vous êtes tous allés au match? C'est curieux! Je ne vous ai pas vus.

3

Dossier-langue

aller

In this unit, you have already met the verb **aller** ('to go') used in the past, to say where people went.

1 Can you remember the name for this past tense, which is used to talk about things that have happened?
2 This tense is made up of two parts. Can you remember what these parts are and what they do?
3 Look at the verb **aller** in action in **On est allé en ville** and **Qui est allé au match?** Which tense is it in?
4 Find **two** ways in which the way this tense is formed for **aller** is different from most other verbs.
5 See how many parts of the past tense of the verb **aller** you can find. Try to write out the whole verb in order:

je	...	nous	...
tu	...	vous	...
il/on/Jean-Paul	...	ils/les enfants	...
elle/Emilie	...	elles/les filles	...

Check your answers below.
Remember these rules as you complete the diaries of Emilie and her friends – and your own!

1 the perfect tense
2 the auxiliary (or helping) verb, which helps to put the verb in the past, and the past participle, which completes the meaning
3 the perfect tense
4 *aller* uses the verb *être* instead of *avoir*
The ending of the past participle sometimes changes:
you add 'e' to the past participle if the person doing the action is **feminine**, and you add 's' to the past participle if **more than one person** is doing the action.

5
je	suis allé(e)	nous	sommes allé(e)s
tu	es allé(e)	vous	êtes allé(e)(s)
il/on/Jean-Paul	est allé	ils/les enfants	sont allés
elle/Emilie	est allée	elles/les filles	sont allées

Quelle bulle?

A Je suis allée à la plage.
B Je suis allé à la banque.
C Il est allé au zoo.
D Nous sommes allés à Paris.

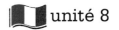

Une semaine de vacances

Un jeu de logique

Emilie, Géraldine, Frank et Anthony sortent souvent avec leur ami Bruno et sa sœur Simone. Lis la description de leur semaine, puis complète un agenda pour chaque personne.
(Simone et Bruno ne sortent pas souvent ensemble parce que l'un des deux doit toujours faire du babysitting pour leur petit frère Louis.)

Dimanche	Simone et Bruno sont allés chez leurs grands-parents, mais tous les autres sont allés à la campagne.
Lundi	Deux filles et les trois garçons sont allés au cinéma.
Mardi	Deux garçons sont allés à la pêche avec Simone, mais les autres filles sont allées chez des copines.
Mercredi	Les trois filles sont allées en ville pour acheter des vêtements, Frank est allé faire du babysitting avec son ami, mais l'autre garçon est allé à la patinoire.
Jeudi	Tout le monde a fait du sport. Les quatre garçons ont joué au football dans le parc et les filles sont allées à la piscine.
Vendredi	Emilie et Frank ont fait une promenade en vélo, Géraldine est allée au cirque avec Simone et ses deux frères, et l'autre garçon est allé au match de basket.
Samedi	On a organisé une boum chez des amis d'Emilie, mais Simone n'a pas pu y aller à cause du babysitting.

L'agenda de Frank

dimanche	– je suis allé à la campagne.
lundi	– je suis allé...
mardi	– je suis...
mercredi	– j'ai fait du baby-sitting
jeudi	– Je ...
vendredi	–
samedi	–

L'agenda d'Emilie

dimanche	je suis allée chez mes grands-parents.
lundi	j'ai fait ...
mardi	je suis allée... etc

L'agenda de Simone

dimanche	je suis allée à la campagne
lundi	je suis allée...
mardi	je suis...
mercredi	je ...
jeudi	
vendredi	
samedi	

L'agenda de Bruno

dimanche	Je suis allé chez mes grands-parents
lundi	Je suis ...
mardi	J'ai fait ...

L'agenda d'Anthony

dimanche	– je suis allé... etc

L'agenda de Géraldine

dimanche	Je suis allée... etc

Ton agenda personnel

Tu as passé quelques jours avec ces jeunes.
Ecris ton agenda.

Si tu es un garçon, le dimanche, le lundi et le jeudi tu es allé avec Frank et le mardi, le mercredi et le vendredi, tu es allé avec Anthony.
Si tu es une fille, le dimanche, le mardi et le jeudi, tu es allée avec Emilie et le lundi, le mercredi et le vendredi tu es allée avec Géraldine.
Mais où es-tu allé(e) le samedi ? A toi de choisir!
Il y a des idées en bas pour t'aider.
Exemple: Samedi, je suis allé(e) à la campagne.*

au cinéma	à une boum
au théâtre	à un match
au café	à la piscine
en ville	en discothèque

*Remember to add 'e' to the past participle if the person doing the action is female.

Où es-tu allé?

Travaillez à deux.
Tu es un(e) des six jeunes. Ecris ton nom sur une feuille (secrètement). Ton/ta partenaire fait la même chose.
Pose trois questions (maximum!) à ton/ta partenaire. Qui est-il/elle? Il faut deviner!

S'il te faut	1 question	tu gagnes	3 points!
	2 questions		2 points!
	3 questions		1 point!

Exemple

– Dimanche, où es-tu allé?
– Je suis allé à la campagne.
– Mercredi, où es-tu allé?
– Mercredi, j'ai fait du baby-sitting.
– Ah bon. Tu es Frank?
– Oui, c'est ça. Je suis Frank.

Samedi soir

Samedi dernier, Simone a fait du babysitting pour son petit frère Louis. Elle n'était pas contente. Cependant, elle a décidé de répondre à la lettre de sa correspondante écossaise, Katy MacDonald. Elle a tapé la lettre sur l'ordinateur.

Voici une partie de la lettre de Katy.

Et voici la réponse de Simone.

Glasgow, le 23 mai

Ma chère Simone,
Merci beaucoup pour ta lettre et les photos. J'espère que tu vas bien, ainsi que toute la famille.
Dans ma classe au collège, il faut faire un dossier sur la radio et la télévision en France. Moi, je n'en sais rien! Est-ce que tu peux m'aider s'il te plaît? Par exemple, combien de chaînes y a-t-il? Est-ce qu'il y a de la publicité? Est-ce qu'il y a des magazines spéciaux au sujet des émissions télévisées?

Alençon, le 6 juin

Ma chère Katy,
Je vais répondre à ta lettre sur l'ordinateur. Voici mes réponses à tes questions:

Combien de chaînes y a-t-il?
La télévision française a cinq chaînes (mais ça change tout le temps!)
- Télévision Française 1 (TF1, la Une ou la première chaîne)
- France 2 (F2 ou la deuxième chaîne)
- France Régions 3 (FR3 ou la troisième chaîne)
- Canal + (Canal plus, la quatrième chaîne)
  Il y a beaucoup de bons films sur cette chaîne, mais pour les voir il faut payer un abonnement et il faut avoir un décodeur.
- La Six (M6). C'est surtout la chaîne de la musique.

Est-ce qu'il y a de la publicité à la télévision?
Oui, maintenant, il y a de la publicité sur toutes les chaînes.

Est-ce qu'il y a des magazines spéciaux au sujet des émissions télévisées?
Oui, il y a plusieurs magazines, comme *Télé 7 jours*, *Télé-poche* ou *Télé-journal* qui donnent tous les renseignements sur les émissions à la télé et à la radio. Ils contiennent aussi des articles, des jeux, l'horoscope et des reportages. On peut aussi trouver des détails sur le programme du jour dans le journal.

Complète ce petit résumé pour Katy.
A la télé en France, il y a ... chaînes.
La première chaîne s'appelle ...
Pour regarder les films sur la quatrième chaîne, qui s'appelle ... ,
il faut ... un abonnement et ... un décodeur.
Sur toutes les chaînes, il y a de la ...
Pour avoir des renseignements sur les émissions télévisées, on peut regarder dans le ... ou dans un ... spécial.

Sélection-télé

du 30 mai au 5 juin

	TF1	A2	FR3	C+	M6
SAM	18.05 Feuilleton Riviéra 20.45 Variétés Stars 90 *présenté par Michel Drucker*	20.50 Jeu Jeux sans Frontières *présenté par Daniela Lambruso et Georges Beller*	20.45 Film Les Aventures de Tintin 'Au pays de l'or noir'	20.35 Film Les Frères Krays *version originale sous-titré en français De Peter Medak Avec Billie Whitelaw et Gary Kemp*	20.45 Film Vampire ... vous avez dit Vampire? *De Tom Holland Avec Chris Sarandon et William Ragsdale*
DIM	19.05 Interview Questions à domicile *Cette semaine, Michèle Cotta et Marc Ulmann posent des questions au roi Hassan du Maroc*	20.50 Magazine Envoyé spécial *présenté par Bernard Benjamin* 'La Somalie', 'La Yougoslavie'	20.45 Cirque Cirque Archaos *Spectacle 'Métal Clown'*	19.35 Sport Rugby: Jubilé Serge Blanco *En direct de Biarritz*	20.40 Film Le Colosse de Rhodes *De Serge Leone Avec Rory Calhoun et Georges Marchal*

Simone continue sa lettre

A la radio, il y a les stations 'officielles', comme France-Culture et France-Musique. On y passe surtout de la musique classique.
Il y a aussi France Inter. C'est la station des magazines et des informations, des jeux, du sport et de toutes sortes de musique. Moi, j'aime beaucoup l'émission *A l'heure du pop*, mais malheureusement, c'est à minuit cinq! Je suis sûre que tu peux écouter France-Inter au Royaume-Uni.
Puis, il y a les stations commerciales, comme Europe 1, RTL (Radio-Télé-Luxembourg) et RMC (Radio Monte Carlo). Ces stations ont souvent des émissions pour les jeunes, avec beaucoup de musique. Je crois que tu peux écouter RTL chez toi aussi.
En plus, il y a beaucoup de stations 'pirates'. Elles sont quelquefois amusantes!
Voilà! C'est tout! Je t'envoie aussi quelques journaux sur les émissions. Bonne chance pour ton dossier.
Bises,
Simone

Attention! Il y a des erreurs

Lis très attentivement et corrige ces phrases. Il y en a quatre où il y a des erreurs.

1 Samedi dernier, Madame Levain est allée faire des courses en ville. Elle est rentrée chez elle à trois heures moins vingt de l'après-midi et dans sa voiture, elle a écouté de la musique anglaise.
2 Emilie est rentrée du collège à quatre heures et elle a vite fait ses devoirs, pour écouter une émission musicale à huit heures du soir.
3 Monsieur et Madame Jacquier sont rentrés à la maison à huit heures samedi soir – trop tard pour écouter une émission sur le château de Versailles.
4 Hier, samedi, je suis allé chez ma copine à midi. Le samedi, nous écoutons toujours *Le jeu des mille francs* à midi et demi.
5 Mes parents sont sortis à une heure et demie samedi, en effet, tout de suite après l'émission *On sort*.
6 Mes amis aiment beaucoup le sport et les jeux, alors ils écoutent souvent France-Culture.

Ce week-end, qu'est-ce qu'on a regardé?

Ces personnes ont toutes regardé une de ces émissions le samedi et le dimanche. Mais quelles émissions? Devine les émissions choisies par chaque personne, puis écoute la cassette pour vérifier tes réponses.

Simone:	Le samedi, elle a choisi l'émission préférée de son petit frère, et le dimanche, elle a choisi un film.
M. et Mme Jacquier:	Le samedi, ils ont choisi une émission pour toute la famille, et le dimanche, une émission sur le pays de leur invité, Abdoul.
Bruno:	Le samedi, il a choisi un film d'horreur et le dimanche, pas de problème pour un garçon sportif!
Les parents de François:	Le samedi, ils ont choisi un film, et le dimanche, ils ont choisi une émission documentaire au sujet de deux pays étrangers.

Quelles émissions est-ce qu'ils n'ont pas choisies?

Il faut écouter ça!

Voilà le choix de Gisèle Lafont pour samedi prochain.

FRANCE INTER
6.00	Inter-week-end Journal, météo, jardinage, sport Réveillez-vous, on s'occupe du reste!
12.45	Le jeu des mille francs par Lucien Jeunesse
13.00	Inter-Treize Journal en public
13.15	On sort
18.05	Antoine et Olivier Du nouveau à Rouen
20.15	La Tribune de l'Histoire Louis XVI à Versailles
0.05	L'heure du Pop en direct du Festival d'Avignon

RTL
8.30	RTL Vous offre des vacances
14.00	Le Hit des hits
14.30	Appelez, on est là!

EUROPE 1
11.00	Pile ou face avec C. Morin
12.00	20 millions cash – à Poitiers
19.00	Championnat de France de football
21.00	Y a-t-il une vie après la télé?
22.30	Informations ce week-end

RMC
10.30	Vie des régions
19.00	Rock MC – tous vos disques favoris
22.30	La boxe – Championnat du monde

FRANCE CULTURE
10.30	En direct du Canada un reportage du Québec
14.05	La Comédie Française présente *Hamlet* de William Shakespeare
19.30	Perspectives scientifiques Biologie et médecine

FRANCE MUSIQUE
11.15	Les jeunes français sont musiciens en direct d'un CES de la Normandie
12.30	Stéréo-magazine
14.30	La musique de Benjamin Britten (compositeur anglais)
20.30	Récital de piano Schubert et Chopin

Et toi?

Qu'est-ce que tu aimes à la télé?
J'aime beaucoup ... (+ 2 choses)

Qu'est-ce que tu as regardé ce week-end?
J'ai regardé ... (+ 2 choses)

Ecris tes réponses à ces deux questions. Puis pose ces questions à d'autres membres de ta classe et essaie de trouver quelqu'un qui aime ou qui a vu les mêmes émissions que toi.

Une visite à la fête foraine

Pendant la soirée, le petit frère de Simone, Louis, a lu cette histoire en bande dessinée d'un garçon, Aristote, qui est allé à la fête foraine.

Peux-tu choisir la bonne phrase pour chaque image?

A Il est arrivé à l'entrée de la fête foraine à 3h05.

B Il est resté à la fête tout l'après-midi.

C Il est rentré en métro.

D Il est sorti à 6h30.

E Il est monté dans l'autobus.

F Il est entré avec son ami, Théophile.

G Aristote est parti à 2h30.

H Il est descendu au bois de Vincennes.

I Il est allé à l'arrêt d'autobus.

Dossier-langue

More about the perfect tense with *être*

Louis' story is written in the past, so all the verbs are made up of an auxiliary (or helping) verb and a past participle. But which auxiliary verb? Look again at the captions.

They all contain *est*, which is part of the verb *être*. So, some other French verbs besides *aller* use *être* to help form the perfect tense.

je suis	nous sommes	
tu es	vous êtes	+ past participle
il est	ils sont	
elle est	elles sont	

There are thirteen common verbs which form their perfect tense with *être*. As they are all used fairly often, it is important to learn which they are, and people have found several ways to help them remember. Here are three of these ways. Choose the one you think will help you most (or invent your own), then work with a friend to learn the list.

1 Each letter in the sentence

  MR VANS TRAMPED

stands for a different verb. Can you work them out?

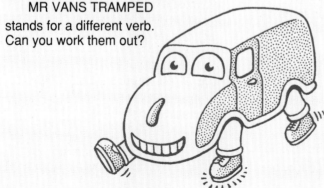

2 Learn the verbs in pairs of opposites according to their meaning.
Here are ten of them in pairs:

aller	to go (je suis allé)
venir	to come (je suis venu)
entrer	to go in (je suis entré)
sortir	to go out (je suis sorti)
arriver	to arrive (je suis arrivé)
partir	to leave, to depart (je suis parti)
descendre	to go down (je suis descendu)
monter	to go up (je suis monté)
rester	to stay, to remain (je suis resté)
tomber	to fall (je suis tombé)

and one odd one:

retourner	to return (je suis retourné)*

Here is one more pair of opposites:

naître	to be born (il est né)
mourir	to die (il est mort)

revenir (like *venir*) and *rentrer* (like *entrer*) can often be used instead of this verb.

3 If you have a visual memory, this picture may help you.

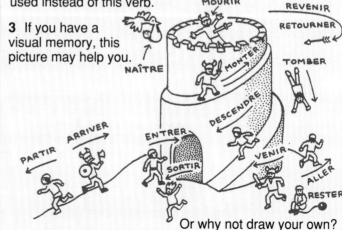

Or why not draw your own?

La vie est facile avec un robot!

Simone aussi a lu une bande dessinée. Cette fois, c'est l'histoire d'un robot.
Complète l'histoire avec les mots dans la case.

est sorti	est arrivé	est entré	est parti
est retourné	est tombé	est allé	est monté
est parti	est revenu	est descendu	

Ce soir-là

... Simone a fait beaucoup de choses.
Elle est restée à la maison avec son petit frère.
Elle a écrit une lettre à Katy.
Elle a fait ses devoirs.
Elle a lu une bande dessinée.
Elle a regardé la télé avec Louis.
Maintenant, Louis est allé au lit, les autres sont allés à la boum, et Simone est très triste. Mais soudain, une belle surprise! Tout le monde est allé chez Simone!

Travaillez à deux.
Regardez ce paragraphe pendant deux minutes, puis fermez le livre et essayez de dire, chacun(e) à votre tour, quelque chose que Simone a fait.

Le voyage d'Annick et de Jean-Paul

La semaine après la Pentecôte, Annick et Jean-Paul sont partis en visite-échange au Pays de Galles. Jean-Paul a écrit une carte postale à ses parents. La voici:

> Swansea, le 15 juin
> Nous sommes partis à l'heure et nous sommes arrivés à Swansea à sept heures du soir. Annick est partie chez Emma, et moi, je suis rentré ici avec Stephen. Tout va bien! Hier, nous sommes sortis ensemble et ce soir les filles sont venues ici pour une petite boum.
> Bises, Jean-Paul (et Annick)

Ecoute la conversation au téléphone pour découvrir
– où ils sont allés
– qui est venu à la boum
– à quelle heure ils sont partis
– comment les filles sont rentrées chez elles.

Dossier-langue

The perfect tense with *être* – make it agree

For the verb ***aller*** in the perfect tense, you added *-e* to the past participle if the person doing the action was female and you added *-s* if more than one person was doing the action (plural).
This is known as the past participle **agreeing** with the person doing the action (the **subject**).
Here is the verb *aller* written out in full in the perfect tense with all the possible ways of writing the past participle in brackets after it.

je suis allé(**e**)	nous sommes allé(**e**)**s**
tu es allé(**e**)	vous êtes allé(**e**)(**s**)
il est allé	ils sont allés
elle est allée	elles sont allées

Note: The *-e* is only added if the subject is feminine. The *-s* is only added if the subject is plural.

Now have a look at the other verbs in Annick and Jean-Paul's postcard which form their perfect tense with *être*. Do their past participles agree with their subject too?
> e.g. *Annick est partie*
> *Nous sommes arrivés*

All verbs which use *être* as their auxiliary verb follow the same pattern as *aller*. You will usually only notice this difference when you read or write French. The past participle nearly always sounds the same, so you do not need to worry about this when you hear or speak French.

125

Louis Laloupe et le mystère des chats volés

Lis l'histoire, puis choisis les phrases correctes pour faire un résumé de l'histoire.

Louis Laloupe a décidé de chercher le voleur de chats. D'abord, il est allé voir quelques dames qui avaient perdu leurs chats.

Louis Laloupe et son chien ont cherché partout. Finalement, ils sont arrivés devant une agence. Le chien a semblé très excité.

Des hommes sont entrés avec beaucoup de très beaux chats.

Louis Laloupe est entré dans une cabine téléphonique. Il a téléphoné à la police.

Dix minutes plus tard, deux agents de police sont arrivés.

Louis Laloupe et les agents sont entrés – mais c'est un studio de télévision!

Quand ils ont vu le chien, les chats sont montés sur les caméras et sur la tête des gens. Quelques chats sont sortis de l'agence.

Louis Laloupe et son chien sont sortis eux aussi et ils sont partis à toute vitesse!

Une phrase seulement de chaque paire est correcte. Choisis les phrases correctes pour faire un résumé de l'histoire.

1a Le voleur a déjà pris plus de cinquante chats.
b Le voleur a déjà pris plus de vingt chats.

2a Chouchou est sorti à neuf heures du soir.
b Chouchou est sorti à neuf heures du matin.

3a Violette est partie hier matin.
b Violette est partie hier soir.

4a Louis est allé tout seul à l'Agence Vedette.
b Louis et son chien sont allés ensemble à l'Agence Vedette.

5a Les voleurs de chats sont entrés dans l'Agence.
b Des hommes qui travaillent pour la télévision sont entrés dans l'Agence.

6a Trois agents de police sont arrivés à l'Agence.
b Deux agents de police sont arrivés à l'Agence.

7a Louis et les agents ont retrouvé les chats volés.
b Louis et les agents n'ont pas retrouvé les chats volés.

8a Les chats sont montés sur les caméras.
b Les chats sont montés dans l'arbre.

9a Tous les chats ont fini de manger leur Katochat.
b Les chats n'ont pas eu le temps de finir leur Katochat.

10a Tout le monde a été content de Louis Laloupe.
b Tout le monde a été en colère.

Le jeu des conséquences

Choisis une expression dans la case A.

A					
hier un jour	la semaine dernière il y a quelques jours	samedi dernier l'an dernier	ce matin cet après-midi	hier matin hier soir	

Jette un dé pour choisir un numéro de 1 à 6.
Puis choisis un mot (ou un groupe de mots) dans la case B, puis la case C, puis la case D dans la colonne correspondant au numéro sur le dé.
Exemple: (A) Hier soir, (3) ma sœur (B) est (C) partie (D)

	1	2	3	4	5	6
B	je	mon frère mon ami	ma sœur ma copine	nous	mes copains mes amis	mes copines mes amies
C	suis	est	est	sommes	sont	sont
D	sorti(e) parti(e) arrivé(e) rentré(e)	sorti parti arrivé rentré	sortie partie arrivée rentrée	sorti(e)s parti(e)s arrivé(e)s rentré(e)s	sortis partis arrivés rentrés	sorties parties arrivées rentrées

Choisis une expression dans la case E.

E					
en voiture en autobus en autocar	en vélo à pied à cheval	en bateau en aéroglisseur en sous-marin	en train en métro en mobylette	en avion en hélicoptère en taxi	

Choisis des mots dans la colonne correcte de la case F.

F					
Je suis allé(e)	Il est allé	Elle est allée	Nous sommes allé(e)s	Ils sont allés	Elles sont allées

Choisis une expression dans la case G.

G					
en ville dans les magasins au collège	en disco au bal au café	en France en Angleterre au Québec	au cinéma au théâtre à la piscine	sous terre dans l'espace sur la lune	

Choisis des mots dans la colonne correcte de la case H.

H					
Je suis resté(e) là-bas	Il est resté là-bas	Elle est restée là-bas	Nous sommes resté(e)s là-bas	Ils sont restés là-bas	Elles sont restées là-bas

Choisis une expression dans la case I.

I					
toute la journée toute la soirée	une heure une semaine	une minute cinq minutes	un quart d'heure une demi-heure	à jamais jusqu'à l'an 2000	

Et, par conséquent ...

(Regarde la page 145 et fais le total de tes points pour trouver la conséquence.)

Deux lettres

1 René écrit à Thierry

Comme il était très fatigué, il a écrit sa lettre sur l'ordinateur.

> Montréal,
> mercredi, 3 août
>
> Cher Thierry,
> Nous voilà à Montréal!
> Je suis parti de Paris
> avec une heure de retard
> et je suis arrivé à
> Montréal, lundi matin, à
> trois heures. J'étais
> très fatigué quand je
> suis descendu de
> l'avion. Je suis rentré
> à la maison vers cinq
> heures du matin!
> Naturellement, je suis
> monté tout de suite dans
> ma chambre et j'ai passé
> la plupart du lundi à
> dormir.
> J'ai passé des vacances
> fantastiques chez toi –
> je suis très content! Un
> grand merci à toi et à
> toute ta famille de la
> part de tout le monde.
> Affectueusement,
> René

2 Brigitte écrit à Karine

Brigitte était très fatiguée aussi, alors elle a eu une bonne idée. Elle a copié la lettre de René, mais elle a oublié de changer les mots soulignés. Peux-tu les changer pour elle?

Des cartes postales – de qui?

Ces jeunes ont tous écrit des cartes postales de vacances.

Karine Abdoul Fabien

Géraldine Lucie Bernaud

Solution à la page 144

Voici des extraits de leurs cartes. Lis les extraits, puis écoute la cassette pour découvrir qui a écrit chaque carte.

1 ... je suis arrivé chez moi à six heures. Merci bien pour ces vacances fantastiques!

2 ... Maman est venue me chercher en voiture et nous sommes parties d'ici à dix heures du matin.

3 ... Nous sommes sortis avec les autres étudiants et nous sommes montés au sommet de bâtiment en funiculaire. Super-Cool!

4 ... Je suis allée à Londres en car. Nous sommes entrés dans la Tour de Londres pour voir les bijoux de la Reine.

5 ... Tout est bien ici, surtout la petite sœur! Hier, je suis allée faire du ski. Je suis tombée mille fois, mais c'était fantastique!

A toi!

Maintenant, écris une carte postale de tes vacances (vraies ou imaginaires!).

Je suis parti(e) à *(quand?)*
Je suis arrivé(e) à *(où?)* à *(quand?)*
Je suis allé(e) à *(où?)*
Tout va bien!
+ une autre chose, si tu veux

Les Jeux sans frontières
Lis l'article d'abord, puis écoute la cassette pour découvrir le résultat.

Un reportage de Marc St Clair

Ce week-end, Marc St Clair est allé dans le petit village de Novary-les-églises, pour une édition rurale des *Jeux sans Frontières*. L'équipe anglaise habite dans un petit village qui s'appelle Thistlethorpe, au nord de l'Angleterre.

Jeux sans frontières: Novary-les-églises contre Thistlethorpe

Les trois jeux ... Les trois jeux ... Les trois jeux ... Les trois jeux ... Les trois jeux ... Les trois jeux ... Les trois jeux

1 Le jeu des moutons

– c'est un jeu pour les insomniaques! Pour ce jeu, il faut mettre un pyjama, monter sur un mouton et sauter les trois lits. C'est facile!

2 Le jeu des lapins et des fleurs

Pour ce jeu, les filles vont monter sur des lapins (les hommes, déguisés!). Elles vont chercher les fleurs et les mettre dans les paniers.

3 Le jeu des tracteurs

Nous sommes retournés à la ferme pour ce jeu-ci. C'est une course d'obstacles. Les hommes vont monter sur de très petits tracteurs et sur leur route, il y a beaucoup d'animaux: des vaches, des cochons et des canards. Ça va être extraordinaire!

On va bientôt commencer ... mais qui va gagner? Ecoutez le commentaire de Marc St Clair.

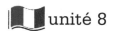

chantez

1 Lundi j'ai téléphoné
A ma copine,
Et puis j'ai demandé
– Tu viens à la piscine?
Mais ma copine a oublié,
Elle n'est pas venue.
Et moi j'ai supposé
Qu'elle ne m'aime plus.

2 Mardi j'ai téléphoné
A ma petite sœur,
Et puis j'ai demandé
– Tu viens m'chercher en voiture?

Mais ma sœur m'a oublié,
Elle n'est pas venue.
Et je suis rentré à pied,
Même si je n'ai pas voulu.

3 Mercredi je suis resté
A la maison.
Ma mère m'a demandé
De balayer le balcon.
Mais ma mère m'a oublié,
Elle m'a laissé dehors.
Et j'ai passé toute la nuit
Avec le vent du nord.

Jeudi, rendez-vous à l'hôpital,
Six heures dans la salle d'attente.
Vendredi on est parti faire du camping,
Mon père a oublié la tente!

4 Le week-end est arrivé.
J'ai pris le train pour Nice.
J'ai demandé au porteur
De porter ma valise.
Mais le porteur a oublié
De monter ma valise
Et elle est restée à Marseille
Sur le quai numéro six.

Sommaire

Now you can ...

discuss what's on

Qu'est-ce qu'il y a à faire ce week-end/au cinéma?
What is there to do this weekend?/
What's on this weekend?/at the cinema?
C'est à quelle heure, le match? What time is the match?

discuss what to do

Qu'est-ce qu'on fait aujourd'hui?
What shall we do today?
Il y a un match de football au stade. On y va?
There's a football match at the stadium. Shall we go?
Si on allait au cinéma ce soir?
How about going to the cinema tonight?
Tu veux faire ça? Do you want to do that?

make arrangements to go out

ask someone to go out

On pourrait peut-être se revoir?
Can we see each other again?
Es-tu libre ce soir?
Are you doing anything this evening?

accept or decline

Oui, je veux bien Yes, I'd like to
Non, je ne peux pas No, I can't
See also page 116

arrange to meet

Rendez-vous devant la gare à 10h
Meet at the station at 10 o'clock
Je viens te chercher à 2h30
I'll come and fetch you/I'll call for you at 2.30

use the perfect tense to talk about where you went, what you did, how you travelled

Hier, je suis allé(e) au cinéma
Yesterday I went to the cinema
J'ai vu un bon film I saw a good film
Je suis rentré(e) en autobus I came back by bus

use verbs which take *être* in the perfect tense

The 13 most common verbs are

aller	to go
venir	to come
entrer	to enter, to go in
sortir	to leave, to go out
arriver	to arrive
partir	to leave, to depart
descendre	to go down
monter	to go up
rester	to stay
tomber	to fall
naître	to be born
mourir	to die
retourner	to return

The verb *aller*, written out in full in the perfect tense
(= I went, I have been, I did go etc.)

je suis allé(e)	*nous sommes allé(e)s*
tu es allé(e)	*vous êtes allé(e)(s)*
il est allé	*ils sont allés*
elle est allée	*elles sont allées*

See also pages 120, 124 and 125.

talk about French radio and television programmes

Qu'est-ce qu'il y a à la télé/à la radio?
What's on the TV/radio?
Quelle est ton émission préférée?
What's your favourite programme?
J'aime les films et les feuilletons
I like films and serials (or soap-operas)

un abonnement	a subscription
une chaîne	a channel
un documentaire	documentary
une émission	a programme
en direct (de)	live (from)
les informations/les actualités	news
un jeu	a game
la publicité	advertising
une station commerciale	commercial radio station
une série	series
un feuilleton	soap-opera
les variétés	variety programme

Activité 1

Ils voyagent comment?

Ces touristes vont en France, mais comment?
A toi de compléter les réponses:

1 Nous aimons beaucoup la mer et nous préférons voyager la nuit – c'est pratique et c'est confortable.
Ils voyagent ...

2 Moi, comme ça, je peux aller très vite de Londres à Paris.
On voyage ...

3 Nous aimons la mer, mais nous ne pouvons pas prendre le bateau aujourd'hui – ce n'est pas assez rapide.
Ils voyagent ...

4 Je déteste la mer et mes parents détestent l'avion mais nous voulons passer nos vacances en France. Qu'est-ce que nous pouvons faire?
Vous pouvez voyager ...

5 J'habite à Newhaven et je vais passer mes vacances à Dieppe, c'est donc très pratique de voyager comme ça.
On voyage ...

6 Je quitte Cardiff à sept heures et demie et j'arrive à Paris à dix heures trente-cinq (heure française) – pas mal, non?
On voyage ...

7 Le Canada est très loin de la France, mais le voyage n'est pas vraiment trop long.
On voyage ...

8 Voyager dans un train, mais sous la mer – c'est un peu curieux, non?
On voyage ...

en aéroglisseur   en avion   par l'Eurotunnel   en bateau

Activité 2

Une lettre

Réponds aux cinq questions dans la lettre de Michel (Michèle).

Dieppe, le 15 juin

Cher Daniel (Chère Danielle),

je suis très content — tu peux passer deux semaines chez nous! Comment est-ce que tu vas voyager? (1) Quel moyen de transport préfères-tu, (2) et pour quelle raison? (3) Moi, j'adore voyager en bateau, parce que j'aime beaucoup la mer. Où est-ce que tu vas arriver en France? (4) Est-ce que tu peux regarder des films pendant le voyage? (5)

Enfin, à bientôt!

Michel (Michèle)

Activité 3

Connais-tu bien la France?

Regarde la carte à la page 9 pour trouver les réponses.

Exemple: 1 C'est Paris.

1 C'est la capitale de la France.

2 C'est une ville industrielle dans le nord de la France.

3 C'est un vieux port à l'ouest de la France. Ici, on peut aller à la pêche ou visiter les trois tours.

4 C'est une ville dans le sud de la France où il y a un pont très célèbre.

5 C'est une ville à l'est de la France, près du Mont Blanc.

6 C'est au centre de la France. Il y a une très belle cathédrale dans cette ville.

7 C'est dans le sud-est de la France et c'est le premier port et la troisième ville de France.

8 C'est dans le nord-est de la France et c'est ici qu'il y a l'Assemblée du Conseil de l'Europe.

9 C'est un petit port de pêche à l'ouest de la France, en Bretagne. Il y a souvent des fêtes folkloriques ici.

10 C'est un très long fleuve dans le nord de la France. Il y a beaucoup de châteaux près de ce fleuve.

Activité 4

Des villes en France

A *Ecris ces noms de villes correctement.*

B *Puis décide où elles se trouvent: écris une liste de 2 villes qui sont dans le sud de la France, 3 villes qui sont dans le nord, 3 qui sont à l'ouest et 2 qui sont à l'est.*

LILEMASER	**PEPIDE**	**RITARZBI**
BRUCHORGE	**NACHOMIX**	**GRABUSROTS**
DROUBAXE	**ACALIS**	**OSULOTUE** **PREUMIQ**

Solution à la page 133

Activité 5

Réponds pour l'agent

Exemple:
1 La piscine est près du parc.

1 Où est la piscine?

2 Où est le supermarché?

3 Où est la boucherie?

4 Où est le cinéma?

5 Où est la poste?

6 Où est le Café de la Gare?

Activité 6

Grand Concours National

Ecoute la cassette. C'est qui?

Exemple: 1 Lucie

1 Elle est très jeune.
2 Il habite en Tunisie.
3 Elle a une sœur qui aime se baigner.
4 Elle aime beaucoup les sports d'hiver.
5 Il a des cousins qui habitent en France.
6 Il habite dans le nord de la France.
7 Elle aime manger en plein air.
8 Il habite sur la côte.
9 Il aime explorer sous terre.
10 Elle aime les excursions.

Marceline Dutronc

Lucie Bernaud

Gérard Pelotier

Djamel Hatif

Solution à la page 133

Activité 7

Oui ou non?

Tu fais du baby-sitting pour le petit Jean-Jacques. Malheureusement, ce matin, il a cassé la fenêtre de la cuisine avec un ballon de football. Son père dit qu'il ne peut pas sortir cet après-midi.

Est-ce que tu peux répondre à ses questions?

1 Est-ce que je peux jouer dans le jardin?
2 Est-ce que je peux regarder la télévision?
3 Est-ce que je peux jouer au football?
4 Est-ce que je peux faire une promenade?
5 Est-ce que je peux écouter la radio?
6 Est-ce que je peux visiter le château?

Non! Tu ne peux pas	jouer au football
Oui. Tu peux	écouter la radio etc.

Activité 8

A toi de répondre

Voici une lettre de ton correspondant/ ta correspondante – à toi de répondre.

... Je suis très contente de venir chez toi la semaine prochaine. Qu'est-ce que nous pouvons faire dans ta ville? Est-ce qu'on peut aller à la piscine ...?

Pour t'aider à répondre..
Ma mère dit que nous pouvons ...

Si tu veux, on peut ...

Dans ma ville, on peut ..

Lundi/Mardi/etc. nous pouvons ...

Choisis 4 ou 5 choses que vous pouvez faire dans ta ville.

Solutions
Jeu des définitions
(à la page 14)
1 le maillot vert
2 un coureur 3 une étape
4 juillet   5 Paris
6 le maillot jaune
7 Le Tour de France
8 les Alpes
9 le cyclisme
10 un stade

Les vacances idéales
(à la page 23)
Voici la sélection de notre équipe:
D A J H F E G I C B

Activité 1

Une lettre d'Hélène

Hélène habite en Martinique, mais elle va voyager en France. Lis sa lettre, puis complète le petit résumé.

Martinique, le 25 septembre

Chère Anne,

Heureusement c'est bientôt octobre. Le 27 octobre, je vais partir pour la France. Je vais passer six mois à Lyon. Je vais travailler dans une agence de voyages.

Je vais prendre l'avion de Fort de France à Paris. Puis je vais passer deux ou trois jours à Paris. Je voudrais voir la Tour Eiffel et le Louvre etc. et faire les magasins aussi, bien sûr! Je vais t'envoyer une carte postale.

Ensuite, je vais prendre le train à Lyon. J'espère voyager en TGV. On dit que c'est très confortable et très rapide. On peut faire Paris-Lyon en deux heures.

Dans ta prochaine lettre, parle-moi un peu de tes projets. Est-ce que tu pars en vacances à Noël?

Amitiés,

Hélène

Elle ... passer six mois à Lyon. Elle va ... dans une agence de voyages. Elle ... partir le 27 octobre. Elle ... prendre ... à Paris, où elle va ... 2 ou 3 jours. Ensuite, elle va prendre ... à Lyon.

Imagine que tu vas bientôt en vacances à l'étranger. Ecris une lettre comme la lettre d'Hélène. Voilà des idées.

Cher/Chère ...

C'est bientôt les vacances de Noël.

Je vais passer mes vacances	en	France Suisse Belgique
Je vais prendre	l'avion le bateau et le train	à	Paris Genève Bruxelles
Je vais passer	trois jours une semaine quinze jours	là.
Je voudrais	visiter la ville faire les magasins visiter les musées	

Amitiés,

Activité 2

Puzzle

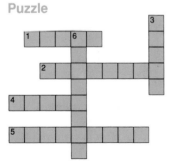

Ce week-end, je vais (1) beaucoup de choses. Vendredi soir, il y a un bon film à la télé, alors je vais (2) le film. Samedi, je vais (3) mes devoirs, puis je vais (4) au football avec Marc et Jean-Pierre. Et dimanche, il y a un grand match de rugby au stade. Le match va (5) à 15h. Ça va être formidable! Dimanche soir, nous allons (6) le match encore, mais à la télévision.

Complète l'horaire

Travaillez à deux. Une personne regarde cette page. L'autre personne regarde la page 26. Posez des questions pour compléter l'horaire.

Exemple: Le train pour Paris part de quel quai?

| Le train pour | Paris Le Havre Dieppe Lille Rouen | part à quelle heure? part de quel quai? |

B

TRAINS AU DEPART		
Départ	Destination	Quai
18h00	Paris St. Lazare	2
18h15	Le Havre	
	Dieppe	
	Lille	4
	Rouen	3

Activité 3

Qu'est-ce qu'on dit?

Ecris une bulle pour chaque voleur.

Qu'est-ce que tu vas faire maintenant?

Moi, je vais acheter beaucoup de choses. Je vais ... ...

Moi, je vais partir en vacances. Je vais ... ... Et toi?

Activité 4

Questions et réponses (partir)

Complète les phrases avec la forme correcte de **partir***. Puis décide quelle réponse va avec chaque question.*

Questions

1 Quand est-ce que tu ... pour le Canada?
2 Est-ce que vous ... en vacances cet été?
3 Quand est-ce que les garçons ... pour le match de football?
4 L'autobus à la gare ... à quelle heure?
5 Quand est-ce que Nicole et Sophie ... pour Paris?

Réponses

A Elles ... jeudi à midi.
B Je ... le 18 mai.
C Oui, nous ... le 7 juillet pour la Belgique.
D Le prochain autobus ... à 14 heures.
E Ils ... après le déjeuner.

Activité 5

Vous sortez avec qui?

Travaillez avec un(e) partenaire. Ecris une liste de noms, par exemple:

1 un professeur ou le directeur/la directrice de ton école
2 un personnage à la TV
3 un chanteur/une chanteuse
4 un membre de la famille royale
5 un homme/une femme politique
6 un joueur/une joueuse de tennis/football

Puis choisis un numéro ou jette un dé – ton/ta partenaire va te dire avec qui tu vas sortir samedi!
Exemple: 4 Tu vas sortir avec le prince Edouard.

Activité 6

Puzzle – sortir

1 Est-ce que Nicole et Jean ... ce soir?
2 Et toi? Est-ce que tu ... aussi?
3 Ce soir, nous restons à la maison, nous ne ... pas.
4 A quelle heure est-ce que vous ... ?
5 Est-ce que Claire ... avec Marc?

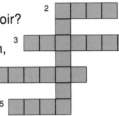

Activité 7

Complète les conversations

Regarde la page 27 et complète les conversations entre Isabelle et sa mère avec la forme correcte de sortir.

– Maman, ce soir je ...
– Tu ... encore ce soir? Mais non, Isabelle. Tu ... trop. Ça fait quatre fois que tu ... cette semaine.
– Mais maman, ce soir je ... avec Jean-Claude. Nous allons à la nouvelle discothèque.
– Eh bien, d'accord. Mais demain tu restes à la maison!

La semaine prochaine:
– Isabelle, ce soir, nous ...
– Vous ... , où allez-vous?
– Nous allons au nouveau restaurant italien en ville.
– Alors si vous ... , est-ce que je peux inviter des amis à la maison?
– Tu peux inviter une amie, Magali ou Sophie.
– Bon, d'accord.
– Ecoute Magali, papa et maman ... ce soir, alors est-ce que tu veux venir à la maison?

Activité 8

Complète les phrases

1 Le chien	sortent de la cuisine.
2 Les chats	sortons en voiture.
3 Je	sortez souvent?
4 Quand il fait beau, nous	sort du jardin.
5 Est-ce que vous	sors tous les soirs.

Activité 9

Questions et réponses (venir)

Complète les phrases avec la forme correcte de venir. Puis trouve la bonne réponse pour chaque question.
Exemple:
1 Ton cousin, d'où vient-il?
C Mon cousin vient de Glasgow, en Ecosse.

Questions
1 Ton cousin, d'où ... -il?
2 Est-ce que vous ... souvent à Londres?
3 Comment ... - ils à l'école aujourd'hui?
4 Tu n'es pas française. D'où ... -tu?
5 Est-ce qu'Isabelle ... au cinéma, ce soir?

Réponses
A Oui, nous ... à Londres chaque été.
B Non, elle ne ... pas au cinéma.
C Mon cousin ... de Glasgow, en Ecosse.
D Aujourd'hui, ils ... en voiture.
E Je ... de Cardiff, au pays de Galles.

Activité 10

Jean Duval arrive en France

Ecoute la cassette. Jean Duval, un jeune Québecois, arrive en France.

Lis ces phrases, puis mets-les en ordre.

A Le train va partir.
B Il composte son billet.
C Il achète un billet à La Rochelle au guichet.
D Il trouve une place dans un compartiment 'non-fumeur'.
E Ce n'est pas le train pour La Rochelle, c'est le train pour Bordeaux!
F Il arrive à la gare d'Austerlitz en taxi.
G Il demande l'heure du prochain train à La Rochelle.
H Il monte dans le train.
I Jean descend vite.

Activité 11

Louis Laloupe suit Monique Maligne

As-tu bien compris?

1 Louis Laloupe cherche un homme. Comment s'appelle-t-il?
2 Est-ce que Monique sort d'un magasin?
3 Elle prend l'autobus, et Louis Laloupe, que fait-il?
4 Où est-ce que Monique descend?
5 Est-ce qu'elle continue son voyage à pied?
6 Et Louis, est-ce qu'il prend son vélo?
7 Où vont-ils?
8 Quand le train arrive, qui monte dans le train?
9 Quand le train part, qui est toujours dans le train?
10 Qui est sur le quai?

Activité 1   **Un arbre généalogique**

*Voici l'arbre généalogique de la famille Masson.
On pose toutes ces questions à Claude Masson –
réponds pour lui.*

1 Ton oncle, comment s'appelle-t-il?
2 Ta sœur, quel âge a-t-elle?
3 Comment s'appelle ta grand-mère?
4 Ton grand-père, quel âge a-t-il?
5 La belle-sœur de ta mère, comment s'appelle-t-elle?
6 Tes cousins, comment s'appellent-ils?
7 Ta cousine, quel âge a-t-elle?
8 Ta tante, quel âge a-t-elle?

André Masson (71) —— Claudette Masson (67)

Christophe Lenoir (52) —— Michèle Lenoir (née Masson) (50)   Pierre Masson (48) —— Françoise Masson (née Dupont) (45)

Philippe Lenoir (23)   Nicole Lenoir (19)   Claude Masson (20)   Sylvie Masson (17)   Marc Masson (13)

Activité 2   **La famille de Claude Masson**

*Pour compléter les mots croisés, consulte l'arbre
généalogique de Claude.*

1 Claudette Masson est ma ...
2 Marc est mon ...
3 Michèle Lenoir est ma ...
4 Son mari, Christophe, est mon ...
5 Pierre Masson est mon ...

6 Nicole Lenoir est ma ...   8 Françoise Masson est ma ...
7 Sylvie Masson est ma ...   9 André Masson est mon ...

Activité 4   **Claude est en retard**

Choisis la bonne phrase pour chaque image.

Claude Masson arrive souvent en retard à son bureau et
le chef de bureau est furieux.

A Il s'habille très vite.
B Il voit un autobus qui arrive – il se dépêche!
C Il prend sa moto – mais le moteur s'arrête.
D Il se lève tout de suite. **E** Aujourd'hui, il se réveille très tôt.
F Hélas, l'autobus ne s'arrête pas.
G Enfin, il arrive ... mais quel désastre!

LE BUREAU

FERMÉ
FÊTE DU
PREMIER
MAI

Solution à la page 136

Activité 3   **Ta famille**

*Dessine l'arbre généalogique de ta famille, puis invente
des mots croisés comme Claude.*

Activité 5   **Colonie de vacances**

*Tu passes des vacances dans une colonie de vacances
en France. Voici la liste d'activités pour lundi – mais des
parties sont déchirées. Peux-tu compléter la liste avec les
verbes dans la case?*

Camping du Château
(Colonie de Vacances pour les enfants de 8 à 14 ans)
Liste d'Activités pour lundi 12 août

7h30	Premier Groupe se lève et
7h45	Deuxième Groupe (le groupe des grands) et se lave
8h00 à 8h45	**Petit déjeuner**
9h00	Les jeunes vont à la mer et jusqu'à 10h30 Les grands restent ici et des préparations pour le déjeuner
11h00	Les jeunes et les grands qui au cyclisme, prennent des vélos et Les autres (jeunes et grands) sur la plage
12h30	**Déjeuner**
13h30 à 14h30	Tout le monde
15h00	Le groupe des grands va à la mer et jusqu'à 16h30 Le groupe des jeunes reste ici et du goûter
17h00	**Goûter**
17h30 à 19h00	Temps libre
19h00	**Dîner**
20h30	Le groupe des jeunes
21h30	Les grands

se baignent	s'occupent	s'occupe
se repose	se couchent	se promènent
s'amusent	s'intéressent	se lave
se baigne	se couche	se lève

Activité 6

Jean Duval arrive à La Rochelle

Peux-tu compléter la conversation de Jean Duval et la famille Masson, avec les mots dans la case? Pour vérifier tes réponses, écoute la cassette.

Jean Duval, un jeune habitant de Montréal, va passer ses vacances chez la famille Masson.
Toute la famille va chercher Jean à la gare.
Le train arrive et Jean descend. Il s'approche de la barrière.

Mme Masson:	Pardon Monsieur, vous ...... Jean Duval, par hasard?
Jean:	Si, si ...... Et vous êtes Mme Masson?
Mme Masson:	C'est ...... Bonjour Jean. Comment ça va?
Jean:	Très bien, merci.
Mme Masson:	Je vous ...... mon mari.
M. Masson:	Bonjour Jean. Vous ...... un bon voyage?
Jean:	Bonjour Monsieur. Oui, ...
M. Masson:	Je ...... présente mes enfants, Sylvie ...
Sylvie:	Bonjour Jean.
M. Masson:	... et Marc.
Marc:	Bonjour Jean.
Jean:	Bonjour Sylvie. Bonjour Marc.

merci	ça	avez fait	c'est moi	présente	n'êtes pas	vous

Activité 7   Montréal en mots croisés

1 A Montréal, on peut voyager en autobus ou en ......
2 Dans la ville ...... de Montréal, il y a des magasins, des cinémas et des restaurants.
3 C'est le nom d'un fleuve. On peut le voir à Montréal.
4 Au ...... Olympique, on peut voir des matchs de baseball.
5 A Montréal, on trouve beaucoup de ......
6 Le musée des sciences naturelles s'appelle le ......
7 Là, on peut voir beaucoup de poissons.
8 C'est un sport. On peut le voir au Stade Olympique.

Activité 8   Jeu de mémoire

*Regarde la page 48 pendant deux minutes, puis fais ce petit jeu **Vrai ou faux?** sans regarder la page 48.*

1 Brigitte veut se coucher tôt ce soir.
2 Elle veut se lever très tôt le lendemain matin.
3 M. Guille et Brigitte veulent manger de la confiture d'oranges.
4 Fabien a très bien dormi et il veut sortir tout de suite.
5 Brigitte n'aime pas la France et elle veut retourner à Montréal.
6 Ce matin, Karine et Brigitte veulent aller en ville.
7 L'après-midi, elles veulent aller à la plage.
8 Brigitte veut aller à la poste.

Activité 10   Une lettre de Philippe

Philippe Dhomé habite à La Rochelle. Aujourd'hui, il écrit à son correspondant anglais. Lis sa lettre et choisis le mot correct.

1 Au collège, Philippe joue au tennis/volley/football et au rugby/basket/cricket.
2 Son sport préféré est le judo/le rugby/le cyclisme.
3 Son père est boucher/chauffeur de taxi/boulanger.
4 Leur magasin est fermé le dimanche/le samedi/ le lundi.
5 Le dimanche, il se lève très tôt/très tard/assez tard.
6 Philippe veut être mécanicien/vendeur/ professeur d'éducation physique.

Si tu veux, imagine que Philippe (ou sa sœur) est ton correspondant (ou ta correspondante) et écris une réponse à sa lettre.

Activité 9   Qu'est-ce qu'ils veulent faire?

Complète les phrases avec une partie du verbe vouloir *et des mots dans la case.*

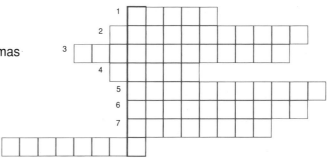

jouer au football	jouer au tennis	jouer aux cartes
regarder le film	faire du vélo	écouter de la musique

La Rochelle
samedi, 15 novembre

Cher Michael,

Merci de ta lettre. Moi aussi, j'aime beaucoup le sport. Au collège, nous jouons au football et au basket. Mais mon sport préféré est le rugby. Je vais souvent aux matchs de rugby à La Rochelle avec mon père.

Mon père est boulanger. Ma mère travaille aussi dans le magasin. Mais le dimanche, le jour le plus important pour le sport, on ferme la boulangerie et on passe la journée en famille. (Il y a une autre boulangerie dans le quartier qui est ouverte le dimanche. Comme ça les gens peuvent acheter du pain tous les jours de la semaine.)

Le dimanche matin, nous nous levons assez tard – c'est le seul jour de la semaine où on se repose un peu! Plus tard, nous sortons en voiture ou, quelquefois, nous partons pour la plage et nous nous baignons, s'il fait beau. Qu'est-ce que tu fais le dimanche? Est-ce que tu te lèves tard ce jour-là aussi? Est-ce que tu pars en voiture avec ta famille?

Qu'est-ce que tu veux faire dans la vie, plus tard? Moi, je ne veux pas être boulanger comme mon père, je voudrais être professeur d'éducation physique.

Dans l'attente de tes nouvelles,

Amitiés,
Philippe

Activité 1

Questions et réponses (comprendre/apprendre)

*Complète les questions et les réponses avec une partie de **comprendre** ou **apprendre**, puis mets-les ensemble.*
Exemple:
1 Est-ce que tous les élèves comprennent le français?
D Oui, tous les élèves dans notre classe comprennent le français.

Questions
1 Est-ce que tous les élèves c… le français?
2 Est-ce que ta grand-mère a… le piano?
3 Est-ce que ton grand-père c… l'italien?
4 Qu'est-ce que tu a… comme instrument de musique?
5 Qu'est-ce que vous a… comme langues au collège?

Réponses
A Moi, j'a… le violon.
B Non, mon grand-père ne c… pas l'italien.
C Nous a… le français, l'allemand et l'espagnol.
D Oui, tous les élèves dans notre classe c… le français.
E Oui, elle a… le piano.

Activité 2   Conversations au collège

Lisez ces conversations à deux. Puis changez les matières (en rouge) pour faire des conversations différentes.

1 – Qu'est-ce que tu aimes, comme matières?
– J'aime **le français** et **l'allemand**. Et toi?
– Moi, je préfère **l'histoire**.
– Pourquoi?
– **L'histoire** – c'est plus intéressant.

2 – Est-ce que tu aimes **les maths**?
– Non, pas tellement. **Les maths** – c'est difficile. Je préfère **la biologie**. Et toi?
– Moi, j'aime beaucoup **les maths**.

3 – Est-ce que tu aimes **le dessin**?
– Ah non, je déteste ça. Mais j'aime **la musique**. Et toi?
– Moi, je n'aime pas **la musique**. Ce n'est pas intéressant.

l'anglais	la biologie	la chimie
le français	la géographie	l'histoire
la musique	la physique	les sciences
le dessin	les maths	la technologie

Activité 3

Jeu de mémoire –
Tout pour la rentrée

Regarde bien la publicité à la page 64 pendant deux minutes. Puis ferme le livre et écris une liste des choses illustrées.

Solutions
Les langues vivantes
(à la page 58)
1 Karine 2 allemand
3 Sophie 4 Karine
Activité 4
(à la page 134)
1E 2D 3A 4C 5B 6F 7G

Deux hôtels

Travaillez à deux. Un(e) partenaire regarde cette page, l'autre regarde la page 62.

Tu travailles à l'office de tourisme. Ton/ta partenaire va te poser des questions sur ces deux hôtels. Réponds à ses questions en consultant les détails.

Puis tourne à la page 62 et choisis un hôtel pour Anne Martin, Monsieur et Madame Dupont et Luc.

Hôtel du Parc
- à 5 km du centre-ville
- 120 chambres dans un bâtiment moderne avec tout confort
- piscine   • courts de tennis
- gymnase • restaurant
- 400/600F

Hôtel du Château
A 1 km du centre-ville

10 chambres dans un ancien bâtiment historique

200/300F

Regardons la télé!

Travaillez à deux. Un(e) partenaire regarde cette page, l'autre regarde la page 64.

Voilà les émissions d'une chaîne de télévision. Ton/ta partenaire a les détails d'une autre chaîne. Choisis deux émissions sur chaque chaîne et préparez ensemble un programme que vous voulez voir.

Pour vous aider:
Je voudrais voir …
Ça commence à quelle heure?
Ça finit à quelle heure?
Mais moi, je voudrais voir …
D'accord, Alors on va voir ça, puis …

Puis, écris les détails dans ton cahier.
Nous voulons voir …

13h00	**Les vacances de M. Lulo** *Babar, Inspecteur Gadget*
13h30	**Sport** *Gymnastique: Championnat du monde à Bercy*
15h00	**Le Disney Club** *Dessins animés*
16h20	**Animalia** *Un regard nouveau sur la vie des animaux*
17h00	**Dessinez, c'est gagné** *Jeu*
17h30	**Hit, hit, hit, hourra!** *Film*

Activité 4   Questions et réponses (finir/choisir)

*Complète les questions et les réponses avec une partie de **finir** ou **choisir**, puis mets-les ensemble.*

Questions
1 Quand est-ce que vous f… aujourd'hui?
2 Est-ce que tu f… à 18 heures ce soir?
3 Le cours de musique f… à quelle heure?
4 Quand est-ce que le match f…?
5 Vos vacances de Noël f… quand?
6 Qu'est-ce que tu c… comme légumes?
7 Je vous invite à boire. Qu'est-ce que vous c… ?
8 Qu'est-ce qu'il c… comme livre?
9 Qu'est-ce qu'elles c… comme dessert?

Réponses
A Le match f… à 16h30.
B Ce soir le magasin est ouvert jusqu'à 19 heures, alors je f… à 19h30.
C Le cours de musique f… à 18h.
D Les vacances f… le 4 janvier.
E Aujourd'hui, c'est samedi, alors nous f… à midi.
F Nous c… une limonade, tous les deux.
G Il c… *Le Magicien d'Oz*.
H Comme légumes, je c… du chou-fleur.
I Comme dessert, elles c… une glace.

Dossier: un collège en France

Tu es reporter et tu prépares un article sur un collège en France pour le journal de ton école.

Section A

Regarde d'abord ces images et écris une phrase pour chaque image dans ton cahier.

1   2   3

4   5   6

Section B

Ecoute l'interview avec un professeur au collège pour trouver les réponses à ses questions.

Combien d'élèves y a-t-il au collège?
A quelle heure commencent les cours?
C'est à quelle heure la pause-déjeuner?
A quelle heure est-ce que les cours finissent?
Est-ce qu'il y a un internat?
Qu'est-ce qu'on fait comme sports au collège?

Section C

Tu as interviewé cette jeune fille. Voilà ses réponses – mais quelles questions as-tu posées?

1 …
  – Je m'appelle Monique.
2 …
  – Je suis en 5è A.
3 …
  – J'aime le dessin et la musique.

Section D

Quelles sont les matières les plus populaires dans la classe de Monique?
Quelles sont les matières les moins populaires?

Le hit parade des matières

1 les maths
2 les langues
3 l'éducation physique
4 le français
5 la technologie
6 les sciences nat.
7 la chimie
8 la physique
9 l'histoire
10 la géographie

Section E

Ecoute l'interview avec Claude. Qu'est-ce qu'il y a comme clubs au collège? (Il y en a trois seulement.)

a un club d'art
b un club photo
c un club d'informatique
d un club d'échecs
e un club d'astronomie
f un club de gymnastique

Section F

Ecoute l'interview avec les lycéennes. Que pensent-elles de la vie au lycée par rapport à la vie au collège?

a C'est plus facile au lycée.
b Au lycée, il y a plus de travail et c'est plus difficile.
c Il n'y a pas beaucoup de différence.

Section G

Enfin, lis cet extrait d'une lettre de Philippe (un élève au collège).

Tu me demandes de parler de mon collège. Eh bien, c'est un collège mixte pour garçons et filles de onze à seize ans. Les cours commencent le matin à huit heures et demie et finissent à cinq heures. Je vais au collège tous les jours, sauf le dimanche, bien sûr. Mais le mercredi et le samedi, je n'ai pas cours l'après-midi, et le jeudi je finis à trois heures.
Je suis demi-pensionnaire – c'est-à-dire, je prends le déjeuner au collège. En classe, j'aime beaucoup l'anglais et l'éducation physique. Comme sports, on fait du hand, du basket, du football et de la gymnastique. Je n'aime pas les sciences. C'est trop difficile.
Cette année, je suis en cinquième, et j'ai beaucoup de travail. Je voudrais bien savoir comment sont les collèges chez vous, quelles matières on apprend etc.

Trouve les erreurs

Lis la lettre de Philippe et corrige les erreurs dans ces phrases.

1 Philippe va au collège cinq jours par semaine.
2 Le jeudi, il finit à 4h.
3 Comme matières, il aime les maths et la biologie.
4 La matière qu'il aime le moins, c'est la géographie.
5 Il est en quatrième.
6 Il n'a pas beaucoup de travail.

Section H

Maintenant, à toi d'écrire ton article.

Est-ce qu'on t'invite l'an prochain? (à la page 53)	Les points		Tu as moins de cinq points? Ça alors! Tu penses qu'on va t'inviter l'an prochain? Moi, je ne suis pas du tout certain! Tu as cinq ou six points? On n'est pas sûr de t'inviter l'an prochain, mais c'est possible. Ecris une gentille lettre en France très vite!	Tu as sept points? C'est excellent. Une famille française va être contente de te recevoir. Et, à la fin de tes vacances, tu peux dire: J'ai passé des vacances merveilleuses. Merci beaucoup pour votre hospitalité.
	1	a = 1 b = 0		
	2	a = 1 b = 0		
	3	a = 0 b = 1		
	4	a = 1 b = 0		
	5	a = 0 b = 1		
	6	a = 0 b = 1		
	7	a = 1 b = 0		

Au choix   *unité 5*

Activité 1   Tu es en France

Maintenant à toi. Tu passes des vacances chez Madame Laval, 7 rue du Commerce, Strasbourg. Aujourd'hui, tu veux changer un chèque de voyage. N'oublie pas ton passeport!
Complète les conversations que tu as à la banque.
Tu commences la conversation.

– ...
– Oui, c'est au change.
– On peut vous aider?
– ...
– Bon, vous avez votre passeport?
– ...
– Quelle est votre adresse en France?
– ...
– Voulez-vous signer là, s'il vous plaît?
– ...
– Merci. On va vous donner votre argent à la caisse.

Activité 3   Cherche dans le dictionnaire

Voici les noms d'autres magasins:

une boutique		de bijoux
une confiserie		de bricolage
une crèmerie	un magasin	de jouets
une droguerie		de souvenirs
une parfumerie		de sports
une poissonnerie		

Où est-ce qu'on achète ces choses?

1 une montre
2 un ouvre-boîte

3 des bonbons   **4** un ours   **5** un pinceau

Activité 4   Les magasins du quartier

Choisis une rue ou un centre commercial local. Qu'est-ce qu'il y a comme magasins?
Fais une liste des différents magasins.
Exemple: Dans Church Road, il y a un magasin de sports, 3 boulangeries, une pharmacie, un magasin de jouets etc.

Activité 2   Combien?

Jouez à deux ou en équipes.
Une personne pose une question à l'autre. L'autre répond avec un chiffre.
Si ce n'est pas correct, la première personne doit donner la réponse correcte pour gagner un point.
Voilà des idées:

Il y a combien de lettres dans l'alphabet?
de jours dans l'année?
de secondes dans une minute?
d'heures dans un jour?
de saisons dans l'année?
d'élèves dans notre école/classe?
de profs de français dans notre école?

Au marché

Travaillez à deux.
Un de vous est le client/la cliente et regarde cette page. L'autre est le marchand/la marchande et regarde la page 74. Puis changez de rôle.

1   Chez le marchand de légumes

Voici ta liste. Tu vas chez le marchand de légumes, mais il est déjà seize heures. Tu trouves seulement deux des choses qui sont sur ta liste.
Demande ces choses au marchand, puis écris dans ton cahier ce que tu as acheté.
Exemple: Je voudrais un kilo de carottes.

1Kg carottes
1 concombre
1Kg haricots verts
2Kg pommes de terre
500g champignons
1 chou-fleur

2   Chez la marchande de fruits

Cette fois, tu vas chez la marchande de fruits, mais tu trouves seulement deux des choses qui sont sur ta liste.
Ecris-les dans ton cahier.
Exemple: Avez-vous des pommes?

1Kg pommes   une barquette de fraises
4 bananes   5 oranges
1 citron   1Kg pêches

Solutions

La vie est comme ça! *(à la page 39)*
1E 2D 3G 4I 5F 6H 7A 8C 9J 10B

Les jeunes Québécois arrivent à Rouen
(à la page 43)
1C 2D 3B 4A

Louis Laloupe *(à la page 42)*
E K G A C F H I

Activité 5 *(à la page 141)*
1C 2F 3B 4A 5D 6H 7E 8G

Jeu de mémoire *(à la page 43)*
1 Fabien Guille **2** Benoît Guille **3** René Laurent
4 Sophie Laurent **5** Karine Guille **6** Brigitte Laurent
7 M. Philippe Guille **8** La grand-mère de la famille Laurent
9 Mme Georgette Guille **10** Mme Delphine Guille

Activité 5

Trouve le contraire

1	grand	A	triste
2	long	B	jeune
3	âgé	C	petit
4	content	D	fatigué
5	actif	E	jeune
6	gigantesque	F	clair
7	ordinaire	G	minuscule
8	foncé	H	extraordinaire

*Quel est le contraire de ces mots?
Cherche dans le dictionnaire.*

1 haut   2 étroit   3 différent
4 lourd   5 mince

Activité 7   **Voici la publicité**

Regarde les publicités françaises et anglaises. On emploie souvent des adjectifs pour décrire quelque chose. A toi de faire de la publicité pour un nouveau produit – une voiture, un jouet, une boisson ... n'importe quoi.

Exemple:

économique   confortable   rapide
(prix) incroyable   magnifique
De quoi parle-t-on? De la nouvelle voiture 'Zoom'.

Si tu préfères, écris une petite annonce comme celle-ci:

A vendre – petits lapins
très mignons, noirs,
blancs, gris ou tricolores
Prix modestes

Activité 8   **C'est qui?**

Complète les phrases 1 à 8, puis écris le commencement des deux phrases qui restent.
Exemple: 1 Voici l'infirmière qui travaille à l'hôpital de La Rochelle.

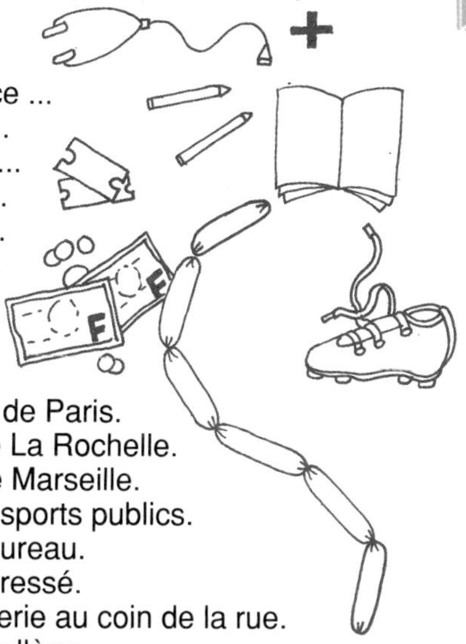

1 Voici l'infirmière ...
2 Voici l'agent de police ...
3 Voici le professeur ...
4 Voici la conductrice ...
5 Voici le footballeur ...
6 Voici la chanteuse ...
7 Voici le boulanger ...
8 Voici la caissière ...
9 ...
10 ...

qui travaille à la Banque de Paris.
qui travaille à l'hôpital de La Rochelle.
qui joue avec l'équipe de Marseille.
qui travaille pour les transports publics.
qui travaille dans notre bureau.
qui chante avec Citron Pressé.
qui travaille à la boulangerie au coin de la rue.
qui travaille dans notre collège.
qui travaille au commissariat de police de Poitiers.
qui apporte le courrier dans notre quartier.

Activité 6   A propos de mots

Regarde ces cinq adjectifs et choisis deux autres mots dans la case pour chaque groupe. Pour t'aider, regarde comment on fait la forme féminine (entre parenthèses).

petit (petite)   anglais (anglaise)   mince (mince)   heureux (heureuse)   bon (bonne)
...   .
...   .

joli (jolie)   délicieux (délicieuse)   étroit (étroite)   jeune (jeune)
français (française)   fantastique (fantastique)   mignon (mignonne)
mauvais (mauvaise)   gros (grosse)   merveilleux (merveilleuse)

Activité 9   Mes animaux

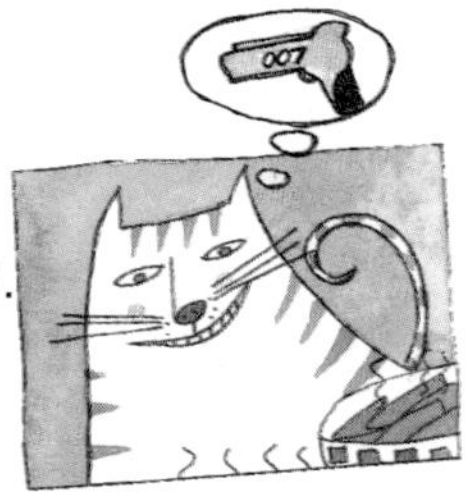

Voici deux phrases. A toi d'en faire une.
Exemple: 1 Mon chat, qui a dix ans, adore regarder les vidéos de James Bond.

1 Mon chat a dix ans. Il adore regarder les vidéos de James Bond.
2 Ma souris s'appelle Hortensia. Elle adore la musique classique.
3 Mon chien s'appelle Domino. Il adore jouer aux échecs.
4 Mon oiseau est vert et jaune. Il adore chanter des chansons de Noël.
5 Mon hamster a deux ans. Il adore manger les journaux.
6 Mes lapins s'appellent Poivre et Sel. Ils adorent danser.

Activité 10   Jeu de mémoire

Regarde bien la page 76 pendant deux minutes. Maintenant, les personnes sont à la maison. On parle de ce qu'on a acheté. Décide qui répond à chaque fois – Nathalie, Monique, M. Durand, ou M. Lenôtre.

1 J'ai acheté du lait, des biscuits et du jambon.
2 J'ai acheté des yaourts, des pommes et des saucisses.
3 J'ai acheté de la confiture, des fraises et des carottes.
4 J'ai acheté des pâtes, du fromage et du vin.

Qu'est-ce que tu as oublié?

*Travaillez à deux. Un partenaire regarde cette page, l'autre regarde la page 81.
Tu fais des achats, mais tu as oublié ta liste. Ton/ta partenaire va te demander si tu as acheté les choses sur la liste.
Regarde la facture. Si la chose est là, réponds
Oui, j'ai acheté ...*

*Si la chose n'est pas là, réponds
Ah non, j'ai oublié ça.*

La facture

```
JAMBON DE PARIS 6 TRANCHES  4.60
LAIT
                           10.15
CHAMPIGNONS
                            3.95
BRICK JUS DE POMME
                            4.50
CONFIT. B. MAMAN
                            4.90
POULET
                           20.65
TOMATES
                            8.15
MERCI DE VOTRE SERVICE
```

Activité 1   Le portrait-robot: un jeu de mémoire

Regarde le portrait-robot à la page 84 pendant une minute.
Puis cherche dans le 'Dossier-Visages'. Quelles parties de ce portrait-robot sont dans le Dossier?
Exemple: le nez: numéro 1

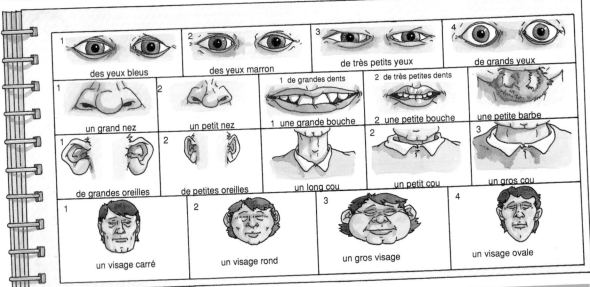

Solution à la page 142

Activité 2   Ils sont malades!

Toutes ces personnes (et le petit chat) sont malades – mais qu'est-ce qu'elles ont?
Qu'est-ce qu'elles disent au médecin?
Exemple: 1 H – Il dit, 'J'ai mal au ventre'

A Elle a mal au dos.
B Elle a mal aux oreilles.
C Il a mal à l'œil.
D Il a mal à la jambe.
E Le bébé et sa maman ont mal à la main.
F Ils ont mal à la tête.
G Il a mal à la queue.
H Il a mal au ventre.
I Ils ont mal aux pieds.
J Elle a mal au cœur.

Activité 3   Au téléphone

La famille chez qui tu passes tes vacances en France a organisé une boum, et tout le monde, sauf toi, est allé en ville pour faire des courses.
Beaucoup d'invités téléphonent pour dire qu'ils sont malades. A toi de noter les messages.

1
M. et mme. Clémenceau ne peuvent pas venir parce qu'ils.........et le chat......

2
Annette ne peut pas venir parce que...

3
La famille Durand va arriver un peu tard. Ils vont chez le médecin parce que le bébé.......

4
Les cousins sont malades. Jeanne.... Paul....... et les deux enfants....

Solutions

Vol à midi *(à la page 84)*
1B 2A 3E 4C 5D

Quelle description?
(à la page 86)
1B 2E 3A 4F 5C 6D

Qu'est-ce qu'ils disent?
(à la page 86)
1 J'ai faim **2** J'ai chaud
3 J'ai soif **4** J'ai faim
5 J'ai froid

Trouve la réponse
(à la page 88)
1F 2A 3J 4C 5E 6H 7D 8B 9G 10I

En France: la médecine et toi *(à la page 91)*
1E 2H 3C 4A 5B 6D 7F 8C

Le portrait mystère
(à la page 84)

Activité 4

Il y a toujours quelque chose qui ne va pas!

Complète les conversations.

Exemple:

1 – J'ai **chaud**.
   – Alors, enlève ton manteau.
   – Maintenant j'ai **froid**.

2 – Brr! J'ai ...
   – Alors, mets un pull.
   – Maintenant j'ai trop ...

3 – Maman nous avons ...
   – Alors, mangez ces sandwichs.
   – Maintenant nous avons ...
   – Alors, buvez de la limonade.

4 – Ouf! J'ai ...
   – Alors, bois cette orangeade glacée.
   – Brr. Maintenant je n'ai plus ... , mais j'ai ...
   – Alors, mets ton pull!

Activité 5   S'il te plaît

Pendant ton séjour en France, on va peut-être te demander d'aider un peu dans la maison. Est-ce que tu vas comprendre? Ecoute des familles françaises sur la cassette et mets les dessins en ordre.

Solution à la page 138

Activité 6   Complète les phrases

*Complète ces phrases avec une partie du verbe **dormir**.*

1 Tu ... encore? Mais regarde l'heure!

2a Est-ce que vous ... bien en général?
 b Non, docteur. Je ... très mal.

3a Est-ce que Pierre ... toujours?
 b Oui, il ... toujours.

4a Et les filles, est-ce qu'elles ... aussi?
 b Non, elles ne ... plus. Elles sont dans la cuisine.

5a Est-ce que tu ... dans le train?
 b Oui, je ... dans le train quand je fais un long voyage.

Des ordres pas comme les autres *(à la page 89)*

A Ton ami(e) ne peut pas sauter parce qu'il est impossible de sauter sans perdre contact avec le mur!

B Il/elle ne peut pas lever le pied parce que c'est impossible sans perdre contact avec le mur!

C Tu ne vas pas perdre ton argent – ça aussi, c'est impossible!

Toutes ces actions sont impossibles à cause de la force de la gravitation et de la position du centre de gravité. Si tu ne comprends pas trop bien, demande à ton prof de sciences!

Activité 7   Questions touristiques

Peux-tu aider ce touriste?
Trouve la bonne réponse à chaque question.

1 Où est-ce que j'achète un billet de train?

2 J'ai chaud. Est-ce qu'il y a un autobus qui va à la piscine?

3 J'ai faim. Où est-ce que je peux acheter du jambon ou une tarte au fromage?

4 Il y a trop de soleil et j'ai mal aux yeux.

5 J'ai soif. Est-ce qu'il y a un café près d'ici?

6 Il est une heure moins dix et je voudrais changer de l'argent.

A N'allez pas à la banque entre midi et deux heures.

B Allez à la charcuterie, elle est en face de la gare.

C Prenez l'autobus numéro 4 pour la piscine.

D Achetez votre billet au guichet de la gare.

E Mettez des lunettes de soleil.

F Regardez – voilà le Café de Paris, là-bas.

Activité 8   Mots croisés

Horizontalement

3 On appelle le magasin qui vend des médicaments une ...

7 Le médecin donne une ... au monsieur qui a mal au dos.

8 Le père de Jean Lemont, qui est ... , travaille beaucoup.

Verticalement

1 Le monsieur ... travaille à la pharmacie s'appelle le pharmacien.

2 Les gens qui sont ... vont voir le médecin.

4 Un malade qui veut voir le médecin doit d'habitude prendre un ...

5 La fille qui a mal à la tête doit prendre de l' ...

6 C'est le pharmacien qui vend des ...

Solution: La chasse aux réponses *(à la page 97)*

 1 Parce qu'il a mal à la jambe.
 2 Parce qu'elle pense qu'il y a un examen de mathématiques/Parce qu'elle est malade.
 3 Parce qu'elle n'aime pas le babysitting à la maison.
 4 Parce que le bébé est malade/Parce que le bébé a mal à l'œil droit et ne peut pas dormir.
 5 Parce que les clients attendent déjà.
 6 Parce que la vie d'un médecin est dure.
 7 Parce qu'il faut payer.
 8 Parce qu'il a mal aux oreilles et à la gorge et il ne peut pas dormir.
 9 Parce que ce n'est pas bon pour la santé/Parce que c'est très difficile de s'arrêter.
10 Parce qu'elle a déjà commandé de l'eau minérale.

Activité 1   Tu as soif

*Tu es avec trois autres personnes et vous avez tous soif.
Vous allez au café. C'est toi qui commande des boissons.
Complète ta conversation avec le garçon du café.*

– Vous désirez?
– *(Commande quatre boissons différentes.)*
– Très bien.
– *(Quelqu'un veut aller aux toilettes. Demande où elles sont.)*
– Au sous-sol.
– *(Maintenant, tu veux l'addition.)*
– Oui, j'arrive.
– *(Demande si le service est compris.)*
– Oui, tout est compris.

Activité 2   Jeu de mémoire

*Regarde la page 100 pendant deux minutes, puis décide
qui dit ça.* **Exemple: 1** Marc

1 J'ai commandé un Orangina.
2 J'ai commandé un café crème.
3 J'ai commandé un jus d'orange.
4 J'ai commandé une limonade.
5 J'ai commandé un chocolat chaud.
6 J'ai commandé un coca.

Activité 3   Tu as faim

*Tu es avec une autre personne (qui ne parle pas français)
et vous avez faim. Complète la conversation au café.*

– Vous désirez?
– *(Demande ce qu'il y a à manger.)*
– Eh bien, nous avons des sandwichs au jambon, au
  fromage et au pâté, des frites et des glaces.
– *(Commande deux sandwichs différents.)*
– Très bien.
– *(Maintenant, commande deux glaces.)*
– Oui, quel parfum?
– *(Choisis deux parfums différents.)*

Activité 4   Quelle est la bonne réponse?

1 Quand est-ce que les Corot ont préparé les sandwichs?
   A lundi soir
   B mardi à midi
   C mardi soir après le dîner

2 Qu'est-ce que Mme Corot a préparé?
   A Elle a préparé des sandwichs au saucisson.
   B Elle a préparé des sandwichs aux sardines.
   C Elle a préparé des sandwichs au jambon.

3 Qui a mangé des sardines lundi soir?
   A M. et Mme Corot ont mangé des sardines lundi soir.
   B Le chat a mangé des sardines lundi soir.
   C M. Corot a mangé des sardines lundi soir.

4 A quelle heure est-ce que les Corot ont quitté la
   maison, mardi matin?
   A Ils ont quitté la maison à huit heures et quart.
   B Ils ont quitté la maison à huit heures.
   C Ils ont quitté la maison à sept heures et demie.

5 Qu'est ce que l'épicier a apporté chez les Corot?
   A Il a apporté seulement des boîtes de conserves.
   B Il a apporté seulement des légumes.
   C Il a apporté des provisions.

6 Où est-ce que Mme Corot a trouvé le chat?
   A Elle a trouvé le chat dans le jardin.
   B Elle a trouvé le chat dans la rue.
   C Elle a trouvé le chat dans le garage.

7 Pourquoi est-ce que M. Corot a passé la nuit à
   l'hôpital?
   A Parce qu'il a été malade à la cantine.
   B Parce qu'on pense qu'il a mangé de mauvaises
      sardines.
   C Parce que sa femme a téléphoné au médecin.

8 Qui a expliqué pourquoi le chat a été malade?
   A C'est M. Corot.
   B C'est le médecin.
   C C'est l'épicier.

Solution à la page 144

Activité 5   Voilà pourquoi   *Mets la bonne réponse à chaque question.*

Au restaurant

1 Pourquoi avez-vous choisi le melon comme hors d'œuvre?
2 Vous avez commandé un très grand steak avec deux
   portions de frites. Pourquoi?
3 Vous avez commandé des haricots verts, des carottes et
   des petits pois. Pourquoi?
4 Vous avez pris deux boissons: un Orangina et une
   limonade. Pourquoi?

A Parce que j'adore les légumes.
B Parce que j'ai soif.
C Parce que j'ai très faim.
D Parce que j'ai chaud et j'aime les fruits.

Chez le médecin

1 Pourquoi avez-vous mal au ventre?
2 Pourquoi avez-vous mal au pied?
3 Pouquoi avez-vous mal à la gorge?
4 Pourquoi avez-vous mal à la tête?
5 Pourquoi avez-vous mal aux yeux?

A Parce que j'ai joué au football pendant cinq heures.
B Parce que j'ai très mal dormi.
C Parce que j'ai travaillé sur l'ordinateur pendant trois
   heures.
D Parce que j'ai parlé, sans cesse, pendant trois heures.
E Parce que j'ai mangé trois kilos de pommes.

Solutions

Activité 1 *(à la page 140)*
le nez:1   les yeux: 1 et 4   la bouche: 2   les oreilles: 1
le cou: 2   le visage:1 et 3   la barbe: 1

Activité 1 *(à la page 144)*
1 janvier **2** dimanche **3** décembre **4** juillet **5** mercredi
6 février **7** vendredi **8** septembre

Activité 2 *(à la page 144)*
1G **2H 3A 4C 5J 6B 7I 8F 9D 10E**

Activité 5 *(à la page 144)*
1D **2A 3B 4E 5F 6C**

Activité 9 *(à la page 145)*
C I F G A B D H
Les phrases J et E ne sont pas vraies.

Activité 6   Poires au caramel

Mets le bon texte à chaque image.

A Chauffez le sirop pour faire du caramel.
B Mettez l'eau et le sucre dans une casserole.
C Pelez les poires. Essayez de garder leur forme intacte. Ne cassez pas les queues.
D Quand les poires sont tendres, mettez-les sur une assiette.
E Mettez du jus de citron sur les poires: comme ça, elles vont rester blanches.
F Après quatre minutes, mettez les poires dans la casserole, couvrez la casserole et faites cuire les poires doucement pendant dix à quinze minutes.
G Versez le caramel sur les poires et laissez refroidir.
H Chauffez pour faire du sirop.

Activité 7

Qu'est-ce que c'est?

> *Le plat du jour qu'est-ce que c'est?*

Voilà des descriptions de plats au restaurant **Le Perroquet Vert** *(à la page 109). Peux-tu les identifier?*

1 Ce sont des légumes qui ne sont pas cuits, par exemple des carottes, du concombre, du chou-fleur, des oignons, des tomates.
2 C'est un dessert fait avec du chocolat et des œufs. C'est assez riche mais c'est délicieux.
3 C'est un hors d'œuvre fait avec des tomates, des oignons et de la sauce vinaigrette.
4 Ce sont des tranches de viande froide, souvent du porc, par exemple du jambon et du saucisson.
5 C'est du poulet cuit dans une sauce faite avec du vin rouge.
6 Ce sont des pêches cuites au sirop et servies avec de la purée de framboises.

Activité 8   Les repas à conséquences

Travaillez à deux.

Ecris le nom d'un hors d'œuvre sur une feuille, plie la feuille et donne la feuille à ton/ta camarade.

Ecris le nom d'un plat principal; plie la feuille etc.

Ecris le nom d'un légume; plie la feuille etc.

Ecris le nom d'une boisson; plie la feuille etc.

Ecris le nom d'un dessert; plie la feuille etc.

Ouvre la feuille, puis commande un repas comme ça.

Pour vous aider, regardez **Les idées de menus** *(à la page 108) et* **Le Perroquet Vert** *(à la page 109).*

Activité 9   As-tu bien compris?

Relis l'histoire **Louis Laloupe et le bandit du restaurant** *à la page 110, puis réponds à ces questions.*

1 Où est-ce que Louis Laloupe a vu l'article sur le bandit?
2 Est-ce qu'il a lu l'article?
3 Qu'est-ce qu'il a décidé de faire?
4 Où est-ce qu'il a cherché le bandit?
5 Qu'est-ce qu'il a trouvé?
6 Qu'est-ce que le garçon de café a fait?
7 Qu'est-ce que Louis a choisi au restaurant?
8 Qui a observé les deux personnes riches?
9 Est-ce que Louis a arrêté le bandit?
10 Qui a arrêté Louis?

Activité 10   Complète les phrases

1 Ce Parisien a vendu/perdu/attendu la Tour Eiffel.
2 J'ai perdu/répondu/attendu mes lettres, mais heureusement, je n'ai pas vendu/perdu/entendu mon pied!
3 Attention, attention. Le zoo de Paris a vendu/perdu/attendu un tigre très dangereux.
4 Le gendarme a vendu/perdu/attendu le voleur devant la banque.

Activité 11   Le pique-nique

Complète les phrases

1 Marc a ... une boîte de sardines. (ouvrir)
2 Il a ... trois gros sandwichs. (préparer)
3 Il a ... une bouteille de limonade. (prendre)
4 Il a ... ses provisions dans son sac à dos. (mettre)
5 Il a ... un bon endroit, près de la rivière. (trouver)
6 Il a ... chaud. (faire)
7 Marc a ... au soleil. (dormir)
8 Et le chien a ... ses sandwichs. (manger)

Activité 1

Les mots brouillés

Peux-tu écrire les mots correctement?

Il y a cinq mois et trois jours.

1 IVENJAR
2 MACHINED
3 REDBEMEC
4 TILLUJE
5 REDIRECM
6 EVERRIF
7 EVERDIND
8 PETEBREMS

Solution à la page 142

Activité 2   Quelle heure est-il?

Quelles heures sont les mêmes?

Exemple: 1 G 21h15 = Il est neuf heures et quart

1	21h15	A Il est cinq heures vingt-cinq
2	14h10	B Il est une heure et demie
3	17h25	C Il est onze heures moins le quart
4	22h45	D Il est huit heures moins le quart
5	23h40	E Il est huit heures et quart
6	13h30	F Il est minuit moins dix
7	21h55	G Il est neuf heures et quart
8	23h50	H Il est deux heures dix
9	19h45	I Il est dix heures moins dix
10	20h15	J Il est minuit moins vingt

Solution à la page 142

Activité 3   Ça coûte combien?

Regarde les billets.
Ecoute la cassette et mets les images en ordre. Puis écris le prix total de chaque groupe de billets.

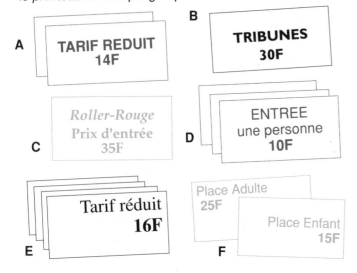

A TARIF REDUIT 14F
B TRIBUNES 30F
C Roller-Rouge Prix d'entrée 35F
D ENTREE une personne 10F
E Tarif réduit 16F
F Place Adulte 25F   Place Enfant 15F

Activité 4   Rendez-vous à la fête foraine

Pendant sa visite en France, Jean Duval et son copain, Pierre, visitent une fête foraine. Jean a rendez-vous avec Pierre à trois heures.

Complète la conversation avec les mots dans la case (ce sont tous des parties du verbe être).

Il (1) trois heures et quart. Pierre attend Jean près de l'entrée. Mais où (2) Jean?

– Salut Pierre. Excuse-moi. Je (3) un peu en retard. Ça fait longtemps que tu (4) là?
– Non, ça va. On entre?
– Oui, d'accord. Où (5) la caisse? Ah, la voilà.
– Deux entrées, s'il vous plaît.
– Trente francs.
– Merci, Madame.
– On achète des frites?
– D'accord.
– Mmm. Elles (6) bonnes, ces frites.
– Où (7) le train fantôme? J'adore ça.

| suis | es | est | sont |

Copains-copines: Résumé

Abdoul a écrit cette lettre à ses parents. Complète la lettre avec les mots dans la case.

Cher Papa, chère Maman,
   Merci beaucoup du cadeau fantastique que nous avons ... hier. Nous avons ... une petite aventure! A la poste, on m'a ... , par erreur, un autre paquet. Quand nous avons ... le paquet à la maison, nous avons ... des vêtements de fille et une lettre pour une fille nommée Christelle!
   Nous sommes tout de suite ... à la poste avec le paquet, et Maxime a ... une fille qui avait perdu un paquet. C'était Christelle!
   Heureusement, cette fois, on nous a ... le bon paquet et j'ai ... les cadeaux à toute la famille. Ils ont tous ... très contents!
Je vais vous téléphoner avant mon départ.
   Bises,
      Abdoul

| été | reçu | trouvé | allés | donné | eu |
| ouvert | vu | donné | distribué | | |

Solutions

Ce week-end, qu'est-ce qu'on a regardé?
(à la page 123)

Le samedi, Simone a regardé *Les aventures de Tintin,* et dimanche, *Le Colosse de Rhodes.*
Le samedi, les Jacquier ont regardé *Jeux sans frontières,* et dimanche, *Questions à domicile.*
Le samedi, Bruno a regardé *Vampire ... vous avez dit Vampire?* et dimanche, il a regardé le rugby.
Le samedi, les parents de Frank ont regardé *Les frères Kray,* et dimanche, ils ont regardé *Envoyé spécial.*

Des cartes postales *(à la page 128)*
1 Abdoul 2 Lucie 3 Fabien à Montréal
4 Géraldine en Angleterre 5 Karine à Montréal

Activité 4 *(à la page 142)*

1A 2C 3B 4A 5C 6C 7B 8C

Activité 5   Trouve le contraire

1 je suis monté	A je suis revenu du cinéma
2 tu es sorti	B tu es entré
3 vous êtes arrivé	C je suis arrivé
4 je suis allé au cinéma	D je suis descendu
5 je suis parti	E vous êtes parti
6 tu es descendu	F tu es monté

Solution à la page 142

Activité 6   C'est quelle phrase?

1 Ils sont partis à toute vitesse.
2 Il est parti à toute vitesse.
3 Elle est partie à toute vitesse.
4 Ils sont partis à toute vitesse.

Activité 7   La fête foraine

Emma aussi est allée à la fête foraine avec son amie Béthanie. Imagine qu'elles ont fait exactement les mêmes choses que les deux garçons, Aristote et Théophile, dans l'histoire à la page 124. Peux-tu écrire une description de leur visite?

Activité 8   Je suis bien arrivé(e)!

Tu as passé deux semaines de vacances chez ton/ta correspondant(e), Simone ou Bruno Levain. Maintenant, tu es rentré(e) chez toi. Tu es bien arrivé(e). Excellent! Maintenant, envoie vite une petite lettre à Monsieur et Madame Levain pour leur raconter ton voyage et pour dire merci. Voici les détails de ton voyage:

Départ en voiture de chez Simone et Bruno	08h30
Paris (gare St. Lazare): départ en train	10h00
Dieppe: départ en bateau	13h15
Newhaven: arrivée	16h50
départ en train	17h20
Londres (Victoria)	19h10
Arrivée chez toi	
(ça dépend d'où tu habites!)	

Le jeu des conséquences *(à la page 127)*

D'abord fais le total de tes points (maximum 50 points) comme ça:

1 *Pour les cases B C D F et H compte le numéro de ta colonne.* **Exemple:** *numéro 3 x 5 = 15 points.*
2 *Pour chacune des cases A E G et I compte un numéro différent pour chaque couleur: rouge 1 point, bleu 2 points, jaune 3 points, vert 4 points, orange 5 points*

Exemple:
Hier soir, je suis parti en taxi. Je suis allé en ville.
Je suis resté là-bas toute la soirée.

1 + 1 + 1 + 1 + 5 + 1 + 2 + 1 + 4 = 17 points

Et maintenant, regarde les conséquences:

Voici les conséquences

10 à 15 points	Une tarentule est sortie de sa cage et tout le monde est parti.
16 à 20 points	On a attrapé une tarentule et on a gagné 5,000 francs.
21 à 25 points	Toute la famille est montée à la Tour Eiffel.
26 à 30 points	Toute la famille est descendue de la Tour Eiffel à pied parce que l'ascenseur était en panne.
31 à 35 points	On a passé toute l'histoire à la télé.
36 à 40 points	La télé a explosé.
41 à 43 points	On a gagné le premier prix à la Loterie Nationale.
44 à 46 points	On a perdu tout l'argent au Casino de Monte-Carlo.
47 ou 48 points	On a gagné des billets pour un voyage dans l'espace.
49 ou 50 points	On est arrivé sur la lune.

Activité 9

Jeux sans frontières en huit phrases

Choisis les huit phrases qui sont vraies, puis mets-les en ordre pour faire un petit résumé.

A Une fille anglaise est retournée chercher une autre fleur, alors l'équipe française a gagné le deuxième jeu.
B Dans le troisième jeu, un homme français est tombé de son tracteur.
C Pour voir l'édition spéciale de *Jeux sans frontières*, Marc St Clair est allé dans le petit village de Novary-les-églises.
D L'autre tracteur est arrivé trop vite pour s'arrêter.
E Une équipe est française et l'autre est venue d'Ecosse.
F Un membre de l'équipe française est tombé de son mouton.
G Dans le deuxième jeu, les filles sont montées sur les lapins et sont allées chercher des fleurs.
H Les Anglais ont gagné les jeux.
I Dans le premier jeu, les hommes sont montés sur des moutons artificiels et ils ont sauté des lits.
J L'équipe française a gagné le premier jeu.

Solution à la page 142

La grammaire

• Nouns

A noun is the name of someone or something or the word for a thing (e.g. the box, a pencil). All nouns in French are either masculine or feminine. The article (*le, la, un, une*) will tell you which it is.

masculine singular	feminine singular
le garçon	*la fille*
un livre	*une maison*
l'appartement	*l'épicerie*

Most nouns form the **plural** (more than one) by adding *-s*. This is not usually sounded, so the word may sound the same whether singular or plural. The words *le, la* or *l'* become *les* and *un* or *une* become *des*.

singular	plural
le train	*les trains*
une tomate	*des tomates*

Some nouns form the plural by adding *-x*. This is not sounded either.

le cadeau	*les cadeaux*

• some or any

The word for 'some' or 'any' changes according to the noun it is used with.

singular			plural
masculine	feminine	before a vowel	(all forms)
du pain	*de la viande*	*de l'eau*	*des poires*

Sometimes you do not use *du/de la/de l'/des* but just *de* or *d'*. This happens in the following cases:

after a negative (*ne … pas, ne … plus*)
after expressions of quantity

Je n'ai pas d'argent   I haven't any money
Il n'y a plus de légumes There aren't any more vegetables
Une bouteille de lait   A bottle of milk

• à (to, at)

à can mean 'to' or 'at'. When it is used with *le, la* and *les* to mean 'to the' or 'at the' it changes in the following ways:

singular			plural
masculine	feminine	before a vowel	(all forms)
au parc	*à la piscine*	*à l'épicerie*	*aux magasins*

On va au parc?   Shall we go to the park?
Moi, je vais aux magasins   I'm going to the shops
J'achète du chocolat à l'épicerie
     I'm going to buy some chocolate at the grocer's
D'accord. Et après, on va à la piscine
     OK. And after that we'll go the swimming pool

• de (of, from)

de can mean 'of' or 'from'. When it is used with *le, la* and *les* to mean 'of the' or 'from the' it changes in the following ways:

singular			plural
masculine	feminine	before a vowel	(all forms)
du centre-ville	*de la gare*	*de l'hôtel*	*des magasins*

Cet autobus part du centre-ville
     This bus leaves from the town centre
Je vais de la gare à la maison en taxi
     I go from the station to home by taxi
Elle téléphone de l'hôtel   She is phoning from the hotel
Il rentre des magasins avec beaucoup d'achats
     He's come back from the shops with a lot of shopping

• this or that

singular			plural
masculine	before a vowel (masc. only)	feminine	(all forms)
ce livre	*cet anorak*	*cette chemise*	*ces chaussettes*

Ce, cet, cette can mean either 'this' or 'that'. *Ces* can mean either 'these' or 'those'. To make it clearer which you mean, you can also add *-ci* (this) and *-là* (that) to the noun.

Tu préfères ce pull-ci ou ce pull-là?
     Do you prefer this pullover or that pullover?

• Adjectives

An adjective is a word that tells you more about a noun. Notice how the adjectives in the following sentence give a much better description of the animal.

*C'est un **grand** animal **vert** avec quatre **petites** pattes et une **longue** queue*   It's a large green animal with four short legs and a long tail

In French, adjectives agree with the noun, which means that they are masculine, feminine, singular or plural to match the noun.

Look at the above sentence: *animal* is masculine singular, so *grand* and *vert* are also in the masculine singular form; *queue* is feminine singular, so *longue* is in the feminine singular form; *pattes* is feminine plural, so *petites* is the feminine plural form.

Look at the patterns in this table to see how adjectives agree:

singular		plural	
masculine	feminine	masculine	feminine

Most adjectives follow this pattern:

grand	*grande*	*grands*	*grandes*
bleu	*bleue*	*bleus*	*bleues*
fatigué	*fatiguée*	*fatigués*	*fatiguées*

Adjectives which already end in *-e* (with no accent) have no different feminine form:

jaune	*jaune*	*jaunes*	*jaunes*
stupide	*stupide*	*stupides*	*stupides*

Adjectives which already end in *-s* have no different masculine plural form:

français	*française*	*français*	*françaises*

Adjectives which end in *-eux* follow this pattern:

délicieux	*délicieuse*	*délicieux*	*délicieuses*

Adjectives which end in *-er* follow this pattern:

cher	*chère*	*chers*	*chères*
premier	*première*	*premiers*	*premières*

Some adjectives double the last letter before adding *-e* in the feminine forms:

bon	*bonne*	*bons*	*bonnes*
gentil	*gentille*	*gentils*	*gentilles*

Many common adjectives are irregular, and each one has to be learnt separately. Here are some you have already met:

blanc	*blanche*	*blancs*	*blanches*
long	*longue*	*longs*	*longues*
vieux (vieil)	*vieille*	*vieux*	*vieilles*
nouveau (nouvel)	*nouvelle*	*nouveaux*	*nouvelles*
beau (bel)	*belle*	*beaux*	*belles*

(*vieil, nouvel* and *bel* are used before masculine nouns which begin with a vowel.)

A few adjectives do not change at all:

marron	*marron*	*marron*	*marron*

• my, your, his, her, its, our, their

| | singular | | | plural |
	masculine	feminine	before a vowel	(all forms)
my	mon	ma	mon	mes
your	ton	ta	ton	tes
his her its	son	sa	son	ses
our	notre	notre	notre	nos
your	votre	votre	votre	vos
their	leur	leur	leur	leurs

These words are used to show who something belongs to.
They **agree** with the noun that follows them and **not** with
the person.

*Paul mange **son déjeuner***   Paul eats **his** lunch
*Marie mange **son déjeuner***   Marie eats **her** lunch
*Le chien mange **son déjeuner***   The dog eats **its** lunch

• The negative

To say what is **not** happening or **didn't** happen (in other
words to make a sentence **negative**), you put *ne* and *pas*
round the verb.

*Je **ne** joue **pas** au badminton*   I don't play badminton

In the perfect tense, *ne* and *pas* go round the auxiliary
verb.

*Elle **n'**a **pas** vu le film*   She didn't see/
                       hasn't seen the film

In reflexive verbs, *ne* goes before the reflexive pronoun
(*me, te, se, nous, vous*).

*Il **ne** se lève **pas***   He's not getting up

To tell someone not to do something, put *ne* and *pas*
round the command.

***N'**oublie **pas** ton argent!*   Don't forget your money!

• Verbs
• The infinitive

This is the form of the verb which you find in a dictionary.
It means 'to …', e.g. 'to have', 'to see'.
Regular verbs in French have an infinitive which ends in
-er, -ir or *-re*. The infinitive never changes its form.

Sometimes it is used with another verb in a sentence.
*Je vais **passer** une semaine à Paris*
                  I'm going to spend a week in Paris
*On peut **voir** la Tour Eiffel d'ici*
               You can see the Eiffel Tower from here

• The imperative or command form

To tell someone to do something, you use the imperative
or command form.
Attends!   Wait! (to someone you call *tu*)
Regardez ça!   Look at that! (to people you call *vous*)

It is often used in the negative:
Ne va pas en ville ce soir!   Don't go into town tonight!
N'effacez pas …!   Don't rub out …!

To suggest doing something, use the imperative of *nous*:
Allons au cinéma!   Let's go to the cinema!

It is very easy to form the imperative: in most cases you
just leave out *tu, vous* or *nous* and use that part of the
verb by itself. With *-er* verbs, you take the final *-s* off the *tu*
form of the verb. (See *Les verbes* on page 148.)

• The present tense

The present tense describes what is happening now, at
the present time, or what happens regularly.

*Je **travaille** ce matin*   I **am working** this morning
*Elle **joue** au tennis le samedi*
                   She **plays** tennis on Saturdays
*Il **vend** des glaces aussi*   He **does sell** ice cream as well

There are three main types of regular verbs in French.
They are grouped according to the last two letters of the
infinitive:
-er verbs e.g. ***jouer*** (to play)
-ir verbs e.g. ***choisir*** (to choose)
-re verbs e.g. ***vendre*** (to sell)

You can see how to form the present tense of these
regular verbs on page 148 (***Les verbes***).

However, many common French verbs are irregular.
These are also listed in ***Les verbes*** (pages 148-149).

• The perfect tense

The perfect tense is used to describe what happened in
the past. It describes an action which is completed and is
not happening now.

It is made up of two parts: an **auxiliary** (helping) **verb**
(either ***avoir*** or ***être***) and a **past participle**.

*Samedi dernier, j'**ai chanté** dans un concert*
                Last Saturday, I **sang** in a concert
*Hier, ils **sont allés** à La Rochelle*
            Yesterday, they **went** to La Rochelle

Regular verbs form the past participle as follows:
-er verbs change to *-é*   e.g. *travailler* becomes *travaillé*
-ir verbs change to *-i*   e.g. *finir* becomes *fini*
-re verbs change to *-u*   e.g. *attendre* becomes *attendu*

Many verbs have irregular past participles. These are
listed in ***Les verbes*** (pages 148-149).

avoir as the auxiliary verb
Most verbs form the perfect tense with *avoir* as the
auxiliary.

être as the auxiliary verb
13 common verbs, mostly **verbs of movement** like *aller*
and *partir*, form the perfect tense with *être* as their
auxiliary. Some compounds of these verbs (e.g. *revenir*
and *rentrer*) and all **reflexive verbs** also form the perfect
tense with *être*.

When you form the perfect tense with *être*, the past
participle agrees with the subject of the verb (the person
doing the action). This means that you need to add an
extra *-e* if the subject is feminine, and an extra *-s*, if the
subject is plural (more than one). Often the past participle
doesn't sound any different when you hear it or say it.

je suis allé/allée	nous sommes allés/allées
tu es allé/allée	vous êtes allé/allée/allés/allées
il/on est allé	ils sont allés
elle est allée	elles sont allées

Dossier-langue

Other grammatical points are explained in the ***Dossier-langue*** sections of this book. See page 149 for a list of the points which are explained.

Les verbes

Regular verbs

The following verbs show the main patterns for regular verbs. There are three main groups: those whose infinitives end in *-er*, *-ir*, or *-re*. Ones which do not follow these patterns are called irregular verbs.

infinitive imperative!	present tense	perfect tense
jou**er**	je jou**e**	j'ai jou**é**
to play	tu jou**es**	tu as joué
	il jou**e**	il a joué
	on jou**e**	on a joué
	elle jou**e**	elle a joué
jou**e**!	nous jou**ons**	nous avons joué
jou**ons**!	vous jou**ez**	vous avez joué
jou**ez**!	ils jou**ent**	ils ont joué
	elles jou**ent**	elles ont joué
chois**ir**	je chois**is**	j'ai choisi
to choose	tu chois**is**	tu as choisi
	il chois**it**	il a choisi
	on chois**it**	on a choisi
	elle chois**it**	elle a choisi
chois**is**!	nous chois**issons**	nous avons choisi
chois**issons**!	vous chois**issez**	vous avez choisi
chois**issez**!	ils chois**issent**	ils ont choisi
	elles chois**issent**	elles ont choisi
vend**re**	je vend**s**	j'ai vend**u**
to sell	tu vend**s**	tu as vendu
	il vend	il a vendu
	on vend	on a vendu
	elle vend	elle a vendu
vend**s**!	nous vend**ons**	nous avons vendu
vend**ons**!	vous vend**ez**	vous avez vendu
vend**ez**!	ils vend**ent**	ils ont vendu
	elles vend**ent**	elles ont vendu

Some verbs are only slightly irregular. Here are two which you have met. The only difference is in the *je*, *tu*, *il/elle/on* and *ils/elles* forms of the **present tense**:

acheter	j'ach**è**te	nous achetons
to buy	tu ach**è**tes	vous achetez
	il ach**è**te	ils ach**è**tent
	perfect tense:	j'ai acheté etc.

jeter	je je**tt**e	nous jetons
to throw	tu je**tt**es	vous jetez
	il je**tt**e	ils je**tt**ent
	perfect tense:	j'ai jeté etc.

Reflexive verbs

Reflexive verbs are used with a reflexive pronoun (*me, te, se, nous, vous*). Sometimes this means 'self' or 'each other'. Many reflexive verbs are regular -er verbs and they all form the perfect tense with *être* as the auxiliary.

se laver	je **me** lave	je **me** suis lavé(e)
to get washed,	tu **te** laves	tu **t**'es lavé(e)
	il **se** lave	il **s**'est lavé
to wash oneself	on **se** lave	on **s**'est lavé
	elle **se** lave	elle **s**'est lavée
	nous **nous** lavons	nous **nous** sommes lavé(e)s
lave-**toi**!	vous **vous** lavez	vous **vous** êtes lavé(e)(s)
lavons-**nous**!	ils **se** lavent	ils **se** sont lavés
lavez-**vous**!	elles **se** lavent	elles **se** sont lavées

Irregular verbs

In the following verbs the *il* form is used. The *elle* and *on* forms follow the same pattern unless shown separately. The same applies to *ils* and *elles*.

infinitive imperative!	present tense	perfect tense
aller	je vais	je suis allé(e)
to go	tu vas	tu es allé(e)
	il va	il est allé
		elle est allée
va!	nous allons	elle est allée
allons!	vous allez	vous êtes allé(e)(s)
allez!	ils vont	ils sont allés
		elles sont allées
apprendre	see **prendre**	
to learn		
avoir	j'ai	j'ai eu
to have	tu as	tu as eu
	il a	il a eu
aie!	nous avons	nous avons eu
ayons!	vous avez	vous avez eu
ayez!	ils ont	ils ont eu
boire	je bois	j'ai bu
to drink	tu bois	tu as bu
	il boit	il a bu
bois!	nous buvons	nous avons bu
buvons!	vous buvez	vous avez bu
buvez!	ils boivent	ils ont bu
comprendre	see **prendre**	
to understand		
devoir	je dois	j'ai dû
to have to,	tu dois	tu as dû
'*must*'	il doit	il a dû
	nous devons	nous avons dû
	vous devez	vous avez dû
	ils doivent	ils ont dû
dire	je dis	j'ai dit
to say	tu dis	tu as dit
	il dit	il a dit
dis!	nous disons	nous avons dit
disons!	vous dites	vous avez dit
dites!	ils disent	ils ont dit
dormir	je dors	j'ai dormi
to sleep	tu dors	tu as dormi
	il dort	il a dormi
dors!	nous dormons	nous avons dormi
dormons!	vous dormez	vous avez dormi
dormez!	ils dorment	ils ont dormi
écrire	j'écris	j'ai écrit
to write	tu écris	tu as écrit
	il écrit	il a écrit
écris!	nous écrivons	nous avons écrit
écrivons!	vous écrivez	vous avez écrit
écrivez	ils écrivent	ils ont écrit

être
to be

	je suis	j'ai été
	tu es	tu as été
	il est	il a été
sois!	nous sommes	nous avons été
soyons!	vous êtes	vous avez été
soyez!	ils sont	ils ont été

faire
to do, make

	je fais	j'ai fait
	tu fais	tu as fait
	il fait	il a fait
fais!	nous faisons	nous avons fait
faisons!	vous faites	vous avez fait
faites!	ils font	ils ont fait

lire
to read

	je lis	j'ai lu
	tu lis	tu as lu
	il lit	il a lu
lis!	nous lisons	nous avons lu
lisons!	vous lisez	vous avez lu
lisez!	ils lisent	ils ont lu

mettre
to put (on)

	je mets	j'ai mis
	tu mets	tu as mis
	il met	il a mis
mets!	nous mettons	nous avons mis
mettons!	vous mettez	vous avez mis
mettez!	ils mettent	ils ont mis

ouvrir
to open

	j'ouvre	j'ai ouvert
	tu ouvres	tu as ouvert
	il ouvre	il a ouvert
ouvre!	nous ouvrons	nous avons ouvert
ouvrons!	vous ouvrez	vous avez ouvert
ouvrez!	ils ouvrent	ils ont ouvert

partir
to leave

	je pars	je suis parti(e)
	tu pars	tu es parti(e)
	il part	il est parti
		elle est partie
	nous partons	nous sommes parti(e)s
pars!	vous partez	vous êtes parti(e)(s)
partons!	ils partent	ils sont partis
partez!		elles sont parties

pouvoir
to be able, 'can'

	je peux	j'ai pu
	tu peux	tu as pu
	il peut	il a pu
	nous pouvons	nous avons pu
	vous pouvez	vous avez pu
	ils peuvent	ils ont pu

prendre
to take

	je prends	j'ai pris
	tu prends	tu as pris
	il prend	il a pris
prends!	nous prenons	nous avons pris
prenons!	vous prenez	vous avez pris
prenez!	ils prennent	ils ont pris

recevoir
to receive

	je reçois	j'ai reçu
	tu reçois	tu as reçu
	il reçoit	il a reçu
	nous recevons	nous avons reçu
	vous recevez	vous avez reçu
	ils reçoivent	ils ont reçu

sortir
to go out

see **partir**

venir
to come

	je viens	je suis venu(e)
	tu viens	tu es venu(e)
	il vient	il est venu
		elle est venue
	nous venons	nous sommes venu(e)s
viens!	vous venez	vous êtes venu(e)(s)
venons!	ils viennent	ils sont venus
venez!		elles sont venues

voir
to see

	je vois	j'ai vu
	tu vois	tu as vu
	il voit	il a vu
vois!	nous voyons	nous avons vu
voyons!	vous voyez	vous avez vu
voyez!	ils voient	ils ont vu

vouloir
to want, wish

	je veux	j'ai voulu
	tu veux	tu as voulu
	il veut	il a voulu
	nous voulons	nous avons voulu
	vous voulez	vous avez voulu
	ils veulent	ils ont voulu

Dossier-langue

The following grammatical points are explained in the **Dossier-langue** sections of this book:

	page
à and *en* (prepositions with towns and countries)	15
adjectives	75
aller + infinitive (future)	17
apprendre	58, 67
avoir expressions (*froid/chaud/faim/soif/de la fièvre*)	86
avoir mal à …	85
choisir	63, 67
commands (imperative)	88, 93
comparing things	60, 61
comprendre	58, 67
de after quantities	73
direct object pronouns (*le/la/les* meaning 'it'/'them')	29
dormir	91
du/de la/des ('some' or 'any')	73
finir	63
imperative (commands)	88, 93
le/la/les (direct object pronouns) meaning 'it'/'them'	29
ne … plus de	74
partir	26, 37, 91
perfect tense talking about the past	102, 118
forming the past participle	102, 103
-*er* verbs	102
-*ir* verbs	109
-*re* verbs	111
avoir as the auxiliary	102
être as the auxiliary	124, 125
asking questions	107
negative	107
aller	120
prendre	58
prepositions with towns and countries (*à*, *en*)	15
près de	10
pouvoir	13
qui in the middle of a sentence	78
reflexive verbs	40
some and any	73
sortir	27, 91
venir	34
vouloir	50, 53

En classe

What your teacher may say

In general

Apporte/Apportez-moi ...	Bring me
Assieds-toi/ Asseyez-vous	Sit down
Ça s'écrit comment?/ Comment ça s'écrit?	How do you spell it?
Chantez	Sing
Combien?	How many?
Commencez	Begin
Compte/Comptez	Count
Donne/Donnez-moi	Give me
Ecoutez bien	Listen carefully
Ecris ça au tableau	Write that on the board
Efface/Effacez	Rub out
Encore une fois	Once more
Essaie/Essayez	Try
Essuie le tableau	Clean the board
Es-tu/Etes-vous prêt(s)?	Are you ready?
Fais voir ton travail/ ton cahier	Show me your work/ your book
Dessine/Dessinez	Draw
Devine/Devinez	Guess
Qu'est-ce que tu veux?	What do you want?
Qu'est-ce qu'il y a?	What's the matter?
Qui veut commencer?	Who wants to begin?
Répète/Répétez	Repeat
Retourne à ta place/ Retournez à vos places	Go back to your places
Tourne/Tournez à la page ...	Turn to page ...
Travaillez en groupes	Work in groups
Tu comprends/Vous comprenez?	Do you understand?
Tu as compris/Vous avez compris?	Did you understand?
Tu as fini/Vous avez fini?	Have you finished?
Viens/venez ici	Come here

When using equipment

Allume l'ordinateur/ le projecteur	Switch on the computer/ the projector
Eteins l'ordinateur/ le projecteur	Switch off the computer/ the projector
Va/Allez chercher le magnétophone	Get the tape recorder
Fais marcher le magnétophone	Switch on the tape recorder
Range/Rangez le magnétophone	Put the tape recorder away
Distribue/Distribuez les cahiers/les livres	Give out the exercise books/books

When playing games

Mélange/Mélangez les cartes	Mix up the cards
On va faire deux équipes	We're going to make two teams
On va faire un jeu	We're going to play a game

When commenting on what you say or write

Bien	Good
Très bien	Very good
C'est ça	That's right
C'est correct	That's correct
Ce n'est pas correct	That's not right
Pas tout à fait	Not quite

What you may want to ask your teacher

Ça s'écrit comment?	How do you spell that?
Comment dit-on en français 'pencil'?	How do you say 'pencil' in French?
Est-ce que je peux ... ?	Can I ... ?
aller aux toilettes	go to the toilet
avoir un livre	have a book
avoir une feuille	have a piece of paper
travailler avec X	work with X
Je ne comprends pas	I don't understand
Je ne comprends pas le mot 'Tricolore'	I don't understand the word 'Tricolore'
Qu'est-ce que ça veut dire?	What does that mean?

Useful phrases for working together

C'est ton tour	It's your turn
C'est à qui le tour?	Whose turn is it?
Qui commence?	Who's starting?
Tu as gagné	You've won

Instructions in the Students' Book

A quoi pensent-ils?	What are they thinking of?
A suivre	To be continued
A toi de les identifier	It's up to you to identify them
Apprends les mots avec un(e) ami(e)	Learn the words with a friend
Arrange les questions en ordre	Put the questions in order
As-tu bien compris?	Did you understand it all?
Avant de commencer/ lire l'histoire …	Before beginning/ reading the story …
C'est à qui?	Whose is it? Who does it belong to?
Ce n'est pas facile	It's not easy
Chacun à son tour	Each in turn
Chantez	Sing
Chasse à l'intrus	Find the odd one out
Chaque fois	Each time
Cherche dans le dictionnaire	Look in the dictionary
Choisis une solution possible	Choose a possible solution
Choisis des mots dans la case pour remplacer des mots soulignés	Choose from the words in the box to replace the words underlined
Choisis des parties du verbe ... pour compléter la conversation	Choose part of the verb ... to complete the conversation
Choisis la bonne bulle pour chaque image	Choose the correct speech bubble for each picture
Combien?	How many?
Combien de phrases correctes peux-tu faire?	How many correct sentences can you make?
Compare tes choix avec les choix de tes copains	Compare your choice with those of your friends
Complète les phrases/ la description/le dessin/ les détails/les mots croisés	Complete the sentences/ the description/the drawing/the details/ the crossword
Consulte le tableau	Consult the table
Copie la grille/le tableau dans ton cahier	Copy the grid/table into your exercise book

Corrige les erreurs/ phrases qui sont fausses	Correct the mistakes/ sentences that are wrong
D'abord	First of all
Décide qui parle	Decide who is speaking
Décris	Describe
Dessine	Draw
Devine	Guess
Dis cette phrase à toute vitesse	Say this sentence very quickly
Dis pourquoi	Say why
Ecoute la cassette/ leurs réponses	Listen to the cassette/ their replies
Ecris ces mots correctement	Write these words correctly
Ecris le numéro	Write the number
Ecris une liste/les détails	Write a list/the details
Ecris une petite description/ lettre/histoire	Write a short description/ letter/story
En bas	Below
Enregistrez la conversation	Record the conversation
Essayez de deviner	Try to guess
Est-ce que tu peux les identifier/inventer un jeu?	Can you identify them/ invent a game?
Fais les activités en bas	Do the activities below
Fais/Faites le jeu à la page ... /encore une/deux fois	Play the game on page ... /again/twice more
Fais une liste	Write a list
Fais des phrases	Make up sentences
Fais un sondage	Carry out a survey
Fais l'addition/le total	Add up/Work out the total
Gagne un point	Win a point
Il y a une image de trop	There is one picture too many
Interviewe ta/ton partenaire	Interview your partner
Invente un jeu/des phrases/ une conversation	Make up a game/ sentences/a conversation
Jette un dé	Throw a dice
Jouez à deux/en équipes/ en groupes	Play in pairs/teams/ groups
La première personne ... a gagné	The first person ... has won
Lis la description/les mots/ les phrases/l'histoire/ les textes	Read the description/the words/the sentences/ the story/the captions
Mets la phrase qui convient à chaque image	Put the right caption with each picture
Mets la conversation/les dessins/phrases en ordre	Put the conversation/the drawings/sentences in order
Mets les questions et les réponses ensemble	Put the questions and answers together
Note les réponses	Note the answers/replies
Peux-tu identifier la description correcte pour chaque photo?	Can you identify the correct description for each photo?
Plie la feuille	Fold the paper
Pose des questions	Ask questions
Pour découvrir la réponse	To find the answer
Pour savoir/vérifier	To find out/check
Pour t'aider ...	To help you ...
Présente les résultats comme ça	Present the results like this
Qu'est-ce que c'est?	What is it?
Qu'est-ce qu'ils disent?	What are they saying?
Qu'est-ce qu'il faut dire?	What should you say?
Qu'est-ce qu'on cherche?	What are they looking for?
Quel mot ne va pas avec les autres?	Which word is the odd one out?
Quelle est la réponse correcte?	Which is the correct answer?
Quelle réponse va avec chaque question?	Which reply goes with each question?
Quelles sont les questions les plus populaires?	Which are the most popular questions?
Quelles sont les différences?	What are the differences?
Qui est-ce?	Who is it?
Qui parle?	Who is speaking?
Regarde bien la page ...	Look carefully at page ...
Regarde les images/ les dessins	Look at the pictures/ drawings
Regarde les mots dans le tableau	Look at the words in the box
Remplacez les mots colorés	Replace the coloured words
Remplis les cases avec ces mots	Fill in the boxes with these words
Réponds/Répondez aux questions	Answer the questions
Réponds pour ces personnes	Answer for these people
Sans regarder la page ...	Without looking at page ...
Selon les symboles	According to the symbols
Si tu mets plus de 5 secondes, tu as perdu	If you take more than 5 seconds, you have lost
Si tu veux	If you like
Suis/Suivez les lignes pour découvrir les réponses/ compléter les phrases	Follow the lines to find the answers/to complete the sentences
Suivez les instructions	Follow the instructions
Tourne à la page ...	Turn to page ...
Tour à tour	Each in turn
Travaillez à deux	Work in pairs
Travaille avec un(e) partenaire	Work with a partner
Travaillez en groupes	Work in groups
Trouve un(e) partenaire	Find a partner
Trouve les erreurs/les réponses	Find the mistakes/the answers
Tu dois deviner	You have to guess
Tu peux remplacer les mots en couleurs	You can replace the words in colour
Tu peux utiliser chaque lettre plusieurs fois	You can use each letter several times
Voici des mots/des idées pour t'aider	Here are some words/ ideas to help you
Voici deux phrases. A toi d'en faire une	Here are two sentences. It's up to you to make them into one
Vrai ou faux	True or false

Vocabulaire par thèmes

When you look up a noun in a dictionary, you will notice some letters after the word: 'n.m.' (or 's.m.') tells you that it is a **noun** and it is **masculine** (*le* or *un*), 'n.f.' (or 's.f.') tells you that it is a **noun** and it is **feminine** (*la* or *une*). The nouns on these pages have **m** (masculine) or **f** (feminine) after them and **pl** if they are plural.

en classe

cahier (m)	exercise book
calculatrice (f)	calculator
cartable (m)	school bag
cassette (vidéo) (f)	(video) cassette
chaise (f)	chair
classeur (m)	file
craie (f)	chalk
feutre (m)	felt tip pen
gomme (f)	rubber
magnétophone à cassettes (m)	
	cassette recorder
magnétoscope (m)	video recorder
ordinateur (m)	computer
règle (f)	ruler
stylo à bille (m)	ball point pen
table (f)	table
tableau (m)	board
taille-crayon (m)	pencil sharpener
télévision (f)	television
trousse (f)	pencil case
walkman (m)	walkman

la maison

chambre (f)	bedroom
cuisine (f)	kitchen
fenêtre (f)	window
garage (m)	garage
jardin (m)	garden
lit (m)	bed
porte (f)	door
réfrigérateur (m)	fridge
salle à manger (f)	dining room
salle de bains (f)	bathroom
salon (m)	lounge

la famille

beau-frère (m)	brother-in-law
belle-sœur (f)	sister-in-law
cousin(e) (m/f)	cousin
demi-frère (m)	half/step brother
demi-sœur (f)	half/step sister
fille (unique) (f)	(only) daughter
fils (unique) (m)	(only) son
frère (m)	brother
grand-mère (f)	grandmother
grand-père (m)	grandfather
mère (f)	mother
père (m)	father
sœur (f)	sister

les animaux

chat (m)	cat
cheval (m)	horse
chien (m)	dog
cochon d'Inde (m)	guinea pig
gerbille (f)	gerbil
hamster (m)	hamster
lapin (m)	rabbit
oiseau (m)	bird
perroquet (m)	parrot
perruche (f)	budgerigar
poisson rouge (m)	goldfish
souris (f)	mouse
tortue (f)	tortoise

le temps

il fait beau	it's fine
il fait chaud	it's hot
il fait froid	it's cold
il fait mauvais	it's bad weather
il y a du brouillard	it's foggy
il y a du soleil	it's sunny
il y a du vent	it's windy
il neige	it's snowing
il pleut	it's raining

les mois de l'année

janvier	January
février	February
mars	March
avril	April
mai	May
juin	June
juillet	July
août	August
septembre	September
octobre	October
novembre	November
décembre	December

les jours de la semaine

lundi	Monday
mardi	Tuesday
mercredi	Wednesday
jeudi	Thursday
vendredi	Friday
samedi	Saturday
dimanche	Sunday

les saisons

en hiver (m)	in winter
au printemps (m)	in spring
en été (m)	in summer
en automne (m)	in autumn

en ville

auberge de jeunesse (f)	youth hostel
banque (f)	bank
bureau de change (m)	money changing office
cathédrale (f)	cathedral
camping (m)	campsite
centre ville (m)	town centre
église (f)	church
hôpital (m)	hospital
hôtel (m)	hotel
hôtel de ville (m)	town hall
marché (m)	market
musée (m)	museum
office de tourisme (m)	tourist office
parc (m)	park
parking (m)	car park
piscine (f)	swimming pool
poste (f)	post office
restaurant (m)	restaurant

les magasins

alimentation générale (f)	general food shop
boucherie (f)	butcher's
boulangerie (f)	baker's
charcuterie (f)	delicatessen, pork butcher's
épicerie (f)	grocer's
librairie (f)	bookshop
papeterie (f)	stationer's
pâtisserie (f)	cake shop
pharmacie (f)	chemist's
tabac (m)	tobacconist's

les vêtements

anorak (m)	anorak
bottes (f pl)	boots

ceinture (f)	belt
chapeau (m)	hat
chaussettes (f pl)	socks
chaussures (f pl)	shoes
chaussures de sport (f pl)	
	sports shoes, trainers
chemise (f)	shirt
chemisier (m)	blouse
collant (m)	tights
cravate (f)	tie
gants (m pl)	gloves
imper(méable) (m)	raincoat
jean (m)	jeans
jogging (m)	tracksuit
jupe (f)	skirt
maillot de bain (m)	swimming costume
manteau (m)	coat
pantalon (m)	trousers
pull (m)	pullover
pyjama (m)	pyjamas
robe (f)	dress
sac (m)	handbag
sandales (f pl)	sandals
short (m)	shorts
sweat-shirt (m)	sweatshirt
T-shirt (m)	T-shirt
tricot (m)	knitted top
veste (f)	jacket

les loisirs

athlétisme (m)	athletics
boum (f)	party
cinéma (m)	cinema
cirque (m)	circus
club de jeunes (m)	youth club
concert (m)	concert
cyclisme (m)	cycling
discothèque (f)	disco
émission (f)	programme (TV or radio)
équitation (f)	horse riding
exposition (f)	exhibition
fête foraine (f)	funfair
feu d'artifice (m)	firework display
film (m)	film
gymnastique (f)	gymnastics
informatique (f)	computing
jeu de société (m)	board game
jouer aux cartes/aux échecs	
	to play cards/chess
match de football (m)	football match
musique (f)	music
natation (f)	swimming
patinoire (f)	ice rink
patins à roulettes (m pl)	roller skating
pêche (f)	fishing
peinture (f)	painting
puzzle (m)	jigsaw
théâtre (m)	theatre
voile (f)	sailing

les métiers

agent de police	police officer
boulanger/boulangère	baker
chanteur/chanteuse	singer
coiffeur/coiffeuse	hairdresser
conducteur/conductrice	driver
dessinateur/dessinatrice	designer
électricien/électricienne	electrician
employé(e) de banque	bank employee
employé(e) de bureau	office worker
facteur/factrice	postman/woman
infirmier/infirmière	nurse
maçon	builder

mécanicien/mécanicienne mechanic
ouvrier/ouvrière factory worker
professeur teacher
représentant(e) representative
secrétaire secretary
technicien/technicienne technician
vendeur/vendeuse sales assistant

aider à la maison

faire les courses to go shopping
faire la cuisine to do the cooking
faire la lessive to do the washing
faire la vaisselle to do the washing up
laver la voiture to wash the car
mettre la table/le couvert
to lay the table
passer l'aspirateur to vacuum
travailler dans le jardin
to work in the garden

les matières scolaires

allemand (m) German
anglais (m) English
arts plastiques (m pl) art and craft
biologie (f) biology
chimie (f) chemistry
dessin (m) art
EPS (éducation physique
et sportive) (f) P.E.
français (m) French
géographie (f) geography
histoire (f) history
informatique (f) computing
instruction civique (f) civics
langues vivantes (f pl) modern languages
maths (f pl) maths
physique (f) physics
sciences (f pl) sciences
technologie (f) technology

les repas

déjeuner (m) lunch
dessert (m) dessert
goûter (m) tea
dîner (m) dinner
hors d'œuvre (m) first course
petit déjeuner (m) breakfast
plat (principal) (m) (main) course
snack (m) snack
souper (m) supper

la nourriture

baguette (f) French stick (bread)
banane (f) banana
bâtonnet (m) lolly
beurre (m) butter
biscuit (m) biscuit
bonbon (m) sweet
carotte (f) carrot
champignon (m) mushroom
chocolat (m) chocolate
chou-fleur (m) cauliflower
citron (m) lemon
concombre (m) cucumber
confiture (f) jam
confiture d'oranges (f) marmalade
crêpe (f) pancake
frites (f pl) chips
fromage (m) cheese
gâteau (m) cake
gaufre (f) waffle
glace (f) ice cream
hamburger (m) hamburger
haricots verts (m pl) green beans
hot dog (m) hot dog
jambon (m) ham

melon (m) melon
oignon (m) onion
omelette (f) omelette
orange (f) orange
pain (m) bread
pâté (m) paté
pâtes (f pl) pasta
pêche (f) peach
petits pois (m pl) peas
pizza (f) pizza
poire (f) pear
poisson (m) fish
poivre (m) pepper
pomme (f) apple
pomme de terre (f) potato
porc (m) pork
potage (m) soup
poulet (m) chicken
quiche (f) quiche
radis (m) radish
raisin (m) grapes
salade (f) salad, lettuce
sandwich (m) sandwich
saucisse (f) sausage
saucisson (m) continental spicy
sausage, salami
sel (m) salt
steak (hâché) (m) (minced) steak
sucre (m) sugar
tomate (f) tomato
viande (f) meat
yaourt (m) yoghurt

les boissons

bière (f) beer
café (m) coffee
chocolat chaud (m) hot chocolate
cidre (m) cider
citron pressé (m) fresh lemon juice
coca (m) coca cola
eau minérale (f) mineral water
jus de fruit (m) fruit juice
lait (m) milk
limonade (f) lemonade
menthe à l'eau (f) mint flavoured drink
Orangina (m) Orangina
(fizzy orange)
thé (citron) (m) (lemon) tea
vin rouge/blanc (m) red/white wine

les couleurs

blanc (blanche) white
bleu blue
blond blond
brun brown
gris grey
jaune yellow
marron brown
noir black
orange orange
rose pink
rouge red
roux red (hair)
turquoise turquoise
vert green
(bleu) clair light (blue)
(vert) foncé dark (green)

les pays

Allemagne (f) Germany
Angleterre (f) England
Belgique (f) Belgium
Canada (m) Canada
Ecosse (f) Scotland
Espagne (f) Spain

Irlande (f) Ireland
Irlande du Nord (f) Northern Ireland
Italie (f) Italy
Luxembourg (m) Luxembourg
Maroc (m) Morocco
Pays de Galles (m) Wales
Québec (m) Quebec
Royaume-Uni (m) United Kingdom
Sénégal (m) Senegal
Suisse (f) Switzerland

les transports

(en) aéroglisseur (m) (by) hovercraft
(en) autobus (m) (by) bus
(en) avion (m) (by) plane
(en) bateau (m) (by) boat
(en) moto (f) (by) motorbike
(en) métro (m) (by) metro
(en) taxi (m) (by) taxi
(en) train (m) (by) train
(en) RER (m) (by) RER
(en) vélo (m) (by) bike
(en) vélomoteur (m) (by) moped
(en) voiture (f) (by) car
à pied (m) on foot

l'heure

Il est une heure/deux heures/trois heures …

… moins cinq 11 12 1 … cinq
… moins dix 10 2 … dix
… moins 9 Quelle 3 … et
le quart heure quart
… moins vingt 8 est-il? 4 … vingt
… moins vingt-cinq 7 6 5 … vingt-cinq

… et demie

12:00 Il est midi
Il est minuit

12:30 Il est midi et demi
Il est minuit et demi

les chiffres

0	zéro	21	vingt et un
1	un	22	vingt-deux
2	deux	23	vingt-trois
3	trois	30	trente
4	quatre	31	trente et un
5	cinq	40	quarante
6	six	41	quarante et un
7	sept	50	cinquante
8	huit	51	cinquante et un
9	neuf	60	soixante
10	dix	61	soixante et un
11	onze	70	soixante-dix
12	douze	71	soixante et onze
13	treize	72	soixante douze
14	quatorze	80	quatre-vingts
15	quinze	81	quatre-vingt-un
16	seize	82	quatre-vingt-deux
17	dix-sept	90	quatre-vingt-dix
18	dix-huit	91	quatre-vingt-onze
19	dix-neuf	100	cent
20	vingt	1000	mille

premier (première) first
deuxième second
troisième third
quatrième fourth
cinquième fifth
vingtième twentieth
vingt et unième twenty-first

Vocabulaire

A

à (au, à la, à l', aux) in, at, to
un abonnement subscription
d' abord first, at first
un abricot abricot
absolument absolutely
achats (faire des ~) to go shopping
accompagner to accompany
d' accord OK, all right, agreed
acheter to buy (see p. 148)
actif (-ive) active
une addition bill
un(e) adolescent(e) teenager
adorer to love
s' adresser à to report/speak/apply to
un(e) adulte adult
un aéroglisseur hovercraft
un aéroport m airport
les affaires f pl things, belongings
affectueusement yours affectionately
une affiche notice, poster
l' âge m age
âgé old
une agence de voyages travel agency
un(e) agent de police police officer
agréable pleasant
l' aide f help, assistance
aider to help
un aigle eagle
une aile wing
aimer to like
aîné oldest
ainsi que as well as
l' air (avoir ~) to seem
une aire de jeux play area
ajouter to add
alcoolisé alcoholic
une alimentation générale general food shop
l' Allemagne f Germany
allemand(e) German
aller to go (see p. 148)
un aller simple single ticket
un aller-retour return ticket
allergique allergic
allonger to stretch out
allumer to switch on the light
alors so
l' alphabet Morse m Morse Code
l' alpinisme f mountain climbing
une ambiance f atmosphere
une amende fine
américain(e) American
un(e) ami(e) friend
petit(e) ~ boy/girlfriend
amitiés best wishes
amusant entertaining
s' amuser to enjoy yourself, have a good time
un an year
un ananas pineapple
ancien very old; former
anglais(e) English
l' Angleterre f England
un animal (pl animaux) animal
une année year
un anniversaire birthday
bon anniversaire! happy birthday!
août August
un appareil électrique electrical appliance
à l' appareil on the phone
un appareil-photo camera
un appartement flat
s' appeler to be called
bon appétit! enjoy your meal
apporter to bring
une appréciation comment (on school report)
apprendre to learn (see p. 148)
s' approcher de to approach
après after
un après-midi afternoon
arabe arabic
un arbitre referee
un arbre tree

un arbre généalogique family tree
un arc bow
un archipel archipelago, group of islands
l' argent m money
l' argent de poche pocket money
l' armistice f armistice, truce
un arrêt d'autobus m bus-stop
arrêter to stop (something), to arrest
s' arrêter to stop
l' arrivée f arrival
arriver to arrive
arrogant proud, conceited
l' art dramatique drama
un artichaut artichoke
les arts graphiques m pl graphic design
les arts martiaux m pl martial arts
les arts plastiques m pl art and craft
un ascenseur lift
asiatique Asian
un aspirateur vacuum cleaner
l' aspirine f aspirin
s' asseoir to sit down
assez quite
une assiette plate
~ anglaise plate of cold cooked meats
associer to associate, link
une assurance insurance
l' astronomie f astronomy
un(e) athlète athlete
attendre to wait (for)
dans l' attente de looking forward to
attentif (-ive) attentive, observant
attentivement carefully
attraper to catch
une auberge de jeunesse youth hostel
aujourd'hui today
aussi also, as well
aussitôt straight away
un autobus bus
un autocar coach
autre other
d'~ else
il avait he had (from avoir)
avant before
avec with
aveugle blind
un avion plane
un avis opinion
à ton ~ in your opinion
un avocat avocado
avoir to have (see p. 148)
avril April

B

le babyfoot table football
le badminton badminton
les bagages m pl luggage
une baguette French loaf
se baigner to go swimming
baisers love (at end of letter)
en baisse lower standard
un bal dance
un ballon de football football
une banane banana
une bande tape
~ dessinée cartoon strip
la banlieue suburbs, outskirts
en ~ in the suburbs
une banque bank
un bar bar
une barbe beard
un barbecue barbecue
une barquette punnet, pack
un barreau barrel, small bar, rail
une barrière barrier
en bas below
le base-ball baseball
le basket basketball
un bateau boat
un bâtiment building
un bâton stick, pole
un bâtonnet ice-lolly
bavarder to chat, gossip
beau (bel, belle) beautiful
il fait ~ the weather is fine
beaucoup a lot of, many
~ de monde a lot of people

un bébé baby
la Belgique Belgium
une belle-sœur sister-in-law
bénéficier (de) to benefit (from)
un besoin need
avoir ~ to need
une betterave beetroot
le beurre butter
bien fine, well
~ arrivé arrived safely
~ sûr of course
bientôt soon
à ~ see you soon
bienvenu welcome
la bière beer
un bijou jewel
un billet ticket
~ de banque bank note
une billetterie automatique ticket machine
la biologie biology
une bise kiss
blanc (blanche) white
blessé injured
un(e) blessé(e) injured person
bleu blue
~ clair light blue
~ marine navy blue
blond blonde
une blouse overall
boire to drink (see p. 148)
le bois wood
une boisson drink
une boîte tin, box
~ de conserves tin of food
bon(ne) good
un bonbon sweet
un bonhomme de neige snowman
bonjour hello, good morning
au bord de la mer the seaside
à bord on board
des bottes f pl boots
la bouche mouth
une boucherie butcher's shop
bouger to move
une boulangerie baker's
les boules f pl bowls
une boum party
le bout end
une bouteille bottle
la boxe boxing
le bras arm
en bras de chemise in shirt sleeves
bras dessus, bras dessous arm in arm
la Bretagne Brittany
un brick rectangular carton
le bricolage DIY
faire du ~ to do odd jobs
briller to shine
une brochure brochure, pamphlet
le bronzage sun tan
bronzé suntanned
se faire bronzer to get a suntan
une brosse à dents toothbrush
se brosser les cheveux to brush your hair
se brosser les dents to clean your teeth
le brouillard fog
brouillé jumbled, scrambled
un bruit noise
brûlé burnt
brun brown
un buffet snack bar
une bulle speech bubble
un bulletin scolaire school report
un bureau office
~ de change money changing office
~ de location box office
~ des objets trouvés lost property office
~ de renseignements information office

C

ça that
ça ne fait rien it doesn't matter
ça va? OK? how are you?
ça y est! that's it!

une cabine booth; cubicle; cabin
~ d'essayage fitting room
~ téléphonique telephone box/booth
un cadeau gift, present
un café café; coffee
un café-crème white coffee
la caisse cash desk
un(e) caissier (-ère) cashier
une calculatrice calculator
un caleçon boxer shorts, leggings
un calendrier calendar
le calmar squid
calme quiet
un Camembert type of cheese; pie chart
une caméra TV or film camera
la campagne country, countryside
un camping (terrain de ~) campsite
faire du ~ to go camping
canadien(ne) Canadian
un canard duck
la canne à sucre sugar cane
le canoë canoeing
un canot canoe
une cantine canteen, dining hall
une capitale capital city
un car coach
le caramel toffee
une caravane caravan
un carnet notebook
~ d'élève pupil's official record book
une carotte carrot
un carré square
carré square-shaped
une carte card; menu; map
~ de crédit credit card
~ postale postcard
en cas d'accident in case of an accident
une case box (in diagram)
un casque helmet
un casse-croûte snack
(se) casser to break (a part of the body)
une casserole saucepan
une cassette-vidéo videotape
le cassis blackcurrant
une cathédrale cathedral
une caution deposit
une cave (wine) cellar
une caverne cave
c'est it is
c'est-à-dire that is (to say)
ce (cet, cette, ces) this, that
célèbre famous
celui-ci (celle-ci) this one
celui-là (celle-là) that one
cent hundred
le centre centre
le centre-ville town centre
une cerise cherry
une chaîne TV channel, chain
~ de montagnes mountain range
une chaise chair
une chambre bedroom
un champignon mushroom
un championnat championship
chance
avoir de la ~ to be lucky
bonne ~ good luck
changer to change
une chanson song
chanter to sing
un chapeau hat
chaque each, every
une charcuterie pork butcher's, delicatessen
un chariot trolley
un chat cat
un château castle
chaud warm, hot
avoir ~ to be hot
il fait ~ it's hot
chauffer to heat
un(e) chauffeur (-euse) (de taxi) (taxi) driver
une chaussure shoe
le chef boss
un chemin path, way
~ de fer railway
une chemise shirt
~ de nuit nightdress

un **chemisier** blouse
'un **chèque de voyage** traveller's cheque
cher (chère) dear, expensive
chercher to look for
chéri(e) darling
un **cheval** (pl **chevaux**) horse
les **cheveux** m pl hair
une **chèvre** goat
chez at, to (someone's house)
un **chien** dog
un **chiffre** number
la **chimie** chemistry
chinois(e) Chinese
des **chips** crisps
un **chocolat chaud** hot chocolate
choisir to choose
un **choix** choice
au **chômage** unemployed
une **chose** thing
un **chou** cabbage
le **chou-fleur** cauliflower
chouette! great!
le **cidre** cider
un **cinéma** cinema
en **cinquième** in the second year of high school
un **circuit** route, tour
la **circulation** traffic
circuler to move around
un **cirque** circus
un **citron** lemon
~ **pressé** lemon juice drink
clair clear, light
une **classe** class
un **classeur** ..file
une **clé** key
un(e) **client(e)** customer
la **climatisation** air conditioning
un **coca** Coca-Cola
un **cochon** pig
un(e) **coiffeur (-euse)** hairdresser
un **coin** corner, small area
en **colère** furious
collectionner to collect
un **collège** secondary school (11-15 years)
une **colonie de vacances** children's holiday camp
une **colonne** column
coloré coloured
combien? how much?
comique comic, funny
commander to order
comme as, for
commencer to begin
comment? how, what, pardon?
le **commissariat de police** police station
une **compagnie** company
une **comparaison** comparison
un **compartiment** compartment
complet (complète) full
complexe complicated
un **compositeur** composer
composter to validate/date-stamp a ticket
un **composteur** machine which date-stamps or validates tickets
comprendre to understand; to include (see p. 148)
un **comprimé** pill, tablet
compris included; understood
tout ~ inclusive
compter to count
le **concombre** cucumber
un **concours** competition
un(e) **conducteur (-trice)** driver
conduire to drive
une **confiserie** sweet shop; sweet factory
la **confiture** jam
~ **d'oranges** marmalade
le **confort** comfort
confortable comfortable
un **congé** holiday, leave
connaître to know (a person or place)
connu well known
une **conséquence** consequence
une **consigne** left luggage; deposit

~ **automatique** left luggage lockers .
une **consommation** drink, snack
construire to build
construit constructed, built
contenir to contain
content happy, pleased
contigu adjoining
continuer to continue
contraire opposite
contre against
convenir to go with, to suit
un(e) **copain (copine)** friend
un **corps** body
une **correspondance** change (of train), connection
un(e) **correspondant(e)** penfriend
la **côte** coast
~ **d'Azur** part of French Mediterranean coast
une **côte de porc** pork chop
un **côté** side
à ~ **de** next to
le **coton** cotton wool
le **cou** neck
se **coucher** to go to bed
une **couchette** bunk
une **couleur** colour
en **couleurs** in colour
un **couloir** corridor
un **coup** hit, blow
~ **de soleil** sunstroke
une **coupe** cup
couper to cut
par **cœur** by heart
une **cour** school yard, grounds
un **coureur** racing cyclist
le **courrier** post
un **cours** lesson
le **cours du change** exchange rate
une **course** race
~ **cycliste** cycle race
~ **d'obstacles** obstacle race
courses (faire des ~) to go shopping
un **court de tennis** tennis court
court short
un(e) **cousin(e)** cousin
un **couteau** knife
coûter to cost
coûteux (-euse) costly
un **couvert** place setting; cover charge
une **couverture** blanket
couvrir to cover
une **cravate** tie
un **crayon** pencil
une **crème** cream
~ **solaire** sun-tan cream
une **crêpe** pancake
une **crêperie** pancake restaurant
crier to shout
je **crois** I think/believe
un **croque-monsieur** toasted ham and cheese sandwich
cru raw
les **crudités** raw vegetables
en **cuir** made of leather
cuire (faire ~) to cook
la **cuisine** kitchen; cooking
faire la ~ to do the cooking
cuit cooked
cultiver to cultivate, grow
curieux (-euse) curious
une **curiosité** sight, item of interest
le **cyclisme** cycling

D

une **dame** lady
dangereux (-euse) dangerous
dans in
une **date** date
un **dé** dice
de of; from
débarquer to unload; to land
le **début** beginning
décembre December
déchirer to tear
décider to decide
un **décodeur** decoder

décorer to decorate
découper to cut out
la **découverte en milieu urbain** urban studies
découvrir to discover
décrire to describe
un **défaut** weakness, fault
un **défilé** procession
se **déguiser** to disguise oneself; to dress up
déguster to taste, sample
dehors(!) (get) outside
déjà already
le **déjeuner** lunch
petit ~ breakfast
déjeuner to have lunch
délicieux (-euse) delicious
demain tomorrow
une **demi-journée** half-day
un **demi-pensionnaire** pupil who has lunch at school
une **dent** tooth
le **dentifrice** toothpaste
le **départ** departure
un **département** administrative area of France (like a county)
se **dépêcher** to hurry
ça dépend it depends
se **déplacer** to move around
déposer to leave, deposit
depuis since, for
dernier (-ère) latest, last
derrière behind
un **désastre** disaster
descendre to go down; to get off
un **désir** wish
désirer to want
désolé very sorry
un **dessert** sweet, dessert
le **dessin** drawing; design; art
un **dessin** drawing
un **dessinateur** illustrator
dessiner to draw
au **dessous de** below
au **dessus de** above
une **destination** destination
un(e) **détective** detective
détester to hate
deuxième second
devant in front of
deviner to guess
une **devinette** riddle
la **devise** currency
devoir to have to, 'must' (see p. 148)
les **devoirs** homework
le **diable** devil
une **diapositive** colour slide
un **dictionnaire** dictionary
Mon Dieu! Good heavens!
difficile difficult
dimanche Sunday
le **dîner** dinner
dîner to have dinner
un **dinosaure** dinosaur
dire to say (see p. 148)
direct direct
directement directly
un(e) **directeur (-trice)** director; headteacher
diriger to direct
une **discothèque** disco(theque)
discuter to discuss, argue
ils **disent** they say (from **dire**)
ils **disparaissent** they disappear
disparu(e) who has disappeared
se **disputer** to argue
un **disque** record
une **distraction** entertainment
distribuer give out, deliver
il **dit** he says (from **dire**)
divisé divided
diviser to divide
une **djellaba** long robe worn in Morocco
un **document** document
un **doigt** finger
un **doigt de pied** toe
je **dois** I must/have to; I owe (from **devoir**)
Je vous ~ combien? How much do I owe you?
il **doit** he has to (from **devoir**)
les **DOM TOM** French overseas *départements* and *territoires*

donc therefore
donner to give
dont of which, whose
dormir to sleep (see p. 148)
Avez-vous bien dormi? Did you sleep well?
un **dortoir** dormitory
le **dos** back
un **dossier** file; project
doucement quietly, gently
une **douche** shower
Douvres Dover
un **drapeau** flag
une **droguerie** hardware shop
(à) **droite** (on the) right
drôle funny
il a **dû** he had to (from **devoir**)
une **duchesse** duchess
dur hard
la **durée** length of time
durer to last

E

l' **eau** f water
~ **(non-) potable** (not) drinking water
~ **minérale** mineral water
s' **échapper** to escape
une **écharpe** scarf
les **échecs** m pl chess
éclairé illuminated
une **école** school
~ **primaire** primary school
écossais(e) Scottish
l' **Écosse** Scotland
écouter to listen to
écrire to write (see p. 148)
~ **à la machine** to type
écrite à la main handwritten
l' **écriture** writing
l' **éducation physique** physical education
en **effet** in fact
effrayant frightening
une **église** church
un(e) **électricien(ne)** electrician
l' **électricité domestique** f electricity in the home
un **électrophone** record player
un **éléphant** elephant
un(e) **élève** pupil
embêtant annoying
une **émission** broadcast, programme
emmener to take
un **emploi du temps** timetable
un(e) **employé(e)** employee
~ **de bureau** office worker
empoisonner to poison
emporter to take away
un **emprunteur** borrower
en in; of it/them
enchanté(e) de faire ta/votre connaissance pleased to meet you
encore again; more; another
une **encyclopédie** encyclopaedia
un **endroit** place
l' **énergie** energy
l' **enfance** f childhood
un **enfant** child
enfermé shut in
enfin at last, finally
enlever to take away/off
s' **ennuyer** to get bored
ennuyeux (-euse) boring
un **enregistrement** m registration, recording
une **enseigne** sign, board
l' **enseignement secondaire** m secondary education
enseigner to teach, instruct
ensemble together
ensuite next
entendre to hear
l' **enthousiasme** m enthusiasm
entier (-ère) entire
entouré de surrounded by
l' **entraînement** m training
s' **entraîner** to train
entre between
une **entrée** f entrance; entry fee
entrer (dans) to go in, enter
une **enveloppe timbrée** stamped addressed envelope
environ about, around

les **environs** surrounding area
envoyer to send
une **épaule** shoulder
une **épicerie** grocer's
un(e) **épicier (-ère)** *m* grocer
les **épinards** *m pl* spinach
une **époque** time, period
une **équipe** team
l' **équitation** *f* horse riding
faire de ~ to go horse riding
par **erreur** by mistake
essayer to try
un **escalier** staircase
des **escargots** *m pl* snails
l' **espace** *m* space
l' **Espagne** *f* Spain
espagnol(e) Spanish
espérer to hope
(à l') **est** *m* **(de)** (to the) east (of)
et and
établi au nom de in the name of; made out to
un **étage** storey, tier
un train à ~ a double decker train
il **était** he was *(from* **être***)*
une **étape** section, stage
un **état** state, condition
les **Etats-Unis** *m pl* United States
l' **été** *m* summer
éteindre to turn out/off
étincelant sparkling
une **étiquette** label
une **étoile** star
étrange strange
à l' **étranger** abroad
étranger foreign
être to be *(see p. 149)*
étroit narrow
un(e) **étudiant(e)** student
étudier to study
l' **Eurotunnel** Eurotunnel
eux them
un **événement** event
éviter to avoid
un **examen** exam
excusez-moi! excuse me!
un **exemple** example
par ~ for example
expliquer to explain
une **exposition** exhibition
l' **expression corporelle** *f* physical expression
un **extrait** extract
extraordinaire amazing
En route! Let's go!

F

la **fabrication** manufacture
une **fabrique** factory
fabriqué made out of
en **face de** opposite
fâché angry
facile easy
facilement easily
une **façon** way
façonner to shape
un **facteur** postman
une **facture** bill, till receipt
faim (avoir ~) to be hungry
faire to do; go; make *(see p. 149)*
Fais/Faites voir! Let me see
une **famille** family
fantastique fantastic
fantaisie novelty
farci stuffed
fatigant tiring
fatigué tired
il **faut** you need; it is necessary
faux (fausse) false
favori favourite
une **femme** woman
une **fenêtre** window
une **ferme** farm
fermer to close
la **fermeture annuelle** annual closing
un(e) **fermier (-ière)** farmer
une **fête** Saint's day; party
~ folklorique traditional festival
~ foraine fair
fêter to celebrate

un **feu** fire
~ d'artifice firework display
~ de camp camp-fire
une **feuille** leaf; sheet of paper; page
un **feuilleton** serial
février February
une **ficelle** 'stick' loaf
fièvre (avoir de la ~) to have a (high) temperature
une **file** line (of people)
un **fils** son
la **fin** end
finir to finish
une **fleur** flower
un **fleuve** river
le **flipper** pinball machine
une **flûte** flute
~ à bec recorder
une **foire** fair
une **fois** time
à ~ at a time
(bleu) **foncé** dark (blue)
un **fonctionnaire** civil servant
le **football** football
la **force de la gravitation** force of gravity
une **forêt** forest
la **forme** fitness, shape
être en ~ to be fit
formidable terrific
un **formulaire** form
fort strong, well-built, hard
fou (folle) mad
un **four** oven
la **fourniture (scolaire)** (school) equipment, material
frais (fraîche) fresh
le **frais** commission, cost
une **fraise** strawberry
une **framboise** raspberry
les **Français** French people
français French
la **France** France
francophone French-speaking
frapper to knock
un **frère** brother
frisé curly
les **frites** *f pl* chips
froid cold
avoir ~ to be cold
le **fromage** cheese
une **frontière** border, frontier
les **fruits de mer** seafood
fumer to smoke
(non-) fumeur (compartment for) (non-)smokers
un **funiculaire** cable car
furieux (-euse) furious

G

un(e) **gagnant(e)** winner
gagner to earn, to win
une **galette** savoury pancake, flat cake
Galles, le Pays de ~ Wales
un **gant** glove
un **garage** garage
un **garçon** boy
~ (de café) waiter
de **garde** on duty
garder to look after, keep
un **gardien** warden
une **gare** station
~ routière bus station
garer la voiture to park the car
un **gâteau (au chocolat)** (chocolate) cake
(à) **gauche** (on the) left
une **gaufre** waffle
gazeux (-euse) fizzy, gassy
un **gendarme** armed policeman
généralement normally
génial brilliant
le **genou** knee
les **gens** people
gentil(le) nice, kind
la **géographie** geography
une **gerbille** gerbil
gigantesque gigantic
une **girafe** giraffe
la **glace** ice; ice cream; mirror
en ~ made of ice
le **golf** golf

une **gomme** rubber
la **gorge** throat
goûter to taste
grand large, tall, great
une **grand-mère** grandmother
un **grand-parent** grandparent
un **grand-père** grandfather
la **Grande-Bretagne** Great Britain
gratuit free of charge
grave serious
gravement seriously
la **gravité** gravity
une **grille** barred gate or door
grimper to climb
la **grippe** flu
gris grey
gros(se) big
une **grotte** cave
un **guichet** ticket office
un **guide** guide book
une **guitare** guitar
un **gymnase** gymnasium
la **gymnastique** gymnastics

H

s' **habiller** to get dressed
d' **habitude** normally
habituellement usually, normally
habiter to live in
le **hachis parmentier** shepherd's pie
les **haricots verts** *m pl* green beans
par **hasard** by (any) chance
haut high
la **hauteur** height
hélas! alas!
un **hélicoptère** helicopter
l' **heure** *f* hour; the time
de bonne ~ early
~ du déjeuner dinner hour
~ de pointe rush hour
heureusement fortunately
un **hippopotame** hippo
une **histoire** story
l' **histoire** *f* history
historique old, historic
l' **hiver** *m* winter
un **homme** man
un **hôpital** hospital
l' **horaire** *m* timetable
une fiche ~ pocket timetable
horizontalement across
horrible awful, horrible
un **hôtel** hotel
l' **hôtel de ville** *m* town hall
le **hovercraft** hovercraft
l' **huile** *f* oil
huit eight
l' **humeur** mood, humour

I

ici here
idéal ideal
une **idée** idea
il y a there is, there are
il y a eu there was
une **île** island
imbécile idiot
immédiatement immediately
immense huge
un **immeuble** block of flats
un **imperméable** raincoat
un **incendie** fire
incliné sloping
un **inconvénient** disadvantage
individuellement individually
industriel(le) industrial
une **infirmerie** sick room
une **infirmière** nurse
l' **informatique** computer studies
l' **initiation (à)** introduction (to)
inquiet (inquiète) anxious, worried
s' **inquiéter** to be worried, anxious
un(e) **instituteur (-trice)** primary school teacher
l' **instruction civique** *f* civics, general studies, current affairs

l' **instruction religieuse** *f* religious education
un **instrument de musique** musical instrument
insuffisant insufficient; not up to standard
interdit forbidden
intéressant interesting
s' **intéresser à** to be interested in
l' **intérêt** *m* interest
un **internat** boarding school
un(e) **interne** boarder
interroger to question
interviewer to interview
inventer to invent
un(e) **inventeur (-trice)** inventor
une **invention** invention
un(e) **invité(e)** guest
inviter to invite
irlandais Irish
l' **Irlande** *f* Ireland
l' **Italie** *f* Italy
italien(ne) Italian

J

jamais never; ever
la **jambe** leg
le **jambon** ham
le **Japon** Japan
un **jardin** garden
le **jardinage** gardening
faire du ~ to do some gardening
jaune yellow
un **jean** pair of jeans
jeter to throw *(see p. 148)*
un **jeton** counter
se **jette dans** flows into *(from* **jeter***)*
un **jeu** game, amusement
~ électronique electronic game
~ de cartes pack of cards
~ de société indoor (usually card or board) game
les **Jeux Olympiques** Olympic Games
une **jeune fille** girl
les **jeunes** young people
un **jogging** tracksuit
joli pretty
jouer to play
un **jouet** toy
un(e) **joueur (-euse)** player
un **jour** day
~ de congé day off
~ de fête holiday
~ férié holiday
les ~s de semaine on weekdays
tous les ~s every day
un **journal** *(pl* **journaux***)* newspaper
un ~ du soir evening paper
une **journée** day
le **judo** judo
juillet July
juin June
un(e) **jumeau (jumelle)** twin
jumelé twinned
une **jupe** skirt
un **jus de fruit** fruit juice
jusqu'à until, as far as
juste fair, correct

K

le **ketchup** tomato ketchup
un **kidnapping** kidnapping
un **kiosque** kiosk

L

là there
là-bas over there, there
un **laboratoire** laboratory
un **lac** lake
laisser to leave
~ tomber to drop, let fall
le **lait** milk
une **laitue** lettuce
une **lampe (de poche)** torch
lancer to throw

une **langue (vivante)** (modern) language
un **lapin** rabbit
laquelle (lequel)? which one?
le **latin** latin
un **lavabo** wash basin
se **laver** to wash *(see p. 148)*
~ **les cheveux** to wash your hair
une **leçon** lesson
la **lecture** reading
léger(-ère) light
un **légume** vegetable
lentement slowly
un **léopard** leopard
lessive (faire la ~) to do the washing
une **lettre** letter
se **lever** to get up
leur(s) their
une **librairie** bookshop
libre free
lieu (avoir ~) to take place
il a ~ it takes place
la **limonade** lemonade
un **lion** lion
lire to read *(see p. 149)*
un **lit** bed
un **livre** book
une **livre** pound
le **local** premises
la **location** hire charge, hire of
logé accommodated
la **loi** law
loin far away
lointain distant, far away
les **loisirs** *m pl* leisure
Londres London
long(ue) long
longtemps a long time
la **longueur** length
louer to hire
lourd heavy
lui (to) him/(to) her
lui-même himself
la **lumière** light
lundi Monday
la **lune** moon
des **lunettes** *f pl* glasses
le **Luxembourg** Luxembourg
luxueux (-euse) luxurious
un **lycée** senior school (15+)
un(e) **lycéen(ne)** student at a *lycée*

M

ma my
un **maçon** builder
mademoiselle *(pl* **mesdemoiselles***)* Miss
un **magasin** shop
~ **de cadeaux** gift shop
un **magnétophone** tape recorder
magnifique splendid
un **maillot** top, vest
~ **de bain** swimming costume
la **main** hand
à la ~ by hand
~ **courante** handrail
maintenant now
maintenir to maintain
mais but
une **maison des jeunes** Youth Centre
une **maison** house
mal badly
avoir ~ to have a pain *(see p. 85)*
pas ~ not bad
malade ill
malheureusement unfortunately
maman Mum
Mamie Granny
la **Manche** English Channel
manger to eat
le **maniement** handling, manipulation
il manque de concentration he lacks concentration
manquer to miss
un **manteau** coat
un(e) **marchand(e)** stallholder, shopkeeper

un **marché** market
marcher to work (of a machine)
Mardi Gras Shrove Tuesday
un **mari** husband
marié married
le **Maroc** Morocco
marron brown
une **mascotte** mascot
un **match** match
les **mathématiques/maths** maths
en matière plastique made of synthetic material
une **matière** school subject
un **matin** morning
une **matinée** morning
mauvais bad
il fait (très) ~ the weather is (very) bad
la **mayonnaise** mayonnaise, salad cream
un(e) **mécanicien(ne)** mechanic
méchant naughty, fierce
un **médecin** doctor
un **médicament** medication, drugs
la **médina** North African market
médiocre mediocre
meilleur best
mélangé mixed
mélanger to mix
un **melon** melon
même even; same
le **ménage** household
faire le ~ to do the housework
la **menthe** mint
~ **à l'eau** green, peppermint-flavoured drink
la **mer** sea
~ **Méditerranée** Mediterranean sea
merci (no) thank you
mercredi Wednesday
une **mère** mother
merveilleux (-euse) marvellous
mes my
un **métier** career, trade
un **mètre** metre
le **métro** the underground
mettre to put *(see p. 149)*
~ **la table** to set the table
se ~ to sit
midi midday
mieux better
mignon(ne) sweet
au milieu de in the middle of
mille thousand
mince slim, thin
minuscule minute, very small
minuit midnight
une **minute** minute
un **miroir** mirror
mis à la disposition for the use of
mixte mixed
moderne modern
une **modification** slight change
moi I, myself
moi-même myself
(le) moins less (least)
~ **cher** less expensive
~ **de** less than
un **mois** month
un **moment** moment
mon my
le **monde** world
la **monnaie** small change
un **monstre** monster
une **montagne** mountain
le **montant** total amount
monter to go up, get on
une **montre** watch
un **monument** sight, monument
un **morceau** piece
une **mosquée** mosque
un **mot** word
une **moto** motorbike
le **motocross** motorbike scrambling, motorcross
un **mouchoir (en papier)** (paper) handkerchief
les **moules** *f pl* mussels
mourir to die
une **moustache** moustache
un **mouton** sheep

un **moyen (de transport)** means (of transport)
moyen average
en moyen in medium (size)
multiplier to multiply
municipal belonging to the town or municipality
un **mur** wall
un **musée** museum
la **musique** music

N

la **naissance** birth
naître to be born
la **natation** swimming
naturellement of course, naturally
nautique nautical, water
né(e) born *(from* **naître***)*
ne ... jamais never
ne ... pas not
ne ... plus de no more, none left
ne ... rien nothing
il neige it's snowing
la **neige** snow
n'est-ce pas? isn't that so? don't you think?
neuf (neuve) new
le **nez** nose
Noël Christmas
noir black
le **noir** darkness
une **noisette** hazelnut
un **nom** name
nombreux (-euse) numerous
nommer to name
non no
non plus neither
le **nord** north
le **nord-ouest** north-west
une **note** mark
notre our
des **nouilles** *f pl* noodles
la **nourriture** food
nous we
nouveau (nouvel, nouvelle) new
un **noyau** stone (in fruit)
une **nuit** night
bonne ~ goodnight
il fait ~ it's dark
la ~ by night
un **numéro** number; copy (of a magazine etc.)
numéroté numbered

O

obligé de obliged to
obtenir to obtain
à l' occasion de at the time of
occupé occupied, taken
s' occuper de to be concerned/busy with
un **œuf** egg
on m'a offert I was given *(from* **offrir***)*
l' **office de tourisme** *m* tourist office
des **offres d'emploi** *f pl* situations vacant (adverts)
offrir to offer
un **oignon** onion
un **œil** *(pl* **yeux***)* eye
un **oiseau** bird
ombragé shady
une **omelette** omelette
on one, we, people (in general)
un **oncle** uncle
optimiste cheerful, optimistic
une **orange** orange
une **orangeade** orangeade drink
un **Orangina** fizzy orange
un **orchestre** orchestra, band
un **ordinateur** computer
une **ordonnance** prescription
l' **oreille** *f* ear
ou or
où? where?
oublier to forget
l' **ouest** *m* west
oui yes
un **ours** bear
ouvert open

il ouvre he opens *(from* **ouvrir***)*
un **ouvre-boîtes** tin opener
un(e) **ouvrier (-ère)** worker
ouvrir to open *(see p. 149)*
ovale oval

P

le **pain** bread, loaf
~ **au chocolat** bread roll with chocolate inside
un **palais** palace
un **panier** basket
en panne out of order
un **panneau** road sign
un **pantalon** pair of trousers
une **papeterie** stationer's
le **papier** paper
un **papillon** butterfly
Pâques Easter
un **paquet** packet, parcel
faire un ~ cadeau to gift wrap
par by
un **paragraphe** paragraph
un **parapluie** umbrella
un **parc** park
~ **d'attractions** leisure park, theme park
parce que because
pardon excuse me, I'm sorry
un **parent** parent
parfois sometimes
le **parfum** perfume; flavour
une **parfumerie** perfume shop, perfume factory
un **parking** car park
parler to talk, speak
parmi amongst
il part it leaves *(from* **partir***)*
un(e) **partenaire** partner
participer (à) to take part (in)
une **partie** part
faire ~ de to be part of
à partir de starting from
partir to leave *(see p. 149)*
partout everywhere
il a paru it appeared
pas not
~ **du tout** not at all
~ **grand-chose** not much
un **passage** crossing
un **passeport** passport
passer to spend (time)
~ **l'aspirateur** to do the hoovering
passionnant exciting
se **passionner (pour)** to be fascinated (with)/keen (on)
des **pastilles** *f pl* pastilles, throat lozenges
le **pâté** meat paste, pâté
les **pâtes** *f pl* pasta
les **patin à roulettes** *m pl* roller skates
le **patinage** ice skating
~ **à roulettes** roller skating
une **patinoire** skating rink
une **pâtisserie** cake shop, confectioner's
le **patron** boss, owner
une **patte** paw (of an animal)
la **pause(-déjeuner)** (lunch) break
pauvre poor
payer to pay (for)
un **pays** country
un **paysage** landscape
une **pêche** peach
la **pêche, aller à ~** to go fishing
un **pêcheur** fisherman
pédaler to pedal
un **pédalo** pedal boat
la **peinture** painting
~ **d'art sur toile** painting on fabric
peler to peel
une **pellicule** film
la **pelote** pelota (game played in the Basque country)
une **pelouse** lawn
une **peluche** soft toy
pendant during
penser to think
la **Pentecôte** Whitsun
Pépé Grandad
perdre to lose
~ **de vue** to lose sight of

un **père** father

le **père Noël** Father Christmas

permanent continuous (performances)

un **perroquet** parrot

un **personnage** character

une **personne** person

par ~ per person

peser to weigh

la **Pétanque** French bowls

le **petit déjeuner** breakfast

petit small, little

les **petits pois** *m pl* peas

un **peu** a little, rather

à **peu près** approximately, about

peur (avoir ~) to be frightened

il **peut** he can *(from* **pouvoir***)*

peut-être perhaps

ils **peuvent** they can *(from* **pouvoir***)*

je/tu **peux** I/you can *(from* **pouvoir***)*

une **pharmacie** chemist

un(e) **pharmacien(ne)** chemist

une **photo** photo

un(e) **photographe** photographer

une **phrase** sentence

un **piano** piano

une **pièce** piece; room

20F la ~ 20F each

~ **d'identité** means of identification

~ **de théâtre** play

un **pied** foot

à ~ on foot

~ à ~ step by step

ça me casse les ~s it gets on my nerves

un coup de ~ kick

se lever du ~ gauche to get out of bed on the wrong side

pile ou face heads or tails

un **pinceau** paint brush

le **ping-pong** table tennis

un **pique-nique** picnic

une **piqûre d'insecte** insect bite

une **piscine** swimming pool

pistache pistachio

pittoresque picturesque, pretty

une **pizza** pizza

une **place** seat; square

réservation des ~s seat reservation

une **plage** beach

un **plan** map

la **planche à voile** windsurfing

faire de la ~ to go windsurfing

un **plancher** floor

un **planétarium** planetarium

une **planète** planet

une **plante** plant

un **plat** dish; course

une **platine-laser** CD player

en **plein air** in the open air

en **pleine campagne** in open country

il **pleut** it's raining *(from* **pleuvoir***)*

pleuvoir to rain

plier to fold

la **plongée sous-marine** underwater diving

plumer to pluck (feathers from a bird)

la **plupart** most

plus (de) more (than)

le ~ grand nombre greatest number

en ~ in addition

plusieurs several

plutôt rather

un **pneu (crevé)** (flat) tyre

le **poids** weight

un **point** point; full stop

une **poire** pear

un **poisson** fish

une **poissonnerie** fishmonger's

le **poivre** pepper

le **poivron** green pepper

politique political

un homme/une femme ~ politician

une **pomme** apple

une **pomme de terre** potato

des **pommes sautées** sauté potatoes

~ **vapeur** boiled potatoes

un **pompier** fireman

un **pont** bridge

populaire popular

un **port** port

~ **de pêche** fishing port

une **porte** door

un **porte-clés** key ring

un **porte-monnaie** purse

porter to wear

une **portion** portion

un **portrait-robot** identikit picture

poser une question to ask a question

posséder to possess

la **poste** post-office

le **potage** soup

la **poterie** pottery

un **potier** potter

une **poubelle** dustbin

le **poulet** chicken

pour for

un **pourcentage** percentage

pourquoi? why?

on **pourrait** we could *(from* **pouvoir***)*

pousser to push

~ **un cri** to give a shriek

pouvoir can, be able *(see p. 149)*

pratique practical, convenient

pratiquer to practise

par **précaution** as a precaution

préféré favourite

préférer to prefer

premier (-ière) first

prendre to take, put *(see p. 149)*

~ **un verre** to have a drink

un **prénom** Christian/first name

près de near

tout **près** very near

présenter to present, introduce

se **présenter** to introduce oneself; to report to

presque nearly

prêt ready

prévoir to be prepared for, to foresee

principal main

le **printemps** spring

il a **pris** he took *(from* **prendre***)*

privé private

le **prix** price; prize

~ **net** inclusive price

~ **d'entrée** entry fee

probablement probably

prochain next

un **professeur** teacher

un **programmeur** programmer

un **projet** plan

une **promenade** a walk

faire une ~ to go for a walk

se **promener** to go for a walk

à **propos** by the way

proposer to suggest

un(e) **propriétaire** owner

se **protéger** to protect yourself

une **province** province, region

les **provisions** *f pl* food, supplies

publicitaire to do with advertising

la **publicité** advertising

puis then

un **pull** pullover, jumper

la **purée** fruit puree; mashed potato

un **pyjama** pyjamas

Q

un **quai** platform

quand when

~ **même** all the same, nevertheless

un **quartier** quarter, part (of a town)

en **quatrième** in the third year of high school

que than; as; what?

quel(le) which, what

Quelle chance! What luck!

quelque chose something

quelquefois sometimes

quelqu'un someone

~ **d'autre** someone else

Qu'est-ce que c'est? what is it?

Qu'est-ce qu'il (elle) fait dans la vie? What does s/he do for a living?

Qu'est-ce qui ne va pas? What's wrong?

une **question** question

une **queue** tail

faire la ~ to queue

qui who, which

quinze jours a fortnight

quitter to leave

quoi? what?

R

raconter to talk about, describe

(à) la **radio** (on the) radio

un **radis** radish

rafraîchissant refreshing

du **raisin** grapes

une **raison** reason

ramasser to pick up, collect

une **rame de métro** metro carriage/train

une **randonnée** hike, long walk

ranger to tidy up

rapide quick, fast

rapidement quickly

par **rapport à** in comparison with

une **raquette de tennis** tennis racket

rarement rarely

un **rayon** department

récemment recently

une **réception** party

une **recette** recipe

recevoir to receive; have someone to stay *(see p. 149)*

rechercher to look for

un **récit** account

recommander to recommend

reconnu recognised

la **récréation** break

un **reçu** receipt

reculer to go back

récupérer to get back

réduit reduced

un **réfectoire** dining hall

refroidir to get cold

un **regard** glance, look

regarder to watch, look at

une **région** region

régional regional

les **règlements** *m pl* rules

je **regrette** I'm sorry

régulièrement regularly

une **reine** queen

remarquer to notice, observe

rembourser to reimburse

se faire ~ to get your money back

remplir to fill (in), to complete

rencontrer to meet

un **rendez-vous** appointment, date, meeting

rendre to make; to give back

les **renseignements** *m pl* information

la **rentrée** return to school

rentrer to return

réparer to repair

réparti spread out

un **repas** meal

repasser to iron

répéter to repeat; to rehearse

répondre to reply

un **reportage** report, article

se **reposer** to rest

un(e) **représentant(e)** representative

réserver to reserve

un **restaurant** restaurant

rester to stay

~ **en contact** to keep in contact

le **résultat** result

un **résumé** summary, résumé

en **retard** late

le **retour** return (journey)

retourner to return

se **retourner** to turn around

rétractable retractable, which moves back

une **réunion** meeting

réunis together

réussir to succeed

un **rêve** dream

un **réveil** alarm clock

se **réveiller** to wake up

revenir to return, come back

au **revoir** good-bye

se **revoir** to see one another again

un **revolver** revolver

le **Rhin** Rhine (river)

le **rhume** cold

riche rich

rien nothing

rire to laugh

une **rivière** river

le **riz** rice

une **robe** dress

un **rocher** rock

un **roi** king

un **roman** novel

~ **policier** crime story

~~**photo** photo story

le **romanche** Romansch (language spoken in parts of Switzerland)

rond round

du **rosbif** roast beef

rose pink

rôti roast

une **roue** wheel

rouge red

une **route** road

roux red (hair)

le **Royaume-Uni** United Kingdom

une **rue** street

le **rugby** rugby

S

sa his, her, its

le **sable** sand

un **sac** handbag

~ **à dos** rucksack

~ **de couchage** sleeping bag

une **saison** season

il **sait** he knows *(from* **savoir***)*

la **salade** green salad; lettuce

~ **de fruits** fruit salad

un **salaire** salary

une **salle** room

~ **d'attente** waiting room

~ **de bain(s)** bathroom

~ **de classe** classroom

Salut! Hello! Hi!

samedi Saturday

sans without

~ **cesse** without a break

~ **doute** doubtless

la **santé** health

un **sapeur-pompier** fireman

la **sauce vinaigrette** French dressing

le **saucisson** continental sausage

sauf except

le **saumon (fumé)** (smoked) salmon

sauter to jump

sauvage wild, natural

sauver to save

savoir to know

le **savon** soap

les **sciences** *f pl* science

scolaire to do with school

une **séance** session, showing (of a film)

en **seconde** in the fifth year of high school

une **secrétaire** secretary

un **séjour** stay

le **sel** salt

un **self-service** self-service restaurant

une **semaine** week

sembler to seem

sensationnel fantastic

septembre September

une **série** series

sérieux (-euse) serious
un **serpent** snake
une **serveuse** waitress
Servez-vous! Help yourself!
le **service** service; service charge
~ **médical** medical team, service
les **services d'urgence** emergency services
ses his, her, its
seul alone
seulement only
le **shampooing** shampoo
un **short** pair of shorts
si if
si yes (insisting)
s'il te plaît/s'il vous plaît please
signer to sign
silencieusement silently
simplement simply
un **singe** monkey
le **sirop** fruit drink
situé(e) situated
en **sixième** in the first year of high school
le **ski** (to go) skiing
faire du ~ to go skiing
~ nautique water skiing
un **snack** snack bar
une **société d'assurances** insurance company
une **sœur** sister
soif (avoir ~) to be thirsty
(le) soir (in the) evening(s)
tous les ~s every evening
le **soleil** sun
un coup de ~ sunstroke
le **sommet** mountain peak, top
au ~ de on/at the top of
son his, her, its
un **son** sound
un **sondage** survey
sonner to ring
sortir to go out (see p. 149)
soudain suddenly
souligné underlined
le **souper** supper
sourire to smile
une **souris** mouse
sous under
un **sous-marin** submarine
un **sous-sol** basement
sous-titré subtitled
souterrain underground
un **souvenir** souvenir; memory
souvent often
les **spaghettis** m pl spaghetti
le **sparadrap** sticking plaster
un **spectacle** show, display
un **sport** sport
sportif (-ive) sporty
un **stade** stadium
une **station (de ski)** (ski) resort
stationner to park
le **steak** steak
stupide stupid
un **stylo** pen
le **succès** success
le **sucre** sugar
sucré sweet, sugary
le **sud** south
au sud de to the south of
le sud-est south-east
la **Suède** Sweden
suédois(e) Swedish
suffisamment sufficiently
Ça suffit! That's enough!
la **Suisse** Switzerland
suisse Swiss
il **suit** he follows (from **suivre**)
suivant following
suivez follow (from **suivre**)
suivre to follow
superbe very fine
un **supermarché** supermarket
un **supplément** extra, supplement
en **~** extra charge
sur on
sûr certain, sure, safe
bien ~ of course
sûrement undoubtedly
surtout above all
surveillé supervised
en **sus** on top
suspendu suspended

le **syndicat d'initiative** tourist office

T

ta your
un **tabac (bureau de ~)** tobacconist's
un **tableau** picture; table; diagram
une **taille** size
en ~ moyenne in 'medium'
un **taille-crayon** pencil sharpener
la **Tamise** river Thames
une **tante** aunt
taper à la machine to type
un **tapis** carpet
tard late
plus ~ later
une **tarentule** tarantula
un **tarif** charge; price list
une **tarte aux pommes** apple tart
une **tartine** piece of bread, butter and/or jam
une **tasse** cup
un **taxi** taxi
un(e) **technicien(ne)** technician
la **technique du dessin** drawing techniques
la **technologie** technology
un **télé-roman** soap opera
une **télécarte** phone card
un **téléphérique** cable car
le **téléphone** telephone
un **téléscope** telescope
(à) la télé(vision) (on) television/TV
tellement so much
le **temps** weather; time
~ libre free time
de ~ en ~ from time to time
combien de ~ ? how long, how much time?
le **tennis** tennis
une **tente** tent
une **tenue** dress, clothing
terminé finished
se **terminer** to end, finish
un **terrain** ground, pitch
une **terrasse** terrace outside a café
la **terre** earth; ground
par ~ on the ground
la **tête** head
en ~ de la course in the lead
de la ~ aux pieds from head to foot
un ~ à ~ private conversation
faire un signe de la ~ to nod
le **thé** tea
~ citron lemon tea
un **théâtre** theatre
un **tigre** tiger
un **timbre** stamp
le **tir** shooting
tirer to pull
toi you
la **toile** fabric
les **toilettes** f pl toilets
un **toit** roof
une **tomate** tomato
tomber to fall
une **torche** torch
une **tortue** tortoise
tôt early
toujours always
la **Tour Eiffel** Eiffel Tower
une **tour** tower
un **tour** trip, excursion; tour; turn
un(e) **touriste** tourist
une **tournée** tour
tourner to turn
~ un film to make a film
un **tournoi** tournament
la **Toussaint** All Saint's day
tout all, every, everything
en ~ cas in any case
C'est ~ ? Is that all?
~ droit straight ahead
A ~ à l'heure! See you later
~ de suite immediately
~ le monde everybody, everyone
~ le temps all the time
la **toux** cough
un **tracteur** tractor
un **train** train
~ à étage double decker train
un **traiteur** delicatessen
une **tranche** slice
tranquillement quietly, peacefully
transporter to transport, carry
le **travail** work
travailler to work
un **travailleur** worker
les **travaux manuels** woodwork, craft, sewing, cookery, etc.
traverser to cross
très very
les **tribunes** grandstand
tricolore three-coloured
un **tricot** jumper
un **trimestre** term
triste sad, unhappy
une **trompette** trumpet
trop too; too much
un **trottoir** pavement
une **trousse** pencil case
trouver to find
se **trouver** to be situated
un **T-shirt** T-shirt
tuer to kill
la **Tunisie** Tunisia
un **tunnel** tunnel
tutoyer to call someone 'tu'
le **twirling** twirling of a baton (majorettes)

U

un **uniforme** uniform
unique only
uniquement only, exclusively
une **usine** factory
utile useful
utiliser to use
utilisé used

V

le **va-et-vient** comings and goings
les **vacances** f pl holiday(s)
les grandes ~ summer holidays
une **vache** cow
vaisselle (faire la ~) to do the washing up
le **val de Loire** Loire valley
valable valid
une **valise** suitcase
une **vallée** valley
varié varied
le **veau** veal
un(e) **vedette** star, TV personality
végétarien(ne) vegetarian
un **vélo** bike
faire du ~ to go cycling
un **vélomoteur** moped
un(e) **vendeur (-euse)** sales/shop assistant
vendre to sell
venir to come (see p.149)
venir de to have just
le **vent** wind
il y a du ~ it's windy
le **ventre** stomach
vérifier to check
un **verre** glass
une **verrerie** glassworks
vers towards; around
verser to pour
en **version originale** with the original soundtrack (film)
vert green
verticalement down
une **veste** jacket
les **vêtements** m pl clothes
un **vétérinaire** vet
ils **veulent** they want, wish (from **vouloir**)
il **veut** he wants, wishes (from **vouloir**)
je/tu **veux** I/you want, wish (from **vouloir**)

la **viande** meat
vide empty
une **vidéo** video
une **vie** life
je/tu **viens** I/you come (from **venir**)
il **vient** he comes (from **venir**)
vieux (vieil, vieille) old
une **vigne** vine
un **village** village
~ de vacances holiday village
une **ville** town
le **vin** wine
un **violon** violin
un **visage** face
une **visite-échange** exchange visit
visiter to visit
un **visiteur** visitor
vite quickly
la **vitesse** speed
à toute ~ at top speed
en ~ quickly
vivre to live
voici here is, here are
une **voie** track, platform
voilà here is, here are
la **voile** sailing
faire de la ~ to go sailing
voir to see (see p. 149)
une **voiture** car
à voix basse in a whisper
à voix haute aloud
le **vol** theft; flight
voler to steal; to fly
un(e) **voleur (voleuse)** thief, crook
le **volley** volleyball
volontiers willingly, gladly
vos your
votre your
je **voudrais** I would like (from **vouloir**)
vouloir to want, wish (see p. 149)
vous you
un **voyage** journey
voyager to travel
un(e) **voyageur (-euse)** traveller
voyons let's see (from **voir**)
vrai true
vraiment really
une **vue** view

W

un **week-end** weekend

Y

y there
il ~ a there is, there are
un **yaourt** yoghurt
les **yeux** m pl eyes

Z

zut! blast!

Résumé

Ici on parle français

- Find out about French-speaking countries   4-5

1 France-vacances

- Talk about travelling to France   8, 23
- Talk about holidays in France   9
- Talk about where places are   10
- Talk about what you can and can't do   11, 12, 13
- Ask for permission   13
- Recognise the names of some other countries   15
- Say where you are and where you're going
  (using *à*, *en* and *de* with towns and countries)   15
- Say what you are going to do (*aller* + infinitive)   17
- Understand and write holiday postcards   20
- Say when you're going to do something   23
- Find out about the *Tour de France*   14
- *Sommaire*   23

2 On prend le train

- Ask for information about train journeys   25
- Use the verb *partir* (to leave)   26
- Use the verb *sortir* (to go out)   27
- Understand station signs and ask where places are   28
- Use pronouns *le*, *la*, *les* to mean 'it' or 'them'
  (direct object pronouns)   29
- Buy a ticket and travel by train   30, 31
- Discuss different means of transport   33
- Use the verb *venir* (to come)   34
- Find out about French Railways   24, 25, 31, 35
- *Sommaire*   37

3 En famille

- Talk about families and family life   38, 39
- Talk about daily routine (using reflexive verbs)   40
- Describe yourself and other people   43
- Talk to someone new and introduce people   44
- Ask someone what they would like to drink or eat   44
- Accept or refuse food and say if you're enjoying it   45
- Talk to the French people you are staying with   48, 49
- Say what you want and don't want
  (using the verb *vouloir*)   48, 50
- Ask if you can help in the house   50
- Talk about people's jobs   51
- Find out about the town of Montreal in Quebec   46, 47
- *Sommaire*   53

4 En classe

- Describe your school   56, 57
- Talk about the school day   57
- Talk about school subjects   56, 57
- Use the verbs *apprendre* (to learn) and
  comprendre (to understand)   58
- Give your opinions about school subjects   59
- Make comparisons   60, 61
- Use the verbs *finir* (to finish) and *choisir*
  (to choose)   63, 64
- Talk about the school year and school holidays   66
- Find out about school life in France   54, 55, 66
- *Sommaire*   67

5 En ville

- Change money   68, 69
- Talk about numbers, money and prices   70
- Discuss where to go shopping   71
- Buy food and drink   72, 73
- Say there is no more of something (using *ne ... plus*)   74
- Describe people and things   75, 76
- Understand the word *qui* (meaning 'who' or 'which')
  in the middle of a sentence   78
- Buy presents   80
- Say what you have bought and what you
  have forgotten   81
- *Sommaire*   81

6 Ça va ... ou ça ne va pas?

- Talk about parts of the body and say what hurts
  (using *avoir mal à ...*)   82, 83, 85
- Say you feel ill and explain what's wrong   85, 86
- Say you feel hot, cold, hungry or thirsty
  or that you have a temperature   86
- Arrange to see the doctor in France   92
- Describe your symptoms to the doctor   92
- ... and understand what s/he says   92
- Tell people what to do or what not to do (using the
  imperative or command form)   88, 89, 93, 94
- Use the verb *dormir* (to sleep)   90, 91
- Buy things at the chemist's   94, 95
- Give reasons when asked why
  (using *pourquoi* and *parce que*)   96
- Find out about medical services in France   91
- *Sommaire*   97

7 Qu'est-ce que tu prends?

- Buy drinks in a café   100, 101
- Understand the difference between the present
  and the past tense   102
- Buy snacks, ice creams and food for a picnic   104, 105
- Talk about a simple menu   104
- Order a meal in a restaurant   109
- Say what has happened or what you have done (using
  the perfect tense with *avoir*)   103, 107, 108, 109, 113
- Find out about cafés and restaurants in France   98, 99
- *Sommaire*   113

8 Qu'est-ce qu'on fait?

- Find out what's on   116, 117
- Discuss what to do   116, 117
- Make arrangements to go out   117
- Ask someone to go out   116
- Accept or refuse invitations   116
- Arrange to meet   117
- Talk about where you went (perfect tense of *aller*)   120, 121
- ... and what you did   121, 122
- ... and how you travelled (using the perfect tense
  of verbs which take *être*)   124, 125, 127, 128
- Talk about French radio and TV programmes   122, 123
- *Sommaire*   129

For a list of grammar explanations see page 149 and the
grammar section on pages 146-147.